한국목간학회총서 13

木簡과 文字 연구

13

| 한국목간학회 엮음 |

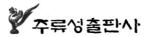

주류성출판사

사진 1. 함안성산산성 16차 발굴조사 출토 163번 목간

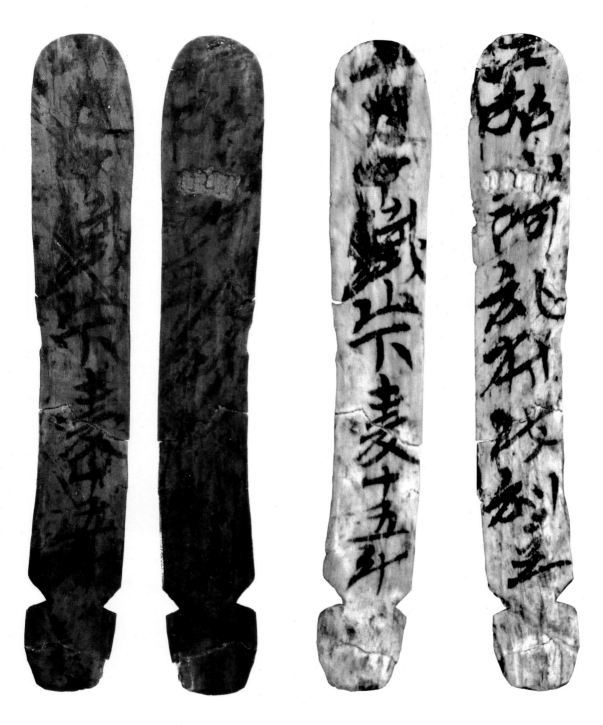

사진 2. 함안성산산성 16차 발굴조사 출토 164번 목간

사진 3. 공산성 출토 명문 찰갑

사진 4. 新浦市 절골터 金銅版 銘文(출처: 조선유적유물도감편찬위원회, 1990, p.281)

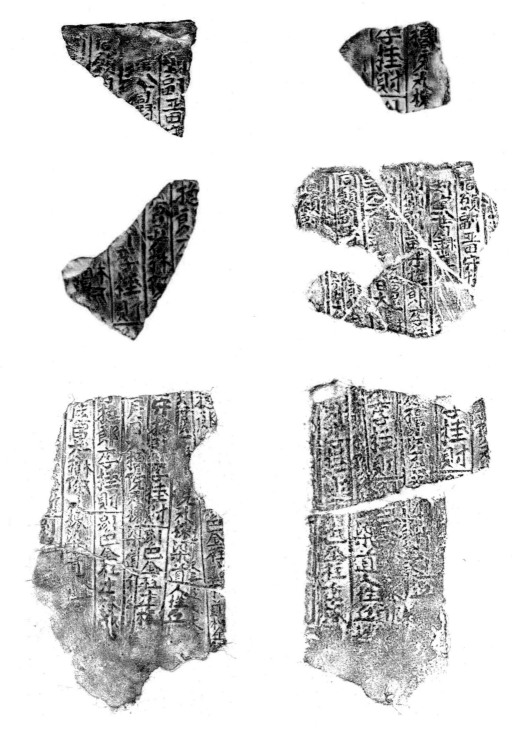

사진 5. "大櫓院"명 기와

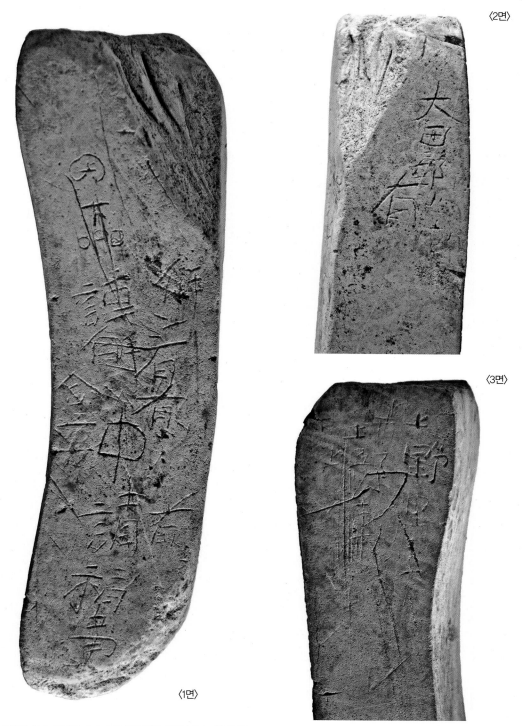

〈2면〉

〈3면〉

〈1면〉

사진 6. 日本 宮城県 仙台市의 鍛冶屋敷 A遺跡 출토 刻書砥石

7

사진 7. 을미(乙未)년 신년휘호(소산 박대성, 2015. 1. 8. 제21회 정기발표장에서)

木簡과 文字

第14號

| 차 례 |

특/별/기/고

日本 木簡研究의 시작과 현황 | 舘野 和己 |　　15

논/문

고구려 '王'자문 벽화고분의 편년과 형성배경 | 김근식 |　　29

함안 성산산성 부엽층과 출토유물의 검토 | 이주헌 |　　51

咸安 城山山城 築造年代에 대하여 | 윤상덕 |　　75

최치원의 〈雙磎寺眞鑑禪師大空塔碑〉 서풍 연구 | 이순태 |　　97

古代 東아시아의 合文에 대한 一考察 | 권인한 |　　125

慶州 出土 高麗時代 "院"銘 기와의 檢討 | 류환성 |　　145

신/출/토 문/자/자/료

公山城 新出土 銘文資料 | 이현숙 |　　171

함안 성산산성 출토 목간 신자료 | 양석진·민경선 |　　191

일본 출토 고대 문자자료 | 三上喜孝 |　　217

한/국/고/대/문/자/료 연/구

新浦市 절골터 金銅板 銘文 검토 | 이승호 | 229

휘/보

학회소식, 정기발표회, 신년휘호, 자료교환 | 253

부/록

학회 회칙, 간행예규, 연구윤리규정 | 261

지난 2015년 4월 25일 국립중앙박물관(제1교육장)에서 우리 학회 주최로 제22회 정기발표회가 개최되었다. 이날 일본목간학회 회장 舘野和己 선생께서 일본의 목간연구와 시작과 현황과 관련된 내용에 대하여 강연을 해주셨다. 이 강연은 우리 학회의 발전방향과 미래를 고민하는 데에도 큰 도움이 되었다. 舘野和己 회장은 이 강연을 정리하고 보완해 우리 학회잡지에 투고해주셨다. 앞으로 양 학회의 우호와 친선이 더욱 돈독해지길 바란다.

日本 木簡研究의 시작과 현황

舘野 和己[*]

Ⅰ. 들어가며
Ⅱ. 일본에서 목간의 발견
Ⅲ. 平城宮跡 SK219·SK820 出土木簡의 의의
Ⅳ. 일본 목간연구의 基盤
Ⅴ. 목간연구의 현황
Ⅵ. 마치며

Ⅰ. 들어가며

이번에 한국목간학회에서 초청해주셔서 대단히 감사드립니다.

2009년 11월에 榮原永遠男 前회장님께서 한국목간학회의 초청을 받으셨을 때 일본목간학회의 성립 과정과 문제점에 대해 발표하셨습니다.[1] 이번에 여기서 어떤 내용을 강연할 수 있느냐에 대해 고민이 많았는데 榮原 前회장님 보고를 받아서 일본에서 목간의 발견 과정 및 연구의 시작, 그리고 목간연구의 현황 등에 대해 설명하고자 합니다.

Ⅱ. 일본에서 목간의 발견

일본에서 목간이 처음으로 발견된 시기에 대해 현재는 100년 이전까지 거슬러 올라갈 수 있다는 것으

---

* 日本 木簡學會 회장

1) 榮原永遠男, 2010, 「日本古代木簡研究の現状と課題−『木簡研究』の三〇年−」 『木簡と文字』 5. 그 후 가필·보충하여 「木簡學會の課題−創立三〇周年によせて−」라는 제목으로 『木簡研究』 32(2010년)에 게재하였다.

로 알려져 있다. 1904년(明治37) 香川縣 사누키市 長福寺 뒤쪽 산속에서 항아리가 발견되었고, 그 항아리 속에는 대량의 埋納錢과 목간이 있었다. 그 목간에는 文明12년(1480) 花嚴坊賢秀이라는 승려가 9貫文의 동전을 묻었다는 것이 기록되어 있었다.[2]

昭和期에 접어들어 1928년(昭和3) 현재 三重縣 桑名市에 있는 柚井(ゆい : 유이) 유적에서 고대 목간 3점, 그리고 1930년 秋田縣 大仙(だいせん : 다이센)市에 있는 拂田柵(ほったのさく : 홋타노 사쿠)라는 城柵址에서도 목간 2점이 발견되었다. 앞서 1902년에도 柵木에 글자가 새겨진 것이 7점 발견되었는데 실물은 없어져 현재는 1점의 탁본만이 남아있을 뿐이다.[3]

그러나 초기에 발견된 목간은 그다지 주목을 받지 못했고, 이에 관해 초대 목간학회 회장 岸俊男은 다음과 같이 회고하였다. "학계는 이를 간과하였다. (中略) 正倉院 文書 등 종이로 된 고대 사료가 풍부하게 있었기 때문에 그것에 미혹되었던 것 같다. 마침 그 당시 중국에서 수많은 居延漢簡이 출토되었음에도 불구하고 일본에서도 목간이 출토될 것이라고는 누구도 생각하지 못했던 것 같다."[4]

목간이 주목받게 된 것은 1961년에 이르러서이다. 1961년(昭和36) 1월 奈良國立文化財研究所[5]가 조사한 平城宮址의 中央 북부, 제1차 大極殿 북쪽에 위치한 官衙地區(제5차 조사) 土坑 SK219에서 41点의 목간이 한꺼번에 출토되었다. 그리고 1963년의 제13차 조사에서 內裏 외곽의 토갱 SK820으로부터 1843점이라는 대량의 목간이 출토되었다.

이처럼 목간이 대량으로 발견된 이후 平城宮·京, 難波宮, 飛鳥, 藤原宮·京, 恭仁京, 紫香樂宮, 長岡宮·京, 平安宮·京과 같은 도성유적, 大宰府·多賀城을 비롯한 각지의 國府·郡家와 같은 官衙遺跡, 山田寺·大官大寺·東大寺·藥師寺·西大寺·西隆寺(이상 奈良縣), 安芸國分寺(廣島縣)·長門國分寺(山口縣)와 같은 寺院遺跡, 그리고 長登(나가노보리) 銅山 유적(山口縣) 등 실로 다양한 유적에서 고대 목간이 속속 출토되고 있다. 또한 출토 목간의 시기를 보면, 고대뿐만 아니라 中世·近世·近代까지 미쳐 현재 총 40만 점 이상에 이른다.[6] 이들 가운데 고대 목간에 관해 1970년 무렵 岸俊男는 "사료적인 한계에 도달한 일본의 고대사연구는 목간이 출토됨에 따라 급속히 미래가 洋洋하게 열렸다고 할 수 있다."라고 평가하였다.[7] 특히 1980년대 후반 平城京의 左京에서 약 11만 点이 출토된, 이른바 長屋王家木簡·二條大路木簡이라는 두 가지의 木簡群은 각각 皇親貴族과 光明皇后와 관련된 자료였기 때문에 古代史研究가 한층 더 활성화되었다.[8]

---

2) 舘野和己, 1991, 「香川縣長福寺出土の木簡」, 『木簡研究』 13.

3) 高橋學 2009, 「一九〇二年に出土した文字資料－秋田縣払田柵跡の柵木」, 『木簡研究』 31.

4) 岸俊男 1970, 「木簡」, 『新版考古學講座 7 : 有史文化〈下〉』, 雄山閣出版, p.293.

5) 역자 주 : 현재 獨立行政法人인 國立文化財機構 奈良文化財研究所. 이후 奈文研이라고 약칭함.

6) 전국의 목간출토유적과 그 성격, 출토점수, 그리고 그것과 관련된 보고서 등의 정보에 대해서는 木簡學會에서 발행한 『全國木簡出土遺跡·報告書綜覽』(2004년) 및 『同Ⅱ』(2014년)를 참조.

7) 岸俊男, 1970, 앞 논문, p.295.

8) 목간의 보고는 奈良文化財研究所에서 발행한 『平城京木簡一』(1995년), 『同二』(2001년), 『同三』(2006년), 『平城京左京二條二坊·三條二坊發掘調査報告』(1995년) 등에서 이루어지고 있다.

III. 平城宮跡 SK219·SK820 出土木簡의 의의

전술한 平城宮址 제5차 조사를 통해 SK219로 명명된 토갱에서 출토된 목간 41점, 그리고 제13차 조사를 통해 토갱SK820에서 출토된 목간 1843점은 각각 그 이후의 목간연구의 발전에 큰 의의를 가진다. 그중 목간 몇 점을 소개하면 다음과 같다.

1. 제5차 조사 토갱 SK219 출토목간

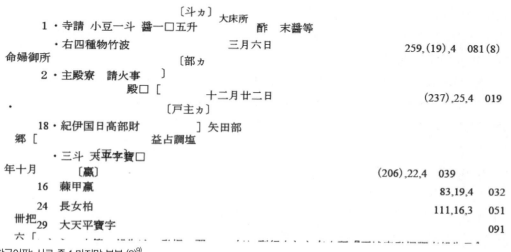

한국어판: 사료 중 1 마지막 부분 (8)[9]

이들 목간은 발굴 이듬해인 1962년에 간행된『平城宮發掘調査報告Ⅱ』(奈文研)에서 보고되었고, 목간만을 다룬 정식보고서로서『平城宮木簡一』(1969년)이 발간되었다. 제시한 목간의 앞에 보이는 숫자는『平城宮木簡一』의 목간번호를 가리킨다. 또한『報告Ⅱ』에서는 목간의 형식을 7개 형식으로 분류하였는데, 후술하는 SK820 출토목간을 바탕으로 型式番號는 14 종류로 많아졌고, 그 이후 더욱이 4개 형식이 더해져서 현재 18개 형식으로 분류되어 있다.[10]

---

9) 여기서 게시한 목간 가운데 1에 대해서는『平城宮發掘조사出土木簡槪報35』에서 일부 수정된 판독문을 사용하였다. 판독문 뒤쪽 숫자는 목간의 길이·넓이·두께(單位는 ㎜)와 목간의 형식을 표시하는 번호이다. 한편 목간의 판독문에는 홈 기호「<」 등을 사용하는 목간학회의 방식과 이를 사용하지 않는 奈文研의 방식이 있는데 본 보고에서는 후자를 사용한다.

10) 型式番號는 14型式이 만들어진 이후 1965~66년에 이루어진 式部省 유적의 조사에서 출토된 考課·成選關係木簡에 직사각형 목재의 상부 측면에 구멍이 관통된 것이 사용되어 있었다는 것이 알려져 그것을 015型式이라고 한 결과 15 종류가 되었다. 그 15가지 형식이 오래 이어졌는데 長屋王家木簡 등에 문서를 끼우기 위한 특이한 형태의 封緘木簡이 발견됨에 따라 1995년에 041·043·049의 3형식을 더해 현재 총 18종류에 이르렀다.

그런데 1은『續日本紀』가 전한 정치적인 사건과 관련이 있다. 이 文書木簡은 '寺'가 목간이 출토된 지점에 있었던 官衙에 대해 小豆(팥)·醬(젓갈) 등 4종류의 식량을 청구한 것이다. 직접적으로는 '竹波命婦(つくばのみょうぶ : 쓰쿠바노 묘부)의 御所'가 이와 관련된 것이다. 18에는 天平寶字5년(761), 29에는 天平寶字6년의 年紀가 있는 것으로 보아 1의 목간 또한 그 당시의 기록이라고 할 수 있다. 그렇다면『續日本紀』天平寶字6년 5월 辛丑(23)의 '高野天皇與帝有隙. 於是, 車駕還平城宮. 帝御于中宮院, 高野天皇御于法華寺'라는 기사가 주의를 끈다. 전년 10월에 平城宮을 改作하기 위해 帝(淳仁天皇)과 高野天皇(孝謙太上天皇)은 잠시 近江國의 保良(ほら : 호라)宮으로 거처를 옮겼다(10월 己卯(28)條). 그러나 독신 여성인 孝謙이 승려 道鏡을 총애했다는 이유로 淳仁과 孝謙은 대립하게 되었고, 6년 5월에 平城宮으로 돌아갔을 때 淳仁天皇은 宮 안에 있는 中宮院(內裏)으로 들어갔지만 孝謙太上天皇은 宮 동쪽에 있는 法華寺로 들어갔다. 法華寺는 원래 그녀의 조부인 藤原不比等의 저택이 있었던 곳이었는데 그녀의 어머니 光明子(聖武天皇의 황후)가 이곳에 절을 만들었다.

그 이후 天平寶字8년 9월에는 淳仁과 밀접한 관계에 있었던 최고 권력자 惠美押勝의 쿠데타가 실패했지만 결국 淳仁은 天皇位에서 쫓겨났고, 孝謙이 稱德天皇으로 重祚하게 되었다. 이와 관련하여 稱德天皇에게 출사한 女官으로서 식사를 담당하는 掌膳의 임무를 맡은 인물로 '常陸國筑波采女(つくばのうねめ : 쓰쿠바노 우네메) 從五位下勳五等壬生宿禰小家主(みぶのすくねおやかぬし : 미부노 스쿠네 오야카누시)'(神護景雲2년(768) 6월 戊寅(6)條)가 알려져 있다. 그녀가「常陸國筑波采女」라고 불렸던 까닭은 常陸國 筑波郡 출신의 采女였기 때문이었다.

한편 목간에 나타난 '竹波命婦'의 '竹波'는 'つくば(쓰쿠바)'라고 읽을 수 있고, 또한 '命婦'는 자신 혹은 남편이 五位 이상의 위계를 갖는 여성을 의미하는데, 앞의 기사에 따르면 壬生宿禰小家主는 神護景雲2년(768)에는 從五位下였고, 天平寶字 5년(761) 正月에 正七位下부터 從五位下로 승진하였다는 것을 확인할 수 있다(正月 戊子(2)條).

이상의 내용을 정리하면 목간에 보이는 '竹波命婦'는 常陸國 筑波郡 출신의 여관인 壬生宿禰小家主이고 '寺'는 孝謙太上天皇이 들어간 法華寺라고 볼 수 있다. 따라서 孝謙에게 출사한 小家主가 孝謙의 식사를 위해 宮 안의 어떤 기관에 식료품을 청구할 때 사용했던 것이 이 목간이라고 할 수 있다.

그렇다면 이것을 청구한 대상, 즉 목간이 출토된 토갱이 소속된 관아는 무엇인가 하는 의문이 생기는데 이에 대해서는 후술하겠다.

다음으로 2의 문서목간은 宮內省에 소속된 관청이자 灯燭·松柴·炭燎 등을 관장하는 主殿寮에서 불(불씨인 듯)을 청구한 것인데 하반부는 결실된 상태이다. 18는 紀伊國日高部('部'는 '郡'의 誤記일 것이다.) 財(たから : 다카라)鄕에 있는 戶主인 矢田部益占(やたべのますうら : 야타베노 마스우라)가 稅目의 하나였던 調로서 3斗의 소금을 제출하였을 때 이용한 荷札木簡이다. 하반부는 없지만 상반부 좌우에 끈을 걸을 수 있도록 홈이 있다. '天平字寶五年'이라는 紀年은「天平寶字五年」이라고 하는 것이 옳을 것이다. 사진에 의하면 '寶'의 오른쪽에 転倒符 'レ'가 있는 것 같다. 전도부는 함안 성산산성 목간에도 다음과 같이 확인된다.[11]

レ
竹尸□牟于支稗一
〔師カ〕

16은 성게(ウニ)를 기재한 附札木簡이다. 소형으로 상반부 좌우에 홈이 있다. 24는 나가메가시와[12]이고, 그 잎이 음식을 담을 때 이용되었다. 목간은 下部의 좌우를 깎아서 뾰족하게 하였다. 29는 紀年부분만 보이고 나머지는 바스러졌다. 이렇게 6점을 소개한 것에 불과하지만 내용과 형태에 따라 몇 가지 종류가 있다.

앞서 보류한 관아에 대해서 1은 太上天皇이 있었던 절에서 식량을 청구한 것, 2는 宮內省에 소속된 관청 主殿寮가 불씨를 청구한 것, 18·16처럼 소금이나 성게가 있다는 것, 24처럼 食品을 담은 柏(나가메가시와)이 있다는 것 등등에서 主殿寮처럼 宮內省에 소속된 大膳職이라고 보인다. 大膳職은 조정의 식사를 담당하는 관사인데 職員令 大膳職條에 의하면 다음과 같이 규정되어 있었다.

大膳職
大夫一人.〈掌, 諸國調雜物, 及造庶膳羞, 醢, 菹, 醬, 豉, 未醬, 肴, 菓, 雜餅, 食料, 率膳部以供其事.〉亮一人. 大進一人. 少進一人. 大屬一人. 少屬一人. 主醬二人.〈掌, 造雜醬, 豉, 未醬等事.〉主菓餅二人.〈掌, 菓子, 造雜餅等事.〉膳部一百六十人.〈掌, 造庶食事.〉使部卅人. 直丁二人. 驅使丁八十人. 雜供戶.

2. 제13차 조사 토갱 SK820 출토목간

이것도 일부만 소개하겠다. 가장 앞에 있는 숫자는 『平城宮木簡一』에서 나타난 木簡번호이다.

〔尸〕
91·北炬兵衛 　磯　　宗我　八尸　河內　養德
　　　　　　　石前　錦部　道守　枝井　田部
　·若麻
　　尾張　　合十二人

250,31,4 011

---

11) 판독문은 橋本繁, 2014, 「咸安·城山山城木簡釈文」, 『韓國古代木簡의 硏究』, 吉川弘文館에 따랐다.
12) 역자 주 : 나가메가시와【長女柏】: 떡갈나무 중 싹이 길게 돌출한 것이라고 하는 데 자세한 것은 미상이다. 『日本國語大辭典』 (小學館)

```
                                              〔結カ〕
100·東三門  額田 林   神   北門 日下部 北府 服□
           各務 漆部 秦        県      大伴
    ·合十人        五月九日食司日下部太万呂状              187,22,2  011

 54·府召  牟儀猪養  右可問給依事在召宜知
    ·状不過日時参向府庭若遅緩科必罪  翼 大志 少志        282,28,5  011
                                四月七日付県若虫

 61· ]位下財椋人安万呂
     ]行夜使仍注状故移
    ·□少志楢原造総麻呂                          (117),30,2  019[13]
```

이들 목간의 출토지점은 內裏 內郭의 북측이고 外郭을 구획한 築地塀 남쪽에 해당한다. 목간은 天平19년(747) 이후 그리 멀리 떨어지지 않는 시기에 폐기되었던 것 같다. 91 맨 앞의 '北炬'는 다른 목간에서는 '北炬門'이라고 되어있는데 內裏 북쪽에 위치하여 야간에도 계속 화톳불을 피웠던 문을 가리킨다. 그리고 守衛했던 12명의 兵衛 이름이 열거되어있다. 그들이 소속된 兵衛府란 左兵衛府과 右兵衛府로 나누어지고 職員令 左兵衛府條에 따르면 '閤門', 즉 內裏의 門을 守衛하였다. 목간에 나타난 兵衛들이 좌우 어느 兵衛府에 속하였는지는 알 수 없다. 또한 型式番號의 011은 직사각형을 의미한다.

　　左兵衛府〈右兵衛府准此.〉
　　督一人.〈掌, 檢校兵衛, 分配閤門, 以時巡檢, 車駕出入, 分衛前後, 及左兵衛名帳,　門籍
　　事.〉佐一人. 大尉一人. 少尉一人. 大志一人. 少志一人. 医師一人. 番長四人.　兵衛四百
　　人. 使部三十人. 直丁二人.

　　100 또한 '東三門', '北門', '北府'의 경비를 담당한 사람들의 인명을 기록한 것이다. 이는 단순히 그들의 근무기록이라는 의미일 뿐만 아니라, 그들의 식량을 청구하기 위한 기록이라고도 할 수 있다. 이것을 기록한 자가 '食司', 즉 食料에 관한 사무를 담당한 '日下部太萬呂(くさかべのおおまろ: 구사카베노 오오마로)'이라는 인물이기 때문이다. 그렇다면 91도 같은 기능을 가졌다고 볼 수 있다.
　　경주시 雁鴨池 출토목간 중에서도 이와 비슷한 기재형식의 목간을 찾을 수 있다.[14]

---

13) 61에 대해서는 『平城宮發掘調査出土木簡槪報35』에서 일부 수정된 판독문을 사용하였다.
14) 판독문은 橋本繁, 2014, 「慶州·雁鴨池木簡と新羅內廷」, 『韓國古代木簡の研究』, 吉川弘文館(初出은 2007년)에 따랐다.

```
                    阿□              元方左
· 隅宮北門■          同宮西門■
          才者左              馬叱下左

                              小巴乞左
· 東門■  三毛左  開義門■
  － － －          金老左              (■는 辶과 守)
```

이들 모두 '門■' 다음에 割書로 이름을 썼는데 91·100과 비슷한 書式을 갖는다.

54에 보이는 '府'는 (左·右)兵衛府이다. 그리고 翼·大志·少志는 (左·右)兵衛府의 관인들을 가리킨다.[15] 이것은 아마도 (左·右)兵衛府가 兵衛인 牟儀猪養(むぎのいかい: 무기노 이카이)을 召喚한다는 文書木簡일 것이다. 이 가운데 '右可問給依事在召' 이하의 부분이 주목된다. 한자만으로 쓰여져 있기 때문에 언뜻 보면 한문과 같이 보이는데, 실제로는 거의 '오른쪽은 물어보고 싶은 것이 있기 때문에 소환한다.'라고 하여 일본어 순서로 한자를 기록한 것이다. 즉 일본어 표기 역사의 사료로서도 귀중한 것이라고 할 수 있다.

61은 上部가 없는데, 財椋人安萬呂(たからのくらひとのやすまろ: 다카노 구라히토노 야스마로)를 行夜使로 한다는 것을 某衛府부터 (左·右)兵衛府로 보고한 移文書라고 할 수 있다. 移는 公式令 移式條에 따르면 統屬關係에 해당하지 않는 관사 간에 사용하는 문서양식이다. 기타 公式令에서 규정된 문서양식인 解·符·牒과 같은 단어가 나온 목간도 발견되었다.

1843점이라는 엄청난 양이 출토된 SK820 木簡은, SK219 출토목간 이상으로 文書, 荷札·附札, 習書 등 다양한 내용을 풍부하게 담고 있다. 또한 형태도 여러 가지여서 앞서 언급했듯이 14 종류의 型式番號가 확정되었다.

이처럼 SK219·SK820에서 출토된 목간에 따라 記載 내용의 분류와 형태 분류의 큰 틀이 만들어졌다는 것은 그 이후 목간연구를 진전시키는 데에 상당한 도움이 되었다. 그리고 平城宮이라는 奈良시대의 도성유적에 있었기 때문에 奈文研이라는 고대 유적 연구의 중심기관이 발굴조사를 담당할 수 있었고, 이것이 고고학 연구자와 역사학 연구자의 공동 작업을 가능케 하였던 것이다. 이들의 공동 작업에 의해 목간을 고고자료로 취급함으로써 목간이 遺構·遺物의 연대를 결정하는 기준이 되었고, 아울러 유구의 성격을 고찰하는 데에 중요한 자료가 되었다는 것도 중요한 성과라고 할 수 있다. 奈文研이 일본 목간연구의 연구거점이 되었던 것은 이러한 요인이 크게 작용했기 때문이었다.

그리고 목간이 계속 출토되면서 목간 자체를 연구하는 것, 즉 '木簡學'의 필요성이 제창되었고, 이것이 1979년 목간학회의 창립으로 이어졌다. 학회의 창립 과정은 전술한 榮原 전회장님의 보고에도 보인다.

---

15) 兵衛府의 官人은 大寶令과 養老令에 서로 다르게 규정되어있다. 본문에 제시하였듯이 養老令에서는 督·佐·大尉·少尉·大志·少志라고 하는데, 大寶令에서는 牟·翼·大直·少直·大志·少志이었다(瀧川政次郎, 1931, 『律令の研究』, 刀江書院).

IV. 일본 목간연구의 基盤

전술한 바와 같이 목간을 고고자료로 취급한 것은 중요한 일이었다. 한편 역사학 연구라는 입장에서 보면 일본에 남아있는 수많은 고대 문헌사료와 연결시켜 목간을 검토할 수 있었다. 그러면 어떤 문헌사료가 있을까? 이미 널리 알려져 있지만 간단하게 소개하면 다음과 같다. 우선 법제사료로 律令格式을 들 수 있다. 구체적으로 『律』『令義解』『令集解』『類聚三代格』『延喜式』등이 있다. 목간은 律令制를 토대로 한 官司에서 작성된 것이 많기 때문에 목간 내용을 이해하기 위해서는 율령격식을 참조할 필요가 있다.

또 고대 정부가 편찬한 사서로서 이른바 六國史로 총칭되는 『日本書紀』부터 『日本三代實錄』이 남아 있다. 전술한 平城宮 제1호 목간의 내용은 『續日本紀』에 기록된 일과 깊은 관계가 있을 뿐만 아니라 사서에 나타나지 않는 孝謙太上天皇의 일상생활을 드러내기도 하였다.

다음으로 10세기에 만들어진 辭典 『和名類聚抄』는 전국의 郡·鄕名이 기록되어 있어 율령제에서 國-郡-里(후대 鄕으로 개칭됨)로 구성된 지방행정조직, 특히 荷札木簡에 기재된 지명을 이해하는데 도움이 된다. 또한 『風土記』『萬葉集』『日本靈異記』를 비롯한 문학작품, 그리고 시대는 조금 내려가지만 귀족들의 일기 등도 많이 남아 있다.

이들 편찬사료 외에 8세기에 작성된 古文書도 현재 많이 남아 있다. 즉 약 1만점에 이르는 正倉院文書이다. 여기에는 다수의 寫經所 관련 문서가 포함되는데 이들은 꼭 公式令의 규정에 따라 쓰인 것이 아니다. 따라서 목간과 이 문서는 일상적인 문서작성의 형태를 보여주는 것이라고 할 수 있다.

이미 중국 목간은 널리 알려져 있고, 正倉院 寶物 속에는 목간의 실물도 남아 있다. 기타 앞서 언급한 다양한 사료가 남아 있고, 그 중에는 목간을 의미하는 문구도 있다. 예를 들어 『日本書紀』齊明天皇 4년 (658) 11월 庚寅(11)條에서 인용된 어떤 책[或本]에는 '有間皇子與蘇我臣赤兄·鹽屋連小戈·守君大石·坂合部連藥, 取短籍, 卜謀反之事.'라는 기록이 있는데 謀反의 성공 여부를 점치기 위해 '短籍(たんざく)'을 사용했다는 것을 알 수 있다. 短籍이라고 하면 『續日本紀』天平 2년(730) 正月 辛丑(16)條의 「天皇御大安殿, 宴五位已上. 晚頭, 移幸皇后宮. 百官主典已上陪從, 踏歌且奏且行. 引入宮裡, 以賜酒食. 因令探短籍. 書以仁·義·禮·智·信五字, 隨其字而賜物. 得仁者絁也. 義者絲也. 禮者綿也. 智者布也. 信者段常布也.」라는 기록에도 보인다. 仁義禮智信이 한 글자씩 쓰인 短籍을 뽑게 하여 글자에 따라 絁·絲·綿 등을 하사한 것이다. 이 短籍은 籤引(제비뽑기)의 패이다. 『日本書紀』의 短籍은 모두 종이로 만들어진 것이 아니라 목간일 것이다. 『日本靈異記』를 통해 4貫文의 동전에 '大安寺大修多羅供錢'이나 '大安寺常修多羅供錢' '大安寺成實論宗分錢'이라고 적힌 短籍을 붙인 기록을 확인할 수 있다(中卷 第28緣). 이들은 동전에 부착시킨 附札木簡이다.

短籍은 短冊이라고도 하는데 瀧川政次郎은 戰前에 拂田 성책 유적에서 출토되었던 목간이 고대 문헌에 나타난 短籍일 것이라고 1958년에 이미 간파하였고, 전술한 사료들을 각각 지적하여 '소형 短冊이 奈良, 平安시대 여러 용도를 위해 사용되었다.'고 주장하였다.[16] 이는 장래에 목간이 출토될 것이라 예상한 것이라고 할 수 있다. 平城宮址에서 목간이 출토되기 전부터 일본의 역사학계는 이를 맞이할 준비가 되어 있었던 것이다.

이후 40만점 이상에 도달한 목간은 都城·地方官衙·寺院, 그리고 皇族·貴族의 저택의 모습을 여실히 말해주는 사료로서 일본의 고대사 연구가 풍부한 성과를 이루는데 큰 역할을 하였다.

V. 목간연구의 현황

마지막으로 목간연구의 현황에 대한 부분이다. 다만 각각의 유적이나 목간에 대해 다루기는 어려우므로 큰 흐름만 설명하겠다.

목간이 출토되는 사정은 참으로 우연한 일이라고 할 수 있다. 1980년대 후반에 출토된 長屋王家木簡·二條大路木簡은 11만점에 이르는 엄청난 양이었고 내용도 풍부한 목간들이었기 때문에 연구가 일거에 활성화되어 많은 논고가 발표되기도 하였다. 현재는 그러한 상황은 진정되어 있다. 따라서 계속 과거의 조사·연구를 재검토하고 새로운 시각에서 목간을 다시 고찰해야한다고 생각한다.

재검토할 내용이 여러 가지 있겠지만, 무엇보다도 판독문이 그 처음이 되어야 한다. 초기에는 木簡을 판독하는 일은 육안에 따른 것이었다. 그러나 현재에는 적외선 텔레비전이나 사진 등을 활용하여 훨씬 선명하게 문자를 읽어낼 수 있게 되었다. 이에 따라 옛날 판독문을 정정할 필요성이 생길 수도 있다. 정정할 것은 글자에만 그치지 않는다. 목간 자체를 관찰함에 따라 完形이라고 생각해왔던 것이 실제로는 그렇지 않았다든가, 다른 목간과 연결시킬 수도 있다. 사실 앞에서 제시한 제1호 木簡 또한 이러한 사례 중의 하나라고 할 수 있다. 『平城宮木簡一』에서는 型式番號를 직사각형이라는 것을 가리키는 011로 표시하였지만, 실제로는 左邊이 전체 1/3 정도 잘라진 상태이었음으로 현재로는 원형불명을 의미하는 081로 표시한다. 또한 판독문도 약간의 수정을 가하게 되었다. 奈良文化財研究所나 목간학회에서 판독문의 정정이 있으면 목간의 보고서나 잡지 『木簡研究』에서 새로운 판독문을 제시하고 있다. 앞서 설명한 사료의 판독문은 『平城宮發掘調査出土木簡槪報35』를 통해 보고된 성과이다.

재검토할 두 번째 항목은 목간의 기능이다. 목간은 기재된 문자뿐만 아니라 크기·형태 등을 포함한 전체를 감안해야 어떠한 기능을 하는지 알 수 있다.

荷札木簡을 예로 들어서 설명해 보겠다. 예전에는 稅(조세·공납물)의 하찰은 주로 郡의 役所였던 郡家에서 작성되어 荷物에 붙여지고, 다음으로 稅가 모아지는 國의 役所인 國衙와 최종적으로 발송되는 중앙정부에서 목간의 기재내용에 따라 稅의 내용·양, 그리고 부담자를 점검하였다고 생각해왔다. 그러나 최근 중앙에서 한 國 전체의 戶數·口數의 총계를 기록한 計帳目錄에 근거하여 미리 계산해 두었던 稅物의 총량과 각국에서 제출한 稅物 목록(調帳·庸帳)을 대조하면서 稅物 전체의 종류와 총량을 확인하였다. 따라서 목간에 의해 하나씩 하물을 점검하여 수령하지는 않았고 國衙에서도 이와 거의 비슷하다고 볼 수

---

16) 瀧川政次郎, 1967, 「短册考」 『法制史論叢제四册 : 律令諸制及び令外官の研究』, 角川書店(初出은 1958년).

있다.[17]

확실히 하찰에 기록된 國·郡·里(후대 鄕이 됨)의 지명 표기를 보아도 특히 里(鄕) 명칭에는 다양한 표기를 사용하였다. 예를 들어 近江國 犬上(いぬかみ: 이누카미)郡의 하찰을 보면 다음과 같다.

① 犬上郡**甲良里**子部伊知米六斗　　　　　　　　　　　156,19,4　051　城21−30[18]
② ·近江國犬上郡**瓦里**人□□□
　·蜊江連知萬呂戸俵　　　　　　　　　　　　　　　142,17,3　051　城27−19
　　　　　　　〔人カ〕
③ ·犬上郡**瓦原鄕**川背舍□
　·乙米五斗　　　　　　　　　　　　　　　117,19,3　033　平城京１−71(木研10−13)
④ ·近江國犬上郡
　·**川原鄕**　　　　　　　　　　　　　　149,26,4　051　城15−12(木研４−13)

①~③는 長屋王家木簡, ④는 平城宮跡 출토목간이다. 여기서 나타난 4가지의 里·鄕 명칭은 모두「かわら(가와라)」로 읽고 동일한 里·鄕이다. 正倉院文書 가운데 '**河原鄕**'이라는 표기도 있다(『大日本古文書(編年文書)』, pp.25−98). 한자의 音과 訓을 이용하여「かわら(가와라)」로 읽을 수 있도록 자유롭게 표기한 것처럼 보인다. 만약 중앙에서 목간을 읽으면서 稅物의 하물을 점검했다고 하면 이처럼 다양한 표기 방법은 수령 작업에서 큰 지장을 주었을 것이다. 이러한 예는 전술한 의논을 뒷받침하는 것이라고 생각된다.[19]

그렇다면 하찰은 어떤 기능을 다하였을까? 이에 관해서는 다양한 견해가 있는데, 적어도 郡司가 각각 課稅한 양민에게 규정대로의 종류와 분량의 稅物을 징수하였다는 것을 보증하기 위해 표시한 것이었다는 점, 그리고 중앙에서 수령한 후 稅物을 보관하면서 그 내용물이나 産地, 製造年, 분량 등을 표시하는 역할을 다하였다는 점은 틀림없을 것이다. 또한 천황에게 공납한다는 것을 표시하는 기능, 즉 시각적인 기능을 갖는 목간이었다는 견해도 있다.[20]

이 視覺木簡, 즉 문자 내용뿐만 아니라 목간 자체를 他者에게 보여주는 기능을 갖는 이른바 '보여주는 목간'이 있다는 주장도 최근 다양하게 논의되었다. 예를 들면 平城京의 길옆에 세워서 왕래하는 사람들에게 도망친 말의 정보를 구하거나 혹은 잡아놓은 말의 주인을 찾는 길이 1m 전후의 '告知札'이 있다. 그리

---

17) 근년의 荷札木簡의 연구에 대해서는 다음 논문을 참조할 수 있다. 今津勝紀, 2012, 「調庸墨書銘と荷札木簡」, 『日本古代の税制と社會』, 塙書房(初出은 1989년); 渡邊晃宏, 2004, 「籍帳制」, 『文字と古代日本１ : 支配と文字』, 吉川弘文館; 吉川真司, 2005, 「税の貢進」, 『文字と古代日本3 : 流通と文字』, 吉川弘文館; 寺崎保広, 2006, 「木簡論の展望」, 『古代日本の都城と木簡』, 吉川弘文館; 馬場基, 2008, 「荷札と荷物のかたるもの」, 『木簡研究』30.

18) 출전의 略號는 다음과 같다. 城=奈文研, 『平城宮發掘調査出土木簡概報』(호수와 쪽수), 平城京=奈文研, 『平城京木簡』(호수와 목간번호), 木研=木簡學會, 『木簡研究』(호수와 쪽수).

19) 舘野和己, 2014, 「荷札に見える地名表記の多様性」, 『東アジア木簡學のために』, 汲古書院.

20) 今津勝紀, 2012, 앞 논문; 市大樹, 2014, 「日本古代木簡の視覺機能」, 『東アジア木簡學のために』, 汲古書院 등을 참조.

고 휴대하기에는 불편한, 길이 약 65㎝, 넓이 3.6㎝의 장대한 목간에 크고 활달한 글자로 '關々司前解'로 시작하는 문구가 쓰인 '過所木簡'이 平城宮跡에서 출토되었다. 이것은 하단 가까이에 글자가 없는 부분도 있는데 그 부분을 손으로 잡아들어서 關司에게 내걸어 내용을 보여줌으로써 關所를 통과하는 正當性을 주장하였던 것으로 보인다.[21]

또 한 가지 목간의 기능에 관한 실례를 들고자 한다. 平城宮址 SK820에서 출토된 목간에는 '薄綠絲'(『平城宮木簡一』 497號), '中綠絲'(498號), '黑綠絲'(499號), '白綠綾'(506號), '薄綠綾'(507號), '靑染綾'(508號) 등처럼 纖維製品의 색깔과 이름만을 기록한 목간이 20점 이상 확인된다. 모두 길이 5~7㎝ 정도, 넓이 약 2㎝ 정도로 작은 목간이다. 이들은 『平城宮木簡一』에서 '附札'로 분류되었고 또한 필적을 보아도 모두 유사하기 때문에 동시에 모두 쓴 것이라고 볼 수 있다.

그러나 渡邊晃宏은 최근 같은 종류 목간 속에 '取色'(520號)이라고 쓰인 것에 주목하여 이는 색깔이 있는 섬유제품을 뽑기 위한 도구, 즉 籤引(제비뽑기)의 패라는 점을 밝혔다. 더욱이 그는 이들 목간 중에는 원래 서로 맞닿아 있던 것도 존재한다는 점을 찾았다. 즉 적당한 길의 목재를 잘라고 접고 거의 같은 크기의 형태로 만든 후 거기에 색깔과 섬유재품명이 중복되지 않도록 한번에 썼던 것이다.[22] 따라서 이들 목간은 附札이 아니었다. 제비뽑기에 목간을 사용하였다는 것은 이미 지적하였다. 또한 이러한 작은 矩形 목간에는 021이라는 型式番號가 붙었는데 그 이후 이러한 유형의 사례는 거의 없었고, 나아가 어느 정도의 크기를 小型이라고 볼 수 있는지 판단하기 어렵기 때문에 현재는 거의 사용되지 않고 있다.

榮原永遠男에 의해 제창된 '歌木簡'도 목간 기능론을 재검토하는 작업의 예가 될 수 있다. 그는 和歌를 기록한 대형목간은 典禮의 공간에서 부르기 위한 것이라고 주장하였다.[23]

또한 불필요하게 된 목간에 관한 것을 가지고 목간의 기능을 논의하기도 한다. 목간은 완전한 형태로 발견된 것이 적다. 세로로 잘라지거나 갈라진 것도 적지 않다. 앞서 소개했듯이 제1호 목간이 그러한 성격을 갖고 있다. 그렇게 가공한 까닭에 대하여 종래에는 목간의 기재내용을 보여주지 않도록 하였다든가, 혹은 재활용하는 것을 방지하기 위한 폐기방법이라고 생각해왔다. 이에 대해 근래 이들 목간은 현재 화장실에서 사용하는 휴지에 해당하는 籌木(ちゅうぎ)으로 재활용된 것이었고, 이들이 출토된 장소는 여러 곳에서 수집된 오물을 버린 곳이었다는 견해가 있다.[24] 籌木으로 이용된 목간이 있다는 점은 명백하다. 다만 가공한 목간 모두를 그렇게 생각할 수 있을까? 또한 이러한 논의는 출토된 목간을 통해 근처에 있는 관아의 성격을 밝힐 수 있다고 여김으로써 출토 목간과 출토지 인근의 관아를 연결하였던 기존의 연구방법에 재고를 요구할 수도 있다. 목간연구는 목간의 탄생부터 폐기까지 모두 과정을 탐구하는 것이므로 이러한 문제들은 앞으로도 한층 더 검토를 심화시켜야 할 것이다.

---

21) 舘野和己, 2012, 「日本古代の過所木簡と交通檢察」, 『東アジアの簡牘と社會－東アジア簡牘學の檢討－シンポジウム報告集』, 中國政法大學法律古籍整理研究所·奈良大學簡牘研究會·中國法律史學會古代法律文獻專業委員會.

22) 渡邊晃宏, 2007, 「平城宮跡出土の「籤引き札」」, 『日本歷史』 709.

23) 榮原永遠男, 2011, 『萬葉歌木簡を追う』, 和泉書院.

24) 井上和人, 2008, 「出土木簡籌木論」, 『日本古代都城制の研究』, 吉川弘文館(初出은 2006년).

마지막으로 목간의 범주에 대해서 설명하도록 하겠다. 일본에서는 직사각형이나 홈이 있는 荷札·附札 뿐만 아니라 목제품에 墨書된 것도 목간으로서 취급한다. 이를 위한 型式番號도 준비되어 있고 061는 '용도가 명료한 木製品에 墨書가 있는 것', 065는 '용도가 미상인 木製品에 묵서가 있는 것'으로 되어 있다. 이들은 거의 목간연구가 시작하였던 무렵부터 계속 이어지는 방침인데 되도록 연구대상을 폭넓게 잡자는 의도에서 나온 것이다. 그렇기 때문에 목제 키홀더나 우물 틀에 기록된 문자나 번호, 將棋의 말, 더군다나 卒塔婆(솔도파) 등도 목간으로 보고되었다. 또한 종이 문서에 끼워 다른 사람에게 보내기 위한 封緘木簡이 새로 출토됨에 따라 041·043·049이라는 型式番號를 새로 만들게 되었다. 그러나 국제적으로 목간을 의논할 때에 이러한 사정이 충분히 이해되지 않아 목간의 정의에 대한 非공통성이 문제가 될 수 있다.

한편 문자가 적힌 木製品은 일본에 한정된 것이 아닐 것이다. 따라서 목제품을 포함한 목간론을 전개하는 일이 필요하다. 이와 관련하여 渡邊晃宏이 기능에 따라 情報傳達의 기능을 갖는 목간(文書·傳票·祈願札 등), 屬性表示의 기능을 갖는 목간(荷札·附札·封緘木簡·容器의 記銘·우물 틀의 번호 등), 墨書媒体의 기능을 갖는 목간(習書·落書·中國의 冊書 등)으로 분류하여 고찰하는 방법을 제창한 것이 주목된다.[25] 다만 예를 들어 屬性表示의 기능으로 분류되는 荷札이나 容器의 記銘 등은 단순하게 그것이 붙여진 물품의 속성(內容·分量 등)을 목적 없이 표시하지 않을 것이고, 보는 사람에게 그들 정보를 전달하기 위한 것이므로 정보전달의 기능도 갖고 있다고 말할 수 있다. 서로 범위가 중복되지 않는 분류를 한다는 것이 상당히 어려운 일이다. 그러나 이 견해는 앞으로 국제적으로 의논하는 데에 시발점이 될 것이다.

VI. 마치며

일본에 있어서 목간의 발견과 그것을 연구 방면에서 받아들일 수 있었던 좋은 조건, 그리고 현재 목간연구의 상황을 생각나는 대로 설명하였습니다. 여기서 설명한 현황은 연구의 전체 모습이 아니라, 그저 일부를 소개한 것에 불과합니다. 금후 양국의 목간학회가 공통의 연구기반을 마련하고 교류를 심화하여 목간연구를 진전시켰으면 합니다.

[번역: 小宮秀陵(계명대학교 일본학과)]

투고일: 2015. 4. 20.   게재확정일 : 2015. 4. 25.

---

25) 渡邊晃宏, 2014, 「墨書のある木製品とその機能」, 『東アジア木簡學のために』, 汲古書院.

논/문

고구려 '王'자문 벽화고분의 편년과 형성배경
함안 성산산성 부엽층과 출토유물의 검토
함안 성산산성 축조연대에 대하여
최치원의 雙磎寺眞鑑禪師大空塔碑 서풍 연구
古代 東아시아의 合文에 대한 一考察
慶州 出土 高麗時代 "院"銘 기와의 檢討

고구려 '王'자문 벽화고분의 편년과 형성배경

김근식[*]

Ⅰ. 머리말
Ⅱ. '王'자문 벽화고분의 편년과 표현공간
Ⅲ. '王'자문 벽화고분의 위치와 지역성
Ⅳ. '王'자문 벽화고분의 형성배경과 고려'太王'
Ⅴ. 맺는말

〈국문초록〉

이 논문은 고구려 '王'자문벽화고분의 편년과 형성배경에 대해 주목한 것이다. 벽화고분의 '王'자문은 그간 상징화된 도상으로의 인식이 강했다. 하지만 최근 옥도리벽화고분에서 '大'+'王'의 조합이 나타난 만큼 '王'자문은 단독 개체로서의 '王'의 의미를 지닌 것으로 파악하는 것이 가능해졌다. 따라서 부처(전륜성왕)의 상징화·제의적 상징·왕이나 왕족 등의 표방으로만 검토되었던 '王'자문을 문자로서의 '王'으로 바라봐야 한다. 물론 '王'자의 존재만으로 그것을 王陵이라고 파악할 순 없다. '王'자문벽화고분들은 규모·벽화내용·축조지역 등 무엇 하나 왕릉급으로 볼 수 없기 때문이다.

'王'자문 벽화고분의 편년과 표현공간을 상세히 분석한 결과, '王'자문벽화고분은 대체로 5세기 전반(감신총·옥도리벽화고분)과 중반(산성하332호분·장천2호분·미창구장군묘)에 제작되었음을 확인할 수 있었다. 그리고 형식상 감이 있는 두방무덤과 곁방을 가진 외방무덤이 채용되었다. 축조지역은 남포·집안·환인으로 세 곳에 산재되지만, 분석결과 저마다 지역적 특수성이 존재하고 있음이 확인하였다.

'王'자문벽화고분의 지역적 분산·축조지역의 변화는 고구려의 평양천도를 기점으로 나타난다. 즉 '王'자문벽화고분은 수도가 집안이었던 광개토대왕 시기에는 대백제전과 유이민 집단 수용의 요충지였던 남포일대에 축조되었던 것으로 파악된다. 반면, 수도를 평양으로 옮겼던 장수왕대에는 옛 고지이자 방어와 교통의 요충지였던 산성하·장천·미창구일대에 축조했던 것이다. 결국 '王'자문벽화고분의 등장은 5세기

---

*   동국대학교 대학원 사학과 박사과정 수료

광개토대왕·장수왕대의 지역지배와 더불어 나타난 산물이며, 太王權과의 깊은 연관관계 속에서 형성되었던 것임을 알 수 있다.

▶ 핵심어 : '王'字文, 王, 大王, 平壤遷都, 廣開土大王, 長壽王

I. 머리말

고구려벽화고분에 남겨진 묵서는 각 벽화고분의 피장자에 대한 정보는 물론, 그 내용분석을 통해 당시 고구려의 사회상을 파악하는데 상당히 중요한 역할을 한다. 그럼에도 불구하고 묵서에 대한 종래의 연구는 안악3호분·덕흥리 벽화고분·모두루총 3기를 중심으로 행해져 왔다.[1] 물론 이는 墓誌의 존재여부와 묵서의 양적인 부분에서 어쩌면 당연한 결과였을지도 모른다. 문제는 묘지를 활용한 연구가 중심축을 이루다보니, 그 이외의 묵서들에 대한 연구는 다소 소외되었다는 점이다. 대개 벽화를 설명해주는 묵서들은 그 내용이 짧아 그 분석을 행하는데 큰 어려움이 있다. 또한 박락으로 인해 잘 보이지 않아(혹은 보이더라도) 무엇을 의미하는지 정확히 알 수 없는 것들이 많다.

한편, 벽화고분 묵서는 木簡이나 石刻 등과 마찬가지로, 누군가에게 정보전달을 한다는 목적은 크게 변하지 않는다. 다만 이것이 무덤이라는 특수한 공간에 남겨져 있는 관계로, 그 정보전달의 목적이 무엇이며, 대상이 누구였는지에 대해서는 재고의 여지가 있다. 당시 벽화고분 축조와 관련된 많은 사람들(묘주본인·근친자·건축가·화공 등)은 이 묵서의 기재사유, 즉 목적을 분명히 알고 있었을 것이다. 예나 지금이나 벽화고분 축조는 아무나 쉽게 행할 수 있는 일이 아니다. 이를 위해서는 건축가나 화공 같은 전문가를 비롯하여, 축조에 제반되는 노동인력과 자본이 반드시 필요하다.[2] 이러한 정황을 고려하면, 벽화에 비록 짧막하게 기록된 묵서의 내용 역시 허투루 기재했을 일은 거의 없다고 봐야 한다.

이러한 관점에서 반드시 짚고 넘어가야 할 문자가 하나 있다. 그것은 고분벽화에 남겨진 묵서 가운데 가장 짧지만, 그 의미는 확실히 전달된다고 할 수 있는 '王'자이다. '王'자문에 대한 기존의 연구는 '王'자문 벽화의 표현공간·연대와 성격 등을 검토하여 그 계보관계를 살펴보면서, 미창구장군묘와 전동명왕릉을 연결시키려는 시도를 행했다.[3] 또한 '王'자를 문양으로 인식하여 산악문+'王'의 문양으로 분석한 뒤 산악문은 수미산을, '王'자는 수미산왕을 의미한다고 추측하기도 한다.[4] 한편, 일반 귀족묘에 있어서 무덤 내

---

1) 한국고대사회연구소 편, 『韓國古代金石文』, 駕洛國史蹟開發研究院, pp.54–102에 상세한 연구정리가 있다.
2) 덕흥리 벽화고분 墓誌에 "무덤을 만드는데 만 명의 공력이 들었고 날마다 소와 양을 잡아서 술과 고기, 쌀은 먹지 못할 정도이다"라는 기록이 남겨져 있다.
3) 東潮, 1998, 「高句麗·王字文壁畵의 系譜關係」, 『高麗美術館研究紀要』 2.
4) 정병모, 1998, 「고구려고분벽화의 장식문양도에 대한 고찰」, 『강좌미술사』 10, pp.105–155.

부에 그려진 '王'자문은 法王의 상징으로 표현되었을 것으로 짐작거나,[5] 묘주가 왕과 혈연관계가 있는 왕족계통임을 나타내려는 시도도 있다.[6] 최근에는 '王'자문 장식을 제의적 상징으로 파악, 그 표현양상과 錦帳의 실제제작 및 설치 가능성을 고찰한 연구도 보인다.[7]

지금까지 '王'자문에 대한 연구 성과를 살펴본 결과, '王'자문이 의미하는 바를 저마다 부처의 상징화, 제의적 상징, 왕족증명방식 등으로 다르게 언급하고 있음을 알 수 있다. 여기에서의 문제는 '王'자를 유운 문·산악문 등과 함께 쓰는 문양으로만 인식하고 있다는 점이다. 그런데 벽화고분 축조시 그 제재를 선정 하는 과정에는 나름의 엄격한 기준이 있었을 것으로 추정된다. 이러한 상황에서 '王'이라는 글자를 아무 의미 없이 선정했다는 것은 납득하기 어렵다. 당시 고구려는 대내외적으로 '王'을 칭하고 있었는데, 아무 리 문양화가 된 '王'자라고 하더라도 이를 인식하지 못했을 리가 없다. 죽은 자의 공간인 무덤에 남겨졌다 고 할지라도 '王'자가 의미하는 바는 변하지 않는다.

따라서 이 글에서는 고구려벽화고분에 '王'자가 남겨지게 된 이유와 의미를 추적해가는 방식으로 논지 를 전개해보고자 한다. 그러기 위해서 Ⅱ장에서는 우선 '王'자문을 채용한 고구려벽화고분의 편년과 '王' 자의 표현공간에 주목할 것이다. 이를 통해 '王'자문벽화고분을 상세히 분석하여 편년과 분포지역, 고분 내 '王'자문의 위치 등 전반적인 이해에 도움이 될 사항을 검토할 것이다. Ⅲ장에서는 '王'자벽화고분의 축 조위치에 초점을 맞춰 각각의 지역적 특성과 그 축조배경을 고찰해보고자 한다. Ⅳ장에서는 Ⅱ·Ⅲ장의 분석을 통해 '王'자문 벽화고분의 형성배경을 논하면서 '王'자문벽화고분과 고려'太王'의 관계를 살피는 것 으로 글을 마무리 짓도록 하겠다.

Ⅱ. '王'자문 벽화고분의 편년과 표현공간

'王'자문을 채용한 벽화고분은 생활풍속+'王'자가 결합된 덕흥리벽화고분·감신총·옥도리벽화고분과 연꽃무늬+'王'자가 결합된 장천2호분·미창구장군총·산성하332호분 총 6기가 알려져 왔다.[8] 그런데 기왕 의 연구에서 지속적으로 포함시켜왔던 덕흥리벽화고분에는 실제로 '王'자가 표현된 것은 아니고, 東潮가 설정한 논리 구조적 추론일 뿐이기 때문에 분석대상에서 제외한다.[9] 한편, 옥도리벽화고분은 가장 최근

---

5) 정호섭, 2011, 『고구려 고분의 조영과 제의』, 서경문화사, pp.221-222.

6) 동북아역사재단, 2011, 「옥도리 고구려 무덤벽화에 대한 고찰」, 『옥도리고구려벽화무덤』, 동북아역사재단.

7) 박아림, 2012, 「고구려 벽화의 장식문양과 錦帳의 표현」, 『고구려발해연구』 43.

8) 최근 박아림의 연구에 따르면, 일제강점기 제작된 모사도와 흑백사진을 통해 추가로 확인할 수 있는 예를 들 수 있다고도 하 였다. 감신총 널방 북벽장방도·쌍영총 널방 서벽 장방도·안악2호분 널방 서벽행렬도 하단·장천1호분 앞방 남벽 가무관람 도의 묘주도 휘장·오회분5호분 관대 등이다. 그러나 이들은 정확한 '왕'자가 아닌 'ㅗ'자, 'ㅗ'자 등으로 글자가 약간씩 변형되 거나, 양끝이 굽은 갈고리 모양의 유운문만 시문된 경우가 관찰된다고 한다(박아림, 위의 논문, 2012, p.60). 따라서 여기에 서는 '王'가 명확하게 판명이 가능한 벽화고분을 분석의 대상으로 삼는다.

9) 東潮는 '王'자문벽화는 기본적으로 연속변형운기문과 '王'자로 구성되는데, 덕흥리벽화고분에는 '王'자문이 소실되어 연속변

발견된 사례로 '王'자 뿐만 아니라 '大王'자문도 함께 남겨져 있어 주의를 끈다. 이 '大'자의 등장은 그간 문양으로 인식했던 '王'자를, 문자로 인식할 수 있는 전기가 마련된 것이 아닌가라고 생각된다.

1. '王'자문 벽화고분의 편년

고구려벽화고분은 크게 구조적 편년과 내용적 편년으로 나눌 수 있다. 절대적인 편년을 가진 벽화고분을 제외하면, 대개 묘실구조와 벽화내용의 변화를 종합한 결과로 파악할 수밖에 없다. 첫째, 묘실구조는 초기의 외방무덤→외방무덤+여러방무덤→두방무덤→외방무덤으로 정착되는 양상이다. 이는 앞방이나 옆방, 감실의 소멸과정과 깊이 연결된다. 둘째, 벽화내용을 통해 보면 인물 및 생활풍속도→생활풍속도+장식무늬/생활풍속도+사신도→장식무늬→장식무늬+사신도→사신도로 변해가는 양상이다. 초기에는 인물 및 생활풍속도가 주요제재였다가 점차 사신도가 등장하며 정착되는 과정이 있다. 또한 인물 및 생활풍속도가 점차 장식무늬로 꾸며지다가 사신도로 정착되기도 한다. 이러한 고분형식이나 벽화내용의 전반적인 흐름은 대체로 인정되는 부분이며, 개별 고분의 이해정도에 따라 다소 차이를 보인다.[10]

이와 같은 기준을 근거로 '王'자문벽화고분인 감신총·옥도리벽화고분·산성하332호분·장천2호분·미창구장군묘 5기에 대한 나름의 편년을 제시해본다.[11]

감신총은 이른 시기부터 6세기 중반(關野貞, 1914)·4세기 초~중반(주영헌, 1960)·5세기 중반(김원룡 1980)·4세기~5세기 중반(이전복 1990)·4세기 말엽(東潮 1998)[12]·5세기 전반(전호태 2000, 정호섭 2011)·5세기 후반(강현숙 1999)[13] 등 다양하게 편년되어 왔다. 그 구조는 널길·감이 있는 앞방·이음길·

형운기문만 나타나는 것이라고 추론했다. 결국 '王'자문은 나타나지 않지만, '王'자문의 마지막 단계를 덕흥리벽화고분으로 상정한 것이다(東潮, 1998, 위의 논문, pp.38-39. 「高句麗·王字文壁畵の系譜關係」, 「高麗美術館研究紀要」 2).

10) 정호섭, 2011, 위의 책, pp.167-168.

11) 이 글에서 활용한 편년안을 제시했던 글은 다음과 같다.

關野貞, 1914, 「滿洲集安縣及ひ平壤附近に於ける高句麗時代の遺蹟(1)」, 「考古學雜誌」 5-3.

김원룡, 1960, 「고구려고분벽화의 기원에 대한 연구」, 「진단학보」 21.

주영헌, 1961, 「고구려벽화무덤의 편년에 관한 연구」, 과학원출판사.

李殿福, 1980, 「集安高句麗墓硏究」, 「考古學報」 1980-2; 1990 「高句麗民族的宗敎信仰」, 「北方民族」.

魏存成, 1994, 「高句麗考古」, 길림대학출판사.

박진욱, 1997, 「고구려벽화무덤의 류형변천과 편년에 관한 연구」, 「고구려연구」 4, 고구려연구회.

유훤당, 1997, 「中國集安高句麗壁畵墓與遼東遼西漢魏晋壁畵墓比較硏究」, 「고구려연구」 4, 고구려연구회.

고광의, 1999, 「4~7세기 고구려 벽화고분 묵서의 서예사적 의의」, 「고구려발해연구」 7, 고구려발해학회.

강현숙, 1999, 「고구려 석실봉토벽화분의 연원에 관하여」, 「한국고고학보」 40.

전호태, 2000, 「고구려 고분벽화연구」, 사계절.

정호섭, 2011, 「고구려고분의 조영과 제의」, 서경문화사.

12) 東潮는 1993년/1997년까지 5세기 전반설을 주장했으나,(東潮, 1993, 「朝鮮三國時代における横穴式石室墳の出現と展開」, 「國立歷史民俗博物館硏究報告」 47; 1997, 「高句麗考古學硏究」, 吉川弘文館) '王'자문연구를 기점으로 4세기 말로 편년을 변경하였다(東潮, 1998, 위의 논문, p.38).

13) 1994년에는 무덤구조만을 전거로 하여 4세기 중엽으로 편년하였으나(강현숙, 1994, 「고구려 봉토석실분의 변천에 관하여」, 「한국고고학보」 31), 추후(1999) 5세기 중엽으로 변경하였다.

널방으로 구성된 두방무덤으로, 앞방천정은 궁륭식고임 널방천정은 궁륭삼각고임이다. 앞방의 곁방이 작아지게 되거나 소멸과정을 밟는 시기는 대개 5세기 전후이다. 또 천정구조가 궁륭·궁륭삼각고임→삼각고임·평행삼각고임, 앞방이 장방형→정방형으로 이행됨으로써 두방무덤의 전형이 나타나는 시기는 5세기 중엽경이다. 결국 구조상 전형적인 두방무덤이면서 두 개의 감이 가진 감신총은 5세기 전반의 이른 시기로 추정된다.

한편, 벽화의 구성과 표현도 5세기를 전후로 한 요소가 혼재되어 나타난다. 골조표현은 5세기 중엽을 경계로 급격히 퇴화하는 표현방식이며, 인물좌상의 배치방법 역시 전·후기 생활풍속벽화 구성을 넘나든다. 기마악대의 표현이나 인물좌상과 주변인물 묘사에 적용된 대상비중에 다른 위계적 표현[14]의 정도도 안악3호분·덕흥리벽화고분에 비해 과하다. 또한 무인과 시종들의 정적인 자세, 도상의 평면화는 5세기의 경계에서 나타나는 현상이다.[15] 결국 감신총의 상한은 5세기 전반, 하한은 5세기 중엽을 넘지 못한다고 생각된다. 따라서 감신총의 편년은 5세기 전반으로 상정한다.

옥도리벽화고분은 분구형식은 알 수 없으며, 널길·감이 있는 앞방·이음길·널방으로 구성된 두방무덤이다. 천정은 모두 파괴되어 그 구조 역시 알 수 없다. 옥도리벽화고분은 최근에 발견되었기 때문에 보고서에서 제시한 4세기 말~5세기 초를 제외하면, 다른 편년이 거의 존재하지 않는다. 다만 벽화 배치가 현세와 내세로 비교적 뚜렷이 구분되어 주제의 특화가 진행되고, 복식이 집안계와 평양계가 함께 나타나는 점 등에서 5세기 중반으로 추정하기도 한다.[16] 그런데 옥도리벽화고분은 구조형식·벽화내용적인 면에서 감신총과 매우 흡사하다는 것이 주목된다. 두 고분은 모두 감이 있는 앞방을 가진 두방무덤으로, 다른 감이 있는 고분과 달리 감의 높이·너비·깊이까지도 거의 유사하다.[17] 또한 앞방의 곁방이 작아지게 되거나 소멸과정을 밟는 퇴화형 감이라는 점, 앞방이 장방형→정방형으로 이행되는 과정 속에 있다는 점 등에서 볼 때, 구조상 편년 역시 감신총과 비슷할 것으로 추정된다. 이러한 현상은 벽화의 구성과 표현에서도 나타나는데 골조표현, 각종무늬(연꽃·기하·구름·불꽃·'王'자문), 주변인물 묘사에 적용된 대상비중, 도상의 평면화 등에도 적용된다. 양자의 차이라면 묘주도가 감신총이 동(묘주)감, 옥도리벽화고분이 널방 북벽에 위치한다는 것이다.

한편, 최근 옥도리 고분벽화의 장방생활도 휘장에 나타난 '大'자와 덕흥리 고분벽화의 '大'자 및 자형이 유사한 '太'자를 비교한 연구가 있다. 분석결과 이들 서체는 완전한 해서라기보다 여전히 예서의 과도적 요소가 남아 있는 상태로서 4~5세기 고구려 서체 연변의 특징을 반영하고 있다고 한다.[18] 따라서 옥도리 벽화고분의 편년은 덕흥리벽화고분·감신총과 매우 가까운 5세기 전반으로 상정이 가능하다. 다만 굳이 편년의 순서를 구분한다면 덕흥리벽화고분보다는 다소 후대인 것으로 추측된다.

14) 전호태, 1993, 「고구려 장천 1호분 벽화의 서역계 인물」, 『울산사학』 6.
15) 전호태, 1997, 「고구려 감신총벽화의 서왕모」, 『한국고대사연구』 11, pp.374-375.
16) 고광의, 2011, 「옥도리 고구려 고분벽화에 대한 고찰」, 『고구려발해학회』 41.
17) 동북아역사재단, 2011, 위의 책, 동북아역사재단, p.56.
18) 고광의, 2011, 위의 논문, 『고구려발해학회』 41, p.152.

산성하332호분의 축조연대에 대해서는 4세기 말(조선유적유물도감 1990), 4세기~5세기 중반(이전복 1980), 4세기 후반(유휘당 1997), 4세기 말(東潮, 1997), 5세기 초반(강현숙 1999), 5세기 중반(전호태 2000) 등으로 일정하지 않다. 분구는 방형이며 널길·두개의 곁방·이음길·널방으로 구성된 외방무덤이다. 널방 천정구조는 9단평행고임으로 다소 독특한 단수를 가지고 있다. 구조상 천정 단수를 제외하면 전체 구조가 장천2호분·미창구장군묘와 같다. 벽화는 벽면에 모두 그려져 있는데 널길 좌·우벽 윗부분에는 수렵도가 있어 이로 인해 4세기 말까지 연대를 올려보고 있다. 그러나 고분의 구조와 부장된 사이전연호가 마선구1호분보다 형태상 늦은 시기인 5세기 중반으로 편년되기 때문에,[19] 산성하332호분은 5세기 중반에 축조된 것으로 판단된다.

장천2호분의 편년에 대해서는 4세기~5세기 중반(이전복 1980), 4세기 후반(유휘당 1997), 5세기 초(東潮 1997; 1998년 논문에는 4세기 말)을 제외하면, 대체로 5세기중반으로 편년하고 있다. 분구는 방형이며 널길·두개의 곁방·이음길·널방으로 구성된 외방무덤이다. 천정구조는 곁방이 평천장, 널방은 4단평행고임이다. 벽화는 곁방과 널방 입구, 널방의 모든 벽면에 남겨져 있다. 東潮는 장천2호분의 이실구조는 초기단계이며, 다층의 고임식 천정이기 때문에 시기적으로 미창구장군묘·산성하332호분보다 이른 시기로 판단하였다. 또한 발견된 유물은 5세기 중엽으로 편년하고 있지만, 마선구1호분[20]과 같은 시기라고 하면서 4세기 말로 비정하였다.[21] 그러나 장천2호분의 축조연대는 장식무늬계가 등장과 발견된 유물의 편년으로 보아 5세기 중반으로 보는 것이 더 합리적이라고 판단된다.

미창구 장군묘는 5세기 초(東潮 1997)를 제외하면, 대개 5세기 중반으로 편년하고 있다. 형상·구조·벽화내용·출토유물 등이 모두 집안 장천2호분과 유사하다. 고분구조는 모두 널길 좌·우 곁방·이음길·방형평면의 4단 고임천정을 가진 묘실로 이루어진 석실봉토분이다. 황록색 시유화덕, 황색 施釉四耳展緣壺, 장식문을 위주로 측면연화와 '王'자 도안 등으로 미루어보아 장천2호분과 동일시기인 5세기 중반으로 비정한다.

지금까지 '王'자문을 채용한 벽화고분의 편년에 대해 검토해보았다. 그 결과 '王'자문 벽화고분이 5세기 고구려의 산물이었음을 확인하였다. 감신총과 옥도리벽화고분은 5세기 전반, 산성하332호분·장천2호분·미창구장군묘는 5세기 중반의 시점에 축조되었음을 알 수 있다. 그리고 같은 5세기 전반이지만 옥도리벽화고분보다는 감신총이 더 이른 시기이며, 같은 5세기 중반이라도 수렵도가 포함된 산성하332호분이 장천2호분·미창구장군묘보다 빠른 시기인 것을 알 수 있었다.[22] 위 내용을 정리하면 〈표1〉과 같다.

---

19) 孫仁杰·遲勇, 2007, 『集安高句麗墓葬』, 香港亞洲出版社.

20) 장천2호분과 같은 구조로 인해 발견 당시에는 4세기 중~후반으로 시기를 비정하였으나, 최근에는 장식무늬와 발견된 유물로 인해 5세기 중반으로 편년한다.

21) 東潮, 1998, 위의 논문, pp.38-39.

22) '王'자문벽화고분의 편년상 선후관계를 서체와 화법으로 상정한 연구가 있어 주목된다. 여기에서도 역시 산성하332호분·장천2호분·미창구장군묘 순으로 판단하고 있는데, 이 3기 '王'자의 자형은 감신총보다 세련되어 있으며 또한 모두 예서의 필의가 보여지는 공통점이 있음을 지적하였다. 그리고 벽화 제작시 '王'자의 선택에 있어서도 문양의 도안화 정도가 강할수록

<표 1> '王'자문 벽화고분의 구조와 내용

	구분	지역	시기(편년)	무덤구조	'王'자 위치	내용
1	감신총	남포	5세기전반	두방무덤 龕(有)	앞방 서감 인물신상도. 널방 북벽 장방.	'王' '工'
2	옥도리벽화고분	남포	5세기전반	두방무덤 龕(有)	널방 북벽 묘주도.	'王' '大王'
3	산성하332호분	집안	5세기중반	외방무덤 (곁방)	널방 전면.	'王' '工'
4	장천2호분	집안	5세기중반	외방무덤 (곁방)	양쪽 곁방.	'王'
5	미창구장군묘	환인	5세기중반	외방무덤 (곁방)	양쪽 곁방. 널방 천정고임 매단 밑부분.	'王'

2. '王'자문 벽화고분의 표현공간

1) 감신총[23]

감신총은 평안남도 남포시 와우도구역 신령리에 위치한다. 이 가운데 '王'자문은 두 군데에서 확인된다. 첫째, 앞방 서감에 위치한 神像형 인물좌상 뒤편 배경으로 남겨져 있다. 이 인물좌상은 얼굴부분이 박락으로 떨어져 나가 성별을 알 수 없다.[24] 붉은색과 검은색 줄이 교차해 있는 외투를 입은 이 인물은 두 손을 가슴 앞에 올리며, 손바닥을 바깥으로 향한 자세로 평상 위에 앉아 있다. 그 뒤쪽 좌우에 남자시종 2인이 배치되어 있으며, 평상 위쪽에 장막이 드리워져 있다. 그리고 누런색 바탕위에 붉은색과 검은색으로 '王'자와 당초형 돌기무늬가 번갈아가며 선명하게 남겨져 있다. 돌기는 7~9(↑)·3(↓)·7~9(↑)의 순으로 개수가 묘사되어 있으나, 그 의미는 알 수 없다.

둘째, 널방에는 박락으로 인해 거의 벽화가 보이지 않는데, 그 북벽 동쪽에 일부가 남겨져 있다. 帳房

규범적인 자형을 선택하고 있음을 알 수 있다고 언급하고 있다(고광의, 1999, 위의 논문, 고구려발해연구7, pp.239-240).

23) 朝鮮總督府, 1915, 『朝鮮古蹟圖譜』(2), pp.479-481. 關野貞, 1917, 「平壤附近における高句麗時代の墳墓及繪畫」, 『國華』327호; 『朝鮮の建築と藝術』, 岩波書店, pp.387-388; 韓國古代社會研究所 編, 1992, 『譯註 韓國古代金石文』Ⅰ, 駕洛國史蹟開發研究院; 東潮, 1998, 위의 논문; 전호태, 2000, 『고구려 고분벽화 연구』, 사계절; 조선유적유물도감 편찬위원회, 2000, 『북한의 문화재와 문화유적Ⅰ』, 서울대학교 출판부, pp.74-84(편집상 실수인지 모르지만 벽화의 위치가 다르게 나타나고 있으니 참고시 유의).

24) 東潮는 이 인물을 묘주로 보았으나, 대체로 청라관을 쓴 東龕 인물을 묘주로 파악하며, 이 인물은 神像으로 본다(이에 대한 논의는 전호태, 1997, 위의 논문).

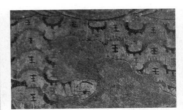

〈그림 2〉 앞방 서감 神像 뒤 '王'(모사도)

〈그림 1〉 감신총 앞방 서감 神像(모사도)　　〈그림 3〉 널방 북벽 장막 옆 '王'　　〈그림 4〉 감신총 널방 북벽 인물

의 한쪽 끝부분으로 추정되는데, 이 장방 아래에 '王'자와 당초형 돌기무늬가 번갈아가며 선명하게 남겨져 있다. 이 '王'자문에 표현된 돌기 역시 7~9(↑)·3(↓)·7~9(↑)의 순서로 나타나고 있다.[25]

2) 옥도리 벽화고분[26]

평안남도 남포시 옥도리에 위치한다. 옥도리벽화고분은 감신총과 반대로 앞방 벽화는 박락으로 인해 거의 알 수 없고, 널방은 남벽을 제외하면 많은 벽화가 잔존한다. 널방 북벽에는 장방생활도가 그려져 있는데, 묘주를 비롯한 4명의 인물이 평상에 앉아 있는 모습이 발견된 것은 이것이 처음이다. 이 벽화는 비율상 왼쪽 부부상과 오른쪽 부부상으로 나눌 수 있다. 하지만 왼쪽 남자묘주는 신체의 왼쪽 일부만 보이며, 오른쪽 남자묘주는 박락으로 인해 아예 보이지 않는다.(〈그림 5·6〉) '王'자문과 '大王'자문은 이 장방생활도의 배경으로 남겨져 있는데, 위치상 왼쪽부부상 뒤편에 '王'자문만 남겨진 1구역, 오른쪽부부상 뒤편에 '王'자문과 '大王'자문이 함께 남겨져 있는 2구역으로 나누어 볼 수 있다. 우선 1구역은 누른색 바탕 위에 붉은색과 검은색으로 '王'자와 당초형 돌기무늬가 번갈아가며 남겨져 있다. 검은색 '王'자문에는 7~9개의 돌기를 가진 붉은색 돌기무늬가, 붉은색 '王'자문에는 3개의 돌기를 가진 검은색 돌기무늬로 표현되고 있다. 즉, 각 열마다 색을 번갈아가며 사용하고 있는 것이다. 2구역의 경우는 잘 보이지 않지만, 1구역과 마찬가지로 누른색 바탕 위에 붉은색과 검은색으로 '王'자와 당초형 돌기무늬를 번갈아 남겼다. 다만

---

25) 앞방 서감과 널방 북벽에 보이는 '王'자문은 제시한 도상의 형태·색채가 다소 달라 보이지만, 실제로는 거의 같은 누런 바탕 위에 붉은색·검은색으로 표현되었을 것으로 추정된다.

26) 동북아역사재단, 2011, 『옥도리 고구려벽화무덤』, 동북아역사재단.
　〈그림 5~10〉는 이 보고서에서 스캔하여 수정하였다.

〈그림 5〉 옥도리벽화고분 널방 북벽벽화   〈그림 6〉 옥도리벽화고분 널방 북벽벽화(모사도)

〈그림 8〉 서쪽부분 '王'

〈그림 7〉 서쪽부분 여자주인공   〈그림 9〉 동쪽부분 '大王'   〈그림 10〉 동쪽부분 여자주인공

여기에는 7~9개의 돌기를 가진 붉은색 돌기무늬에 '大'자가 보이고 있어 주목된다. '大'자 오른쪽 열이 잘 보이지 않지만 순서상 '王'자가 있다고 하면, 2구역에는 '大王'자가 남겨진 것이 된다. '大王'자의 사례는 옥도리벽화고분에서 처음 알려진 것인데, 4명 앉아 있는 장방생활도와 관련해서 차후 검토를 요한다.

3) 산성하332호분[27]

길림성 집안현에 우산 서쪽 기슭, 산성하고분군 남단에 위치한다. 벽화는 벽면에 모두 그려져 있는데, '王'자문은 널방 네 벽에 가득 2000여 자에 달한다. 누런색 바탕에 붉은색 당초형 돌기무늬와 황색의 '王'

---

27) 李殿福, 1983, 「集安洞溝三座壁畵墓」, 『考古』 1983-4; 전호태, 2000, 앞의 책, p.371; 조선유적유물도감 편찬위원회, 2000 『북한의 문화재와 문화유적 I』, 서울대학교 출판부, p.235; 魏存成, 1994, 『高句麗考古』, 吉林大學出版社; 신용민 역, 1996, 『高句麗考古』, 호암미술관; 孫仁杰·遙勇, 2007, 『集安高句麗墓葬』, 科學出版社. 진인진, 2011, 『중국 소재 고구려 유적·유물 II』, 동북아역사재단, pp.1986-2001.

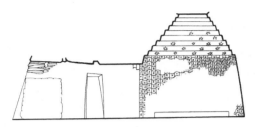

〈그림 11〉 산성하332호분 실측도[28]

〈그림 13〉 산성하332호분 동·곁방 벽화[29]

〈그림 12〉 산성하332호분 '王'자[30]

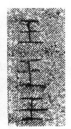

〈그림 14〉 산성하332호분 '王'[31]

자, 녹색 당초형 돌기무늬와 흑색의 '王'자로 구분하여 서로 사이에 두고 수직으로 배열되었다고 한다. 다만 이음길 서쪽 끝부분 제2행이 녹색 당초형 돌기무늬와 붉은색의 '王'는 여타 행과는 다르다. 제2자에서 제8자까지는 '工'자이며 그 이하는 다시 '王'로 바뀐다고 한다.[32] '王'자문은 불그스름한 바탕위에 붉은색과 검은색으로 '王'자와 당초형 돌기무늬가 번갈아가며 선명하게 남겨져 있다. 격자를 만든 공간에 배치되었는데, 돌기가 3개인 당초형 돌기무늬가 확인된다.

4) 장천2호분[33]

길림성 집안시 황백향 장천촌에 위치한다. 고분은 장천군 가운데 규모가 가장 크다. '王'자는 양 곁방에 모두 사각형으로 액자와 같이 구획한 공간에 가득 채워져 있다. '王'자문은 가로와 세로열을 맞춰 질서 있게 배치되었는데, 가로 25줄·세로 23줄에 이른다. 장천2호분은 벽화사진을 구할 수 없어 '王'자와 벽화의 색 등의 확인이 불가능하다. 다만 보고서에는 자색과 암녹색운문이 번갈아가며 묘사되었으며, '王'자의

28) 魏存成, 1994, 위의 책, 吉林大學出版社.

29) 魏存成, 1994, 위의 책, 吉林大學出版社.

30) 孫仁杰·遅勇, 2007, 위의 책, 科学出版社.

31) 고광의, 1999, 위의 논문, p.197 인용.

32) 감신총에서도 일부 '工'자를 쓴 경우가 있지만 이는 '王'자를 쓰다가 획이 빠진 경우로 본다(정병모, 1998, 위의 논문, p.134).

33) 陳相偉·方起東, 1982, 「集安長川一號壁畵墓」, 『東北考古與歷史』 1982-1; 吉林省文物工作隊, 1983, 「集安長川二號封土墓發掘紀要」, 『考古與文物』 1983-1; 李殿福 著 車勇杰·金仁經 譯, 1994, 『中國內의 高句麗遺蹟』, 學研文化社; 전호태, 2000, 앞의 책; pp.375-376.

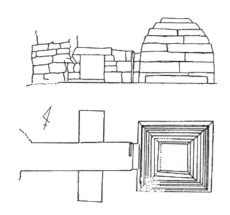

〈그림 15〉 장천2호분 실측도[34]

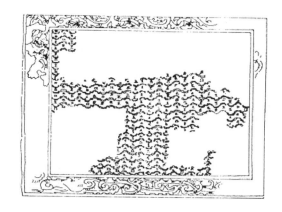

〈그림 16〉 장천2호분 곁방 '王'[35]

위에는 3개의 돌기를 가진 당초문이 '王'자와 같은 색으로 구성되어 있다고 한다.

5) 미창구장군묘[36]

요녕성 환인현 아하향 미창구촌에 위치하고 있다. '王'자문은 널방 1단 고임 밑과 양 곁방에 남겨져 있다. 1단 고임 밑에 있는 '王'자문은 위아래로 번갈아 그려진 당초형 돌기무늬 안에 각각 1개씩 남겨져 있다. 상하 3행으로 나뉘는데, 각 1행마다 117개의 '王'자문이 형성되어 있다. 또한 붉은색과 검은색으로 '王'자와 당초형 돌기무늬가 번갈아가며 쓰여 있는데, 각 돌기무늬에는 5개의 돌기가 장식되어 있다. 이러한 '王'자문은 각 단의 고임돌 밑 부분에 모두 그려져 있다. 양 곁방에도 역시 천정부와

〈그림 17〉 미창구장군묘 평단면도[37]

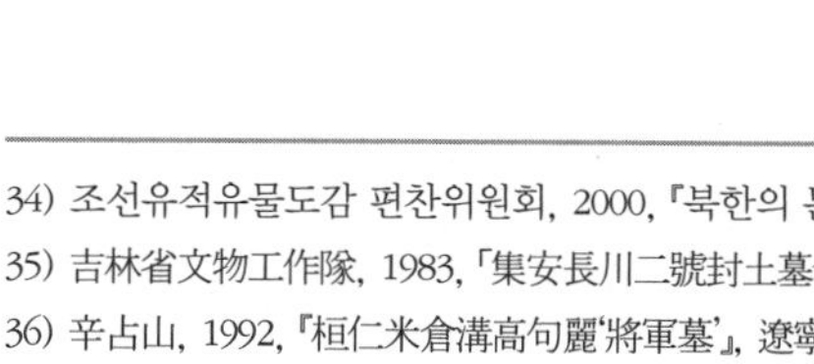

〈그림 19〉 미창구장군묘 널방 1단고임 하단 '王'(오녀산성박물관 복원모형)

〈그림 18〉 미창구장군묘 곁방 '王'(오녀산성박물관 복원모형)

34) 조선유적유물도감 편찬위원회, 2000, 『북한의 문화재와 문화유적 I 』, 서울대학교 출판부.

35) 吉林省文物工作隊, 1983, 「集安長川二號封土墓發掘紀要」, 『考古與文物』 1983-1.

36) 辛占山, 1992, 『桓仁米倉溝高句麗'將軍墓'』, 遼寧省文物研究所; 전호태, 2000, 앞의 책, p.377.

둘레 벽에 '王'자문이 보이는데, 도안·크기·색채는 널방 1단 고임 '王'자문과 같다.[38] 각 벽에 가로 12행으로 당초형 돌기무늬가 위로 향한 것이 6행, 아래로 향한 것이 6행이며 세로는 24행이다.

이상 '王'자문벽화고분의 편년과 표현공간을 상세히 살펴 본 결과, 이들은 편년뿐만 아니라 구조·내용적인 면에서도 명확히 구분되는 선이 존재한다. 따라서 '王'자문벽화고분은 Ⅰ그룹과 Ⅱ그룹으로 분류하는 것이 가능하다. Ⅰ그룹은 감신총·옥도리벽화고분, Ⅱ그룹은 산성하332호분·장천2호분·미창구장군묘이다. 이들의 분석한 특징은 다음과 같다.

첫째, 편년은 Ⅰ그룹이 5세기 전반, Ⅱ그룹은 5세기 중반으로 상정된다.

둘째, 무덤구조는 Ⅰ그룹이 감이 있는 두방무덤, Ⅱ그룹은 곁방을 가진 외방무덤이다.

셋째, '王'자문의 위치는 Ⅰ그룹이 묘주·중요인물 뒤편 장막벽화에 표현되며, Ⅱ그룹에는 곁방 전체 내지 널방 전면에 나타난다.

넷째, '王'자는 대개 두 가지(붉은색계열과 흑색)을 번갈아가면서 쓰여 있으며, 그를 둘러싼 당초형 돌기무늬는 '王'자와 반대색으로 표현되고 있다.

다섯째, 돌기의 개수는 벽화원본을 확인할 수 없어 명확하게 개수를 파악하기 어렵지만, 대개 7~9개의 돌기와 3개의 돌기를 번갈아가며 규칙적으로 나열되고 있다.

여섯째, 지역적으로 Ⅰ그룹은 남포에 Ⅱ그룹은 집안·환인에 위치한다.

이러한 일련의 특징은 '王'자문벽화고분이 특별한 시기에 어느 정도 정형화된 형식으로, 특별한 지역에 축조되고 있다는 것을 알 수 있다. 특히 '王'자를 남긴 벽화고분의 편년이 광개토대왕~장수왕대라는 것만 봐도 당시 5세기 고구려 왕권과의 깊은 연계가 있었음을 추측하게 한다. 그렇다면 양자는 어떠한 관계를 형성하고 있었을까. 그 배경은 무엇일까. 이를 살펴보기에 앞서, 우선 '王'자문 벽화고분의 지도상 위치를 확인하여 해당지역의 성격을 생각해 둘 필요가 있다.

Ⅲ. '王'자문 벽화고분의 위치와 지역성

'王'자문 벽화고분은 지역적으로 남포2기·집안 2기·환인 1기가 분포한다. 크게 남포(Ⅰ구역)과 환인·집안(Ⅱ구역)지역으로 분류할 수 있지만, 〈지도 1〉에 보이는 각 벽화고분의 위치가 의미하는 바는 상당히 크다고 생각된다.

북한의 현재지명으로 감신총은 용강군 신령면 신덕리, 옥도리벽화고분은 용강군 옥도리로 모두 남포

---

37) 진인진, 2011, 『중국 소재 고구려 유적·유물 Ⅰ』, 동북아역사재단, p.176.

38) 〈그림 19〉에 돌기가 보이지 않는 이유는 복원모형 제작 시 오류이다.

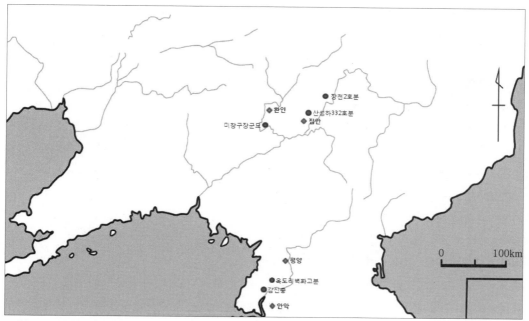

〈지도 1〉 '王'자문 벽화고분의 위치

지역에 위치한다.(〈지도 2〉) 각 벽화고분 간 직선거리는 대략 15㎞ 내외로 그리 멀지 않다. 남포는 서해와 대동강을 잇는 중요한 지역으로, 예나 지금이나 남포해안으로부터 평양으로 통하는 요충지이기 때문에 교통 상 매우 중요한 곳이다.

Ⅰ구역 '王'자문 벽화고분은 그 축조연대를 5세기 전반경으로 비정하는 것이 가능하다는 것을 앞서 살펴보았다. 5세기 전반은 광개토대왕 후반~장수왕 초반의 시기로, 고구려가 이 지역 확보에 무던히 신경을 썼던 시기이다. 당시 고구려는 북쪽으로는 후연, 남쪽으로는 백제와 지속적인 전쟁이 행해지고 있었기 때문에, 바다와 강이 연결되는 남포지역은 반드시 확보해야 할 요충지였다. 더구나 이 일대는 낙랑·대방고지에 가까이 위치하고 있어서 중국계 유민들이 몰리던 지역이다. 이는 인근 안악3호분이나 덕흥리벽화고분의 사례를 통해 알 수 있는 사실이다.

한편, Ⅱ구역 '王'자문 벽화고분은 집안 2기, 환인 1기가 존재한다. 먼저 산성하332호분은 우산 서쪽

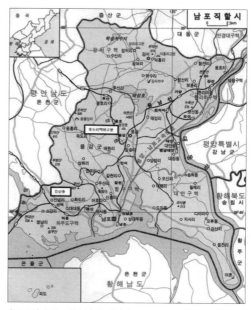

〈지도 2〉 남포지역 상세 지역지도

산기슭에 있는데, 많은 고분들 가운데 가장 위쪽에 위치하며 규모 역시 가장 크다. 여기에서 서쪽 150m 떨어진 지점에 통구하가 흐르고, 동남쪽 약 30m 지점에 거대 적석총들이 존재한다. 북쪽으로는 환도산성이 보이며, 남쪽으로는 만보정고분군이 내려다보인다.[39] 사실 산성하고분군에 매장된 사람들이 어떠한 성격을 가졌는지는 알 수 있는 방법은 없다. 산성하332호분에서 출토된 유물을 살펴보면, 동제(提手1·띠고리3·鼻2)와 토기, 그리고 철기(문고리2·고리4·못8·철촉12)가 있다. 이 가운데 전체길이가 17.2cm, 刃의 너비가 2.6cm인 철촉 12점이 보인다는 점은 성격파악에 참고할 만하다. 물

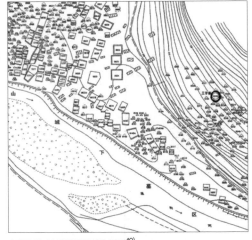

〈지도 3〉 산성하332호분 위치[40]

론 철촉의 유무만으로 성격을 논한다는 것이 어불성설이다. 하지만 고분군이 산성을 들어가는 길목이 잘 내려다보이는 언덕 위에 위치한다는 것은 환도산성의 밀접한 관련성을 추측하게 한다. 따라서 이들은 성 방어와 관련이 있었던 중요한 집단이었을 확률이 높으며, 산성하332호분의 묘주는 이들을 통솔하여 이끌어갔던 인물일 가능성이 크다.

장천2호분은 국내성 동북 25km쯤의 황백향 장천촌에 100여 기의 고분들 가운데 규모가 가장 크고, 다

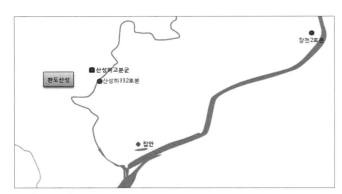

〈지도 4〉 집안의 '王'자문 벽화고분 위치

량의 유물이 출토된 고분이다. 주변에 대형 계단식석실적석총과 다수의 벽화고분이 분포하는 점에서 고구려 일부세력과 밀집하게 연관된 지역으로 추정된다. 또한 장천 고성 내부에서 출토된 고구려시기 토기편을 근거로 대체로 고구려시기의 마을 유적의 존재가 인정된다.[41] 장천지역은 고구려의 동북쪽인 압록강 상류에서 국내성으로 향

---

39) 진인진, 2011, 『중국 소재 고구려 유적·유물Ⅱ』, 동북아역사재단, pp.1986-2001.

40) 吉林省文物考古研究所·集安市博物館, 2002, 『洞溝古墳群-1997年調査測繪報告-』.

41) 진인진, 2011, 『중국 소재 고구려 유적·유물Ⅰ』, 동북아역사재단, pp.774-799. 이외에도 장천2호분에서는 철기 15점(망치·칼·화살촉5·못4·문고리2·띠고리2)과 동에 도금을 행했던 도금류 25점(행엽1·띠고리2·걸이쇠2·못6·고리1·장방형장식품2·입식부운주2·화판형관장식A6·화판형관장식B5)이 발견되었다. 이외에도 황유토기 2점(부뚜막·사이호)와 비단조각편·목관잔편·목령비편·원주형 목기편·기와편 등이 출토되었다.

하기 위해 반드시 통과해야 하는 길목에 위치한다. 따라서 장천2호분 묘주는 고구려의 동북쪽구역 관문, 즉 압록강 상류를 지키는 역할을 담당했던 인물이었을 공산이 크다.

마지막으로 미창구고분군은 환인현 아하향 미창구촌 북쪽 500m의 산등성이에 위치하는데, 미창구장군묘 역시 그 일대에서 가장 크다. 산등성이는 동서로 펼쳐져 있으며, 그 정상부에서 바라보면 혼강이 서북 방향에서 흘러와 언덕을 반쯤 감아 돌다가 서남방향으로 흘러들어간다. 정북 방향 약 10㎞ 거리에는 현재의 환인현성이, 동북 16㎞ 거리에 오녀산성이 있다.[42] 이 미창구고분군이 위치한 지역은 혼강이 환인으로 유입되는 길목이다. 따라서 그 거주집단은 장천고분군 집단과 유사한 역할 즉, 고구려의 서쪽 관문을 지켰던 것으로 추측할 수 있다. 이 곳의 중요성은 미창구장군묘 내에 발견된 유물로도 알 수 있다. 여기에서는 시유도기·금동기류 15건(띠고리·운주·관장식·단추장식·장조형장식·비녀), 금기류 2건(요엽·단추장식), 동기류 2건(단추장식·못), 철기류 7건(날·삽·송곳·등잔·못), 이외에 靴形石 1건, 목제안장편 1건, 회색토기 대상파수 1건 등이 출토된다.[43] 비록 무기류는 거의 없지만, 금기류와 금동기류의 존재는 묘주의 지위가 일정수준보다 높다는 것을 반영한다. 결국 미창구장군묘 묘주는 환인으로 들어가는 관문적 지역인 미창구일대를 통괄했던 지방관이었을 것으로 추정된다.

Ⅱ구역 '王'자문 벽화고분은 그 축조연대를 5세기 중반으로 비정하는데 무리가 없다. 이는 3기의 고분 모두 구조상 곁방이 있는 외방무덤으로 구분되고, 벽화내용 역시 '王'자문과 연꽃만 배치되고 있기 때문이다. 또한 지역적으로 산성하는 환도산성 방어와 연관된 지역, 장천은 압록강 상류에서 국내성으로 향하는 관문지역, 미창구는 환인으로 들어가는 관문지역으로 상정해보았다.

'王'자문벽화고분의 지역성을 살펴본 결과, '王'자문을 채용한 벽화고분은 5세기 전반 남포지역과 5세기중반 집안·환인지역에 조영되었음을 확인할 수 있었다. 그런데 Ⅰ구역과 Ⅱ구역 '王'자문 벽화

〈지도 5〉 환인의 '王'자문 벽화고분 위치[44]

고분 사이에는 고구려의 평양천도라는 큰 획기가 존재한다. 즉, Ⅰ구역 벽화고분은 고구려의 수도가 집안일 때 남포일대에 조영된 것이며, Ⅱ구역 벽화고분은 수도를 평양으로 천도한 이후에 집안·환인에 조영된 것이 된다. 결국 '王'자문 벽화고분은 고구려의 수도를 중심으로 먼 외곽지역, 그 가운데 매우 중요시 여기는 요충지에 축조되었음을 뜻하는 것이다.

---

42) 진인진, 2011, 위의 책, 동북아역사재단, pp.166-204.

43) 진인진, 2011, 위의 책, 동북아역사재단, p.176

44) 진인진, 2011, 위의 책, 동북아역사재단, p.168.

Ⅳ. '王'자문 벽화고분의 형성배경과 고려'太王'

　　고구려는 초기부터 왕을 칭했기 때문에, '王'이라는 문자는 일종의 고유명사로 적용되었을 가능성이 크다. 그럼에도 5세기 초·중반 왕릉급이라고 판단하기에는 부족한 벽화고분에 '王'자문이 나타나게 되는 이유는 무엇일까. 이 의문의 해답을 줄 수 있는 조그만 실마리는 5세기 고구려 금석문에서 엿볼 수 있다. 금석문에서는 당시 고구려가 '王'뿐만 아니라 '大王'·'太王'·'聖王' 등의 칭호를 사용했음을 확인할 수 있다. 이러한 현상은 광개토왕릉비[45]·중원고구려비[46]·광개토왕호우명[47]·서봉총출토은합명문[48]·태왕릉전명문[49]·모두루묘지[50] 등에서 모두 보인다. 특히 「광개토왕비」는 태왕이 시호의 한 부분을 구성할 뿐 아니라, 재위 기간에도 '永樂大王'이라고 불렸음을 알 수 있다. 「중원고구려비」 역시 자신들의 최고지배자를 '高麗太王'으로 기록하고 있다. 따라서 5세기 금석문에 보이는 고구려 '大王'·'太王'·'聖王'은 '왕 중의 왕'을 의미하는 것으로 생각된다. 이러한 '■王'이라는 칭호가 언제부터 고구려에 존재했는지 명확하게 알 길은 없다. 다만 광개토대왕·장수왕대 '太王'이라는 칭호가 쓰였던 것은 분명한 사실이다.[51]

　　그런데 고구려가 '大王'·'太王'을 칭하던 어느 시점부터인가 벽화고분에 '王'자문이 남겨지기 시작했다. 그 '王'자문은 묘주의 뒤 공간 배경을 장식하는 장막에 남기거나, 고분의 곁방과 널방 전면에 남겨졌다. 이러한 문자의 도안화는 벽화의 원류격인 중국에서도 보이지 않으며, 고구려에서도 일시적으로 나타나는 현상이다. 남포지역에는 2기의 '王'자문 벽화고분은 모두 중심인물의 뒤 배경에 '王'·'大王'이 묘사되어 있는데, 대개 장막을 꾸미는 것이 그 역할이다. 장막벽화는 흔히 생활풍속계열 벽화고분 대다수에 남겨져 있는 제재지만, 평양일대를 통틀어도 '王'·'大王'이 쓰인 것은 2기뿐이다. 고구려는 수도가 집안일 때부터 고구려가 남포일대 확보를 위해 많은 노력을 기울였다는 것은 앞서 살펴보았다. 따라서 그 지역의 유력자를 포섭하기 위한 갖가지 수단과 방법을 동원했을 것이다.

　　이러한 관점에서 최근 고구려벽화고분에 못과 못자국 및 錦織物과 벽걸이 유물이 발견된 사실은 고분 내에서 錦帳의 제작과 설치 가능성을 보여주는 것이라는 분석이 있어 주목된다.[52] 이렇게 본다면 '王'·'大王'자문 장막 역시 특별한 사유로 제작되었을 가능성도 존재한다. 당시 고구려의 입장에서는 무조건적인 확보가 필요한 지역유력자를 포섭하기 위해서라도 무언가 특별한 것을 수여해야만 했을 것이다. 중요지

---

45) '國岡上廣開土境平安好太王'.
46) '高麗太王' '祖王' '王' '太王國土'.
47) '乙卯年國罡上廣開土地好太王壺杅十'.
48) (蓋內) 延壽元年太歲在卯三月中 太王教造合杅用三斤六兩 (外底) 延壽元年太歲在辛 三月■太王教造合杅 三斤.
49) '願太王陵安如山固如岳'.
50) '鄒牟聖王' '聖太王' '好太聖王' '國罡上大開土地好太聖王' '昊天'.
51) 고구려의 태왕권과 관련된 논문은 다음의 것을 참조하였다.
　　시노하라 히로카타, 2004, 「高句麗의 太王號와 太王家認識의 確立」, 『한국사연구』 125.
　　여호규, 2010, 「고구려태왕호의 제정과 국강형 왕릉입지의 성립」, 『역사문화연구』 53.
52) 박아림, 2012, 위의 논문.

역 세력에게 왕성을 부여하고, 왕족화 시키는 고대의 방식과 유사하게 '王'·'大王'자문이 쓰인 장막을 하사한 것이 아닐까. 남포지방 유력자의 입장에서는 살아생전이든 사후든 간에 '王'·'大王'자문이 남겨진 장막을 쓴다는 것 자체에 큰 의미가 부여될 것이다. 이는 그 지역을 관장하는 대리자의 역할을 수여받아 자신의 지위를 공고히 하는 수단이자, 자신의 뒤는 고구려의 왕이 지켜주고 있다는 수호의식을 가질 수 있는 좋은 매개체였을 것으로 추정된다.

반면, 집안·환인지역 '王'자문 벽화고분은 곁방 전면이나 널방 전체에 '王'자를 표현한다. 분명한 것은 남포지역과 전혀 다른 양상의 '王'자문이 나타난다는 것이다. 비슷한 시기일 것이라고 추정되는 곁방이 있는 외방무덤은 집안지역에 다수 분포한다. 그 가운데에서 '王'자문벽화고분은 단 3기이다. 그것도 산성하·장천·미창구지역은 한 구역으로 묶기에는 다소 무리가 있을 정도로 멀리 떨어져 있다. 그렇다면 저마다 그곳에 배치된 이유가 있다는 것을 생각할 수 있지 않을까. 이들이 축조되었을 시기는 고구려가 이미 평양으로 천도를 행한 이후이다. 아무리 천도를 행했다고 하더라도 집안·환인은 고구려의 옛 고지이자, 북방을 지키는 요지인 것은 변하지 않는다. 수도인 평양에서 멀리 떨어진 각 중요지역에 믿을 수 없는 인물을 배치하기는 어렵다. 결국 이 요충지를 지킬만한 존재는 왕과 밀접한 관계를 맺고 있거나, 매우 우호적인 인물이었을 확률이 높다. 비록 태왕은 평양으로 천도하여 멀어졌지만, 자신들은 태왕의 권역 아래 잔존하고 있다는 것을 표출하고자 했던 것으로 추정된다. 따라서 벽화에 '王'자를 남긴 의미는 모두루총 墓誌에 쓰인 聖王·'聖太王'·'好太聖王'·'國罡上大開土地好太聖王' 등의 표현과 같은 맥락으로 파악할 수 있다. 즉, 집안·환인지역의 '王'자문 벽화고분의 존재는 천도 이후, 중급 귀족들이 왕의 유지를 받들던 표현방식 가운데 하나였던 것으로 볼 수 있다.

이와 관련하여 비록 고구려의 사례는 아니지만, 또 다른 '王'자문이 두 군데 더 남겨져 있다. 그것은 신라 황복사 귀부와 고려 선종2년(1085)에 만들어진 법천사 지광국사현묘탑비(法泉寺智光國師玄妙塔碑)귀부의 등에 귀갑문과 반복적으로 새겨진 '王'자문이다. 물론 '王'자가 존재했다는 것만으로는 고구려의 '王'자문 사례와 유사하다고 생각하기 어렵다. 하지만 신라 황복사는 왕실과 깊은 연계를 가진 성전사원으로 널리 알려져 있으며,[53] 법천사 역시 현묘탑비의 내용으로 미루어보아 왕권과 깊은 관계가

〈그림 20〉 법천사지광국사현묘탑비 귀부 '王'

〈그림 21〉 법천사지광국사현묘탑비 귀부 '王'(확대)

〈그림 22〉 황복사지 귀부 '王'

〈그림 23〉 황복사지 귀부 '王'(확대)

있었던 사찰이었음을 알 수 있다.[54] 특히 지광국사는 고려의 왕사·국사를 지낸 인물로 그가 개경을 떠나 원주에서 입적하였는데, 그곳에서 '王'자문 귀부가 남겨졌다는 것이 주목된다. 이는 지금까지 논해왔던 고구려의 '王'자문에 대한 막연한 추론을 조금이나마 해소시켜 줄 수 있는 사례라고 생각된다.

V. 맺는말

지금까지 고구려 '王'자문 벽화고분의 편년과 그 형성배경에 대해 살펴보았다. 그간 '王'자문은 상징화된 도상으로의 인식이 강했다. 하지만 옥도리벽화고분에서 '大'가 나타난 만큼 '王'자문은 단독 개체로서의 '王'의 의미를 지녔다고 할 수 있다. 따라서 부처(전륜성왕)의 상징화·제의적 상징·왕이나 왕족 등의 표방으로 검토되었던 '王'자문은 문자로서의 '王'으로 바라봐야 한다. 그렇다면 '王陵'인가라는 궁금증을 갖게 하지만, 사실 5기의 '王'자문벽화고분 가운데 왕릉이라고 판단할 수 있는 것은 없다. 당시 왕릉은 태왕릉·장군총 등과 같은 기단계단식적석총의 형태였으며, 후기벽화고분과 비교한다고 해도 규모·벽화내용·축조지역 등 무엇 하나 왕릉급으로 보기 어렵다.

한편, '王'자문 벽화고분은 감이 있는 두방무덤과 곁방을 가진 외방무덤의 형식을 채용했으며, 5세기 전반과 중반에 제작되었음을 확인했다. 또한 수도 이전에 따라 축조지역이 변경되었다는 것을 알 수 있는데, 평양천도(427)를 기점으로 어떠한 목적성에 의해 축조지역이 바뀌었다는 것을 의미한다. 집안이 수도였던 광개토대왕 대에는 대백제전과 유이민 집단 수용의 요충지였던 남포일대에 '王'자문벽화고분을 축조했다면, 평양이 수도였던 장수왕대에는 옛 고지이자, 방어와 교통의 요충지였던 산성하·장천·미창구일대에 축조했던 것이다. 결국 '王'자문벽화고분은 5세기 광개토대왕·장수왕대의 지역지배와 더불어, 太王權과의 깊은 연관관계 속에서 형성되었던 산물인 것이다.

이상의 논리는 분석과정과 결론의 타당성 여부의 문제는 있으나, '王'자문벽화고분과 고구려의 지역지배를 엮은 접근방식만은 나름의 의의를 가질 수 있다고 생각한다. 사실 시작은 거창하게 했으나 해답을 내놓기에는 다소 미흡한 부분이 많다. 여기에서 미처 함께 행하지 못한 城·關隘 등 주변유적과의 관계, 여타 묘지·문자자료와의 병행연구는 후일을 기약하겠다. 마지막으로 이 연구가 고구려의 지역지배방식을 이해하는데 조금이나마 도움이 되는 매개가 되기를 바라면서 글을 마친다.

투고일: 2015. 4. 25.   심사개시일: 2015. 4. 27.   심사완료일: 2015. 5. 16.

---

53) 윤선태, 2000, 「신라의 사원성전과 금하신」, 『한국사연구』 108.
　　김복순, 2006, 「신라왕경 사찰의 분포와 체계」, 『신라문화제학술논문집』 27.
54) 이영희, 1987, 「法泉寺智光國師玄妙塔에 關한 硏究」, 『考古美術』 173.
　　이지관, 1995, 『校勘譯註 歷代高僧碑文』 高麗篇2, 伽山文庫.

1. 單行本

朝鮮總督府, 1915, 『朝鮮古蹟圖譜』(2).

주영헌, 1961, 「고구려벽화무덤의 편년에 관한 연구」, 과학원출판사.

辛占山, 1992, 『桓仁米倉溝高句麗"將軍墓』, 遼寧省文物研究所.

한국고대사회연구소 편, 1992, 『韓國古代金石文』, 駕洛國史蹟開發研究院.

魏存成, 1994, 『高句麗考古』, 길림대학출판사; 신용민 역, 1996, 『高句麗考古』, 호암미술관.

李殿福 著 車勇杰·金仁經 譯, 1994, 『中國內의 高句麗遺蹟』, 學研文化社.

東潮, 1997, 『高句麗考古學研究』, 吉川弘文館.

조선유적유물도감 편찬위원회, 2000, 『북한의 문화재와 문화유적 I · II』, 서울대학교 출판부.

전호태, 2000, 『고구려 고분벽화연구』, 사계절.

吉林省文物考古研究所·集安市博物館, 2002, 『洞溝古墳群-1997年調査測繪報告-』.

孫仁杰·遲勇, 2007, 『集安高句麗墓葬』, 香港亞洲出版社.

정호섭, 2011, 『고구려 고분의 조영과 제의』, 서경문화사.

동북아역사재단, 2011, 「옥도리 고구려 무덤벽화에 대한 고찰」, 『옥도리고구려벽화무덤』, 동북아역사재단.

진인진, 2011, 『중국 소재 고구려 유적·유물』 I · II, 동북아역사재단.

2. 論文

關野貞, 1914, 「滿洲集安縣及ひ平壤附近に於ける高句麗時代の遺蹟(1)」, 『考古學雜誌』 5-3.

김원룡, 1960, 「고구려고분벽화의 기원에 대한 연구」, 『진단학보』 21.

李殿福, 1980, 「集安高句麗墓研究」, 『考古學報』 1980-2

陳相偉·方起東, 1982, 「集安長川一號壁畵墓」, 『東北考古與歷史』 1982-1.

吉林省文物工作隊, 1983, 「集安長川二號封土墓發掘紀要」, 『考古與文物』 1983-1.

이영희, 1987, 「法泉寺智光國師玄妙塔에 關한 研究」, 『考古美術』 173.

李殿福, 1990, 「高句麗民族的宗敎信仰」, 『北方民族』.

東潮, 1993, 「朝鮮三國時代における橫穴式石室墳の出現と展開」, 『國立歷史民俗博物館研究報告』 47.

전호태, 1993, 「고구려 장천 1호분 벽화의 서역계 인물」, 『울산사학』 6.

강현숙, 1994, 「고구려 봉토석실분의 변천에 관하여」, 『한국고고학보』 31.

이지관, 1995, 『校勘譯註 歷代高僧碑文』 高麗篇2, 伽山文庫.

전호태, 1997, 「고구려 감신총벽화의 서왕모」, 『한국고대사연구』 11, pp.374-375.

박진욱, 1997, 「고구려벽화무덤의 류형변천과 편년에 관한 연구」, 『고구려연구』 4, 고구려연구회.

유훤당, 1997, 「中國集安高句麗壁畵墓與遼東遼西漢魏晉壁畵墓比較研究」, 『고구려연구』 4, 고구려연구회.

東潮, 1998, 「高句麗·王字文壁畵の系譜關係」, 『高麗美術館研究紀要』 2.

정병모, 1998, 「고구려고분벽화의 장식문양도에 대한 고찰」, 『강좌미술사』 10

고광의, 1999, 「4~7세기 고구려벽화고분묵서의 서예사적 의의」, 『고구려연구』 7, 고구려연구회.

강현숙, 1999, 「고구려 석실봉토벽화분의 연원에 관하여」, 『한국고고학보』 40.

윤선태, 2000, 「신라의 사원성전과 금하신」, 『한국사연구』 108.

시노하라 히로카타, 2004, 「高句麗의 太王號와 太王家認識의 確立」, 『한국사연구』 125.

김복순, 2006, 「신라왕경 사찰의 분포와 체계」, 『신라문화제학술논문집』 27.

여호규, 2010, 「고구려태왕호의 제정과 국강형 왕릉입지의 성립」, 『역사문화연구』 53.

고광의, 2011, 「옥도리 고구려 고분벽화에 대한 고찰」, 『고구려발해학회』 41.

박아림, 2012, 「고구려 벽화의 장식문양과 錦帳의 표현」, 『고구려발해연구』 43.

〈日文要約〉

高句麗'王'字文壁畵古墳の編年と形成背景

金根植

　この論文は、高句麗「王」の字文壁画古墳の編年と形成の背景に注目したものである。壁画古墳の「王」の字文は、これまで象徴化された圖像での認識が強かった。しかし、最近玉桃里壁画古墳で「大」＋「王」の組み合わせが表示されただけに「王」の字文は、単独の個體としての「王」の意味を持っていると把握することが可能となった。したがって仏(轉輪聖王)の象徴。祭儀的象徴。王や王族などの標榜にのみ検討された「王」の字文を文字としての「王」で見なければならない。もちろん「王」者の存在だけで、それを王陵と把握できない。「王」の字文壁画古墳は規模。壁画の内容。築造地域など、何か王陵級で見ることができないからである。

　「王」の字文壁画古墳の編年と表現空間を詳細に分析した結果、「王」の字文壁画古墳はだいたい5世紀前半(龕神塚。玉桃里壁画古墳)と半ば(山城下332号墳。長川2号墳。米倉溝將軍墓)に製作されたことが確認できた。そして形式上龕のある二室墳と耳室の單室墳が採用されたことを確認した。築造地域は、南浦。集安。桓仁で三箇所に散在されるが、分析結果それぞれ地域特殊性が存在していることが確認された。

　「王」の字文壁画古墳の地域分散。築造地域の変化は、高句麗の平壤遷都を起点として現われる。つまり「王」の字文壁画古墳は、首都が集安であった広開土大王の時期には大百済戰と遺移民集団収容の要衝地であった南浦一帯に築造されたものと思われる。一方、首都を平壌に移っ長寿王代には昔の故地であり、防御と交通の要衝であった山城下。長川。米倉溝一帯に築造されたものである。結局、「王」の字文壁画古墳の登場は、5世紀広開土王。長寿王代地域を支配とともに現れた産物であり、太王權との深い関連性の中で形成されことが分かる。

▶ キーワード：'王'字文, 王, 大王, 平壌遷都, 廣開土大王, 長壽王

함안 성산산성 부엽층과 출토유물의 검토[*]

이주헌[**]

Ⅰ. 머리말
Ⅱ. 동성벽의 축조와 부엽층의 구조
Ⅲ. 부엽층 내 유물 출토양상과 성격
Ⅳ. 함안 성산산성의 초축 시기와 목간
Ⅴ. 맺음말

〈국문요약〉

함안 성산산성은 성벽의 축조과정과 유물의 출토맥락을 잘 보여주는 층서관계 등 양호한 고고학적 자료가 풍부함에도 불구하고, 성벽의 초축 시기를 간략한 내용으로 구성된 수점의 하찰목간에 의해서만 비정되어 왔다는 것은 문제의 소지가 있다고 생각한다. 따라서, 목간과 토기 등의 유물이 다량 출토된 동성벽 구간의 축조과정과 부엽층과의 관계 및 부엽층의 구조, 나아가 목간과 함께 공반된 토기자료에 대한 분석을 통하여 함안 성산산성의 축조시기를 명확하게 밝히고자 한다.

그 결과 함안 성산산성 동성벽의 축조는 계곡이라는 지형적인 한계에 적절하게 대응했던 신라인의 뛰어난 토목공법기술을 잘 보여주는 곳으로, 먼저 나무울타리시설을 설치하고 그 속에 각종 목기와 식물·동물유기체를 의도적으로 매납한 부엽층을 축조하였다. 부엽층의 상부는 점질토를 높게 성토하여 구지표면을 만들면서 동시에 동성벽 구간을 이중으로 축조하는 방법으로 유수에 의한 성벽의 붕괴를 막고 곡부에 축조한 성벽의 안전을 유지하고자 했던 것임을 알 수 있다. 한편, 부엽층의 축조에 사용된 재료들은 각종 유물의 출토양상으로 보아 당시의 생활쓰레기였으며, 목간 및 목기를 비롯한 각종 유물들은 단기간에 마련된 부엽층 축조를 위하여 다른 장소에서 성산산성으로 이동하여 왔을 가능성이 매우 높다고 생각

---

* 본 논문은 〈중앙고고연구〉 16호(2015.2)에 이미 게재된 원고이다. 그러나 2015년 1월 8일 한국목간학회에서 주최한 제21회 정기발표회에서 발표된 원고이고, 본지의 윤상덕 [함안 성산산성 축성연대에 대하여]와 연관하여 검토할 때, 연구자들에게 큰 도움이 될 수 있다고 판단되어 필자의 동의를 얻어 재게재하였음을 밝힌다(편집자).

** 국립전주박물관

된다.

　또한, 목간과 공반된 토기 가운데 비교적 많은 양이 출토된 소형완의 경우, 구연부가 수평상을 이루며 구연단이 뾰족하게 처리되는 등의 발달된 형태를 하고 있는 점은 산성의 초축 시기를 판단하는데 주목된다. 이 토기는 경주 방내리 38호묘·월산리 B−5호묘·사천 향촌리Ⅱ−1호묘 출토품과 매우 유사하며, 공반된 유물과 서로 비교될 수 있는데, 이는 수적형문이 출현하여 각종의 인화문과 결합하여 유행한 7세기 전반의 늦은 시기에 함안 성산산성이 초축 되었음을 알 수 있다. 또한, 목간과 공반된 토기의 연대를 기준으로 부엽층에서 다량으로 출토된 목간의 사용과 폐기시점의 하한도 기존의 해석과는 달리 7세기 전반으로 보아야 할 것이다.

▶ 핵심어 : 함안 성산산성, 부엽층, Harris Matrix, 공반관계, 목간, 인화문토기

I. 머리말

　함안은 아라가야의 고도로 가야읍과 군북면 일원을 비롯하여 지역 전역에 걸쳐 안라국 시기에 조영된 많은 고분군이 남아있고, 봉산산성 등 삼국시대의 관방유적이 역시 지역 곳곳에 분포되어 있다. 특히, 함안군 가야읍 조남산(해발 139.4m)의 정상부에는 국내 최대 목간 출토지로서 잘 알려진 함안 성산산성(사적 제67호)이 자리한다. 그 동안 성산산성에 대한 발굴조사는 여러 차례 이루어졌으나 조사면적은 1.4㎞에 달하는 전체적인 규모에 비하면 극히 일부분에 지나지 않는다. 그러나 동성벽 구간 및 목간이 다량으로 출토된 계곡부의 저습지(부엽층)에 대한 고고학조사는 1992년 이래 10차례 정도 진행되어 비교적 많은 자료가 축적되어 있고 유구의 현상에 대해서도 자세하게 알 수 있는 상태이다.

　이에 따라 문헌기록에도 잘 남아있지 않으며 신라의 중심지인 경주에서 멀리 떨어진 함안지역의 보잘 것 없는 산성에서 300여 점이 넘는 삼국시대의 목간이 출토되고 있다는 사실에 고고학과 고대사를 연구하는 국내학자뿐만 아니라 일본에서 고대의 문자문화와 한일교류사를 전공하는 다양한 분야의 연구자들까지 초미의 관심을 기울여 왔고 심도 깊은 연구가 계속적으로 진행되고 있음은 잘 알려진 일이다. 그간의 연구결과 함안 성산산성은 6세기 중엽 멸망한 아라가야의 고지에 신라가 축조한 고대산성으로 동성벽 구간의 부엽층에서 출토된 목간의 기재형식과 지명, 관등명 등에 근거하여 산성의 초축 시기를 6세기 중엽 또는 6세기 후반에 해당하는 것으로 파악하고 있다.

　그러나 지금까지 진행된 연구경향을 되돌아 볼 때, 고대목간의 제작지는 어디이며 왜 성산산성에서 집중적으로 출토되는 것인가? 목간은 어떤 과정을 거쳐서 동성벽 구간의 부엽층 내에 존재하게 되었을까? 성산산성의 초축 시기는 목간의 시기에 따라 결정되어야만 하는 것인가? 부엽층에서 목간과 함께 출토되고 있는 각종유물의 사용 시기는 언제이며, 왜 부엽층 속에 묻히게 되었을까? 목간의 사용 시기를 고고학

적으로 해석할 방법은 없을까? 등 유적의 형성과 후퇴적과정에 대한 근본적인 의문은 아직 해명되지 않은 듯하다. 역사의 한 장면을 생생하게 전하는 기록자료인 부엽층 출토 목간의 역할을 과소평가 하고자 하는 것은 아니나, 문헌기록이 부족한 과거의 역사를 재구성함에 있어 소략한 내용으로 구성된 산성출토 목간만으로 해당시기 역사의 해석에 치중하게 되면 오류가 생길 가능성이 크며, 공반된 양호한 고고자료의 가치에 대해서는 소홀히 다루게 되는 실수를 범할 수 있다. 성산산성 출토 목간을 중심으로 한 그동안 연구성과는 실로 놀라운 것이며 존중되어야 하지만, 유적과 유물을 조사하고 연구하는 고고학자의 입장에서 생각해 본다면 목간도 고고자료의 하나로서 취급되어야 하므로 공반된 유물에 대한 합리적인 분석과 유물의 후퇴적과정에 대한 검토는 빼놓을 수 없는 부분으로 생각한다.

이에 성산산성에서 출토된 유물과 조사 유구에 대한 내용을 근거로 하여 고대목간이 다량 출토된 동성벽 구간의 축조 프로세스와 부엽층의 구조 및 유물 출토양상에 대하여 살펴보고자 한다. 또한, 부엽층에서 목간과 함께 공반된 토기자료에 대하여 신라권역내 유사자료의 비교를 통하여 부엽층의 조성시기를 추정하고 성산산성의 초축 연대와 목간의 사용 시기를 역으로 추적하여 보고자 한다.

II. 동성벽의 축조와 부엽층의 구조

1. 동성벽 축조 프로세스

함안 성산산성에 대한 발굴조사는 16차에 걸쳐 실시되었고, 현재 17차 발굴조사가 진행되고 있다. 그동안의 조사에서 산성 전체에 대한 체성벽의 평면과 단면조사는 물론이고 문지, 건물지, 배수로, 저수지 등에 대한 조사가 이루어졌다.(〈표 1〉)

함안 성산산성은 국내 최대의 고대목간 출토지로서 주목을 받아 왔지만 다량의 고대목간이 어떠한 환경과 과정을 거쳐 존재하게 되었는가에 대하여서는 그동안 명확하게 밝혀지지 않았다. 성산산성에서 목간이 출토되고 있는 곳은 산성내의 유수가 모두 모이는 동쪽 계곡이 시작되는 부분으로 동문지로부터 성벽을 따라 남으로 약 20여 미터 정도 떨어진 곳 일대에서만 집중적으로 발견되었다. 이곳은 계곡을 가로지르는 동성벽이 견고하게 축조되어 있는 성벽 안쪽에 해당하며 1992년 목간이 처음으로 발견된 이후 2012년까지 모두 306점의 목간(제첨축 포함)과 다량의 목제품이 출토된 바 있다. 2005년까지 이곳에 대한 부분적인 조사의 한계로 이곳을 성벽 내부의 저수지 혹은 저습지의 뻘층으로 이해하였다(국립창원문화재연구소 1998 2004 2006, 박종익 2007). 그러나 2006년~2009년에 걸쳐 실시된 동문지 주변 동성벽 내부에 대한 확장조사를 통하여 목간 집중 출토지의 구조는 계곡을 가로지르며 축조된 동성벽의 안전성 유지를 위해 구지표면을 조성한 것과 깊은 관계가 있음을 알 수 있었다. 조사결과 계곡부의 풍화암반층 위로 나무울타리시설, 부엽층(목간집중출토지), 점질 및 사질점토층, 경사면에 소형할석 매립 및 선행호안석축의 설치 등이 순차적으로 이루어졌으며 부엽층인 식물유기물층 위에 형성된 점질 및 사질토층은 동성벽 축조 당시에는 구지표면으로 활용된 것으로 파악 되었다(이성준 2007, 국립가야문화재연구소

2011).

　이를 구체적으로 살펴보면 먼저, 나무울타리시설은 부엽층 아래층에 조성된 것으로 동성벽과 평행하게 동쪽과 서쪽으로 2열로 되어 있으며, 木柵의 폭은 880㎝이고 조사된 길이는 27.2m이다. 목책의 구조는 지름 5㎝ 내외의 말뚝을 지면에 비스듬히 경사지도록 50~60㎝ 간격으로 박아 설치하였고, 각 말뚝 사이에 지름 3㎝ 가량의 나뭇가지를 70~80㎝ 정도의 너비로 엮어서 고정하였다. 말뚝의 길이는 120~140㎝이고, 직경은 대략 6~9㎝ 가량 된다. 횡으로 엮은 나뭇가지의 직경은 말뚝보다는 작고, 그 높이는 40~60㎝로 말뚝 간의 간격과 유사하다. 서쪽의 말뚝은 가로로 엮어 구성한 나뭇가지의 높이보다 20㎝가량 위로 돌출되어 있으며, 지면으로부터 노출된 말뚝의 길이는 80~100㎝ 정도이다. 이 같은 서쪽 울타리의 구조적 특징은 최종적인 구지표면의 형성과 직접적으로 관련이 있는 것으로 보인다.

　다음으로 식물유기체 집적층, 즉 부엽층은 서쪽 목책시설을 기준으로 일정한 높이까지 쌓여지면, 동쪽 목책 넘어 동성벽이 축조될 지점 인근까지 식물유기체의 퇴적범위를 확대시켰다. 이 층의 너비는 15.2m이고, 최대 높이는 2.4m이다. 목책시설을 기반으로 한 식물유기체 집적층의 조성이 완료되면, 상부에는 풍화암반토와 점토 등을 단단하게 다져서 구지표면을 마련하였는데, 동성벽에서 목책시설 쪽으로 완만한 경사가 지도록 하였다. 동성벽 내벽면을 기준으로 구지표면의 너비는 전체 16.4m이고 높이는 3.4m에 이른다. 구지표면의 형성과 동시에 계곡의 중심부를 가로지르는 동성벽을 축조한 것으로 추정되는데, 이는 구지표면을 이루는 점토 다짐층이 식물유기체 집적층의 동쪽 범위를 넘어 동성벽 내벽 기저부로 이어져 있으며, 구지표면을 경계로 성벽의 아래 부분과 상부의 석축양상이 다르게 되어 있는 것이 근거가 된다. 또한 서쪽 목책시설이 마련된 곳에는 소형할석을 너비 3m 내외로 매립하였으며, 선행호안석축과 연결되어 할석을 1m 가량으로 1~2단 설치하였다. 결국, 동성벽 안쪽 구지표면의 조성은 우선적으로 서쪽과 동쪽의 목책시설을 계곡의 중심부에 직교하도록 설치하고, 2열의 목책 사이에 식물유기체 집적층을 인위적으로 쌓은 후 동성벽과 풍화암반토 등을 채워가며 동시에 구지표면을 마련한 것으로 파악된다.

　현재 16차 발굴조사까지 진행한 결과 확인된 동성벽은 총 86m로 계곡부의 중앙부는 두 겹의 城壁으로 이루어져 있다. 이중으로 확인된 성벽 구간은 총 56.8m이며, 이중성벽 구간의 내부에는 부엽공법이 시공되어 있다. 동성벽 구간에서 이중으로 이루어진 성벽 전체를 다 노출시킨 16차 발굴조사에서 확인된 ① 체성벽과 이중성벽의 구간의 너비차가 없는 점, ② 체성벽 구간에서는 기반 조성을 위한 굴착 흔이 확인되는 것에 비해 이중성벽 구간인 계곡부 중앙부 기반층에서는 내부보축성벽을 시설하기 위한 별도의 굴착 흔이 확인되지 않는 점, ③ 동성벽 남편의 이중성벽 시작점의 마무리 양상 등으로 볼 때, 초축 당시 유수에 취약한 계곡부의 지형을 극복하기 위한 방법으로 계곡 중앙부를 초축 당시부터 이중으로 축조했을 가능성이 높다. 또한, 부엽공법이 시공된 부엽층의 축조부터 구지표 성토, 체성벽 및 이중성벽의 축조, 맹암거 등 배수시설의 설치 작업이 축조공정상 선후관계는 있을 수 있으나 단일 계획하에 정밀하게 축조된 것으로 파악된다. 따라서 이중성벽은 단순한 체성 내벽의 보축 기능보다는 부엽공법과 함께 계곡부라는 지형상의 약점을 극복하기 위해 적용된 공법의 하나로 성벽의 역할뿐만 아니라 계곡부에 모인 유수의 원활한 배수 기능도 있었던 것으로 생각된다(국립가야문화재연구소 2014).

따라서 현재까지의 조사 내용을 종합해 보면, 부엽공법구간을 포함한 동성벽 전체 구간의 축조 프로세스는 모두 6개의 공정으로 이루어진 것으로 추정된다.(〈도면 1〉) 먼저, 첫 번째 공정은 바닥의 습지층을 정지하고 동·서 나무울타리의 시설과 그 사이 공간을 부엽토로 성토하는 단계로 부엽층1의 상단은 회갈색점질토를 두껍게 시공하여 마감하였다. 두 번째 공정은 체성벽 기초부를 마련하고 부엽층1에 덧붙여서 부엽토를 더 높고 넓게 성토한 단계로 체성벽이 축조될 곳에서 1m 정도 떨어진 지점까지 부엽층2가 성토된다. 세 번째 공정은 부엽층2의 마감토를 쌓고 체성벽과 이중성벽의 하부가 조성되는 공정으로, 이때 높이는 부엽층의 최상단보다 약간 낮게 축조된 것으로 추정되며, 점판암계의 판석이 아닌 막돌을 쌓아 축조하였다. 외벽보강구조물도 이 공정에서 함께 설치되어 체성벽 하부를 지탱하는 역할을 했던 것으로 추정된다. 네 번째 공정은 부엽층2와 체성벽 사이에 막돌을 성기게 채워 넣어 이중성벽을 축조하고 외벽 보강구조물을 마무리하는 단계로 이 공정에서 부엽층2 상부에 점질토의 성토가 함께 이루어졌다. 다섯 번째 공정은 이중성벽과 체성벽이 높게 쌓아지는 단계로 동성벽의 축조와 동시에 부엽층2의 상부에 점질의 풍화암반토를 성토하여 구지표면을 마련하고 부엽층2의 서쪽 끝단에 성토된 흙이 흘러내리지 않도록 할석으로 경사도를 따라 설치하였다. 이 할석시설은 호안석축의 기능을 동시에 가지고 있었을 것으로 추정된다. 또한, 이 공정에서 동성벽의 북쪽 구역에 마련된 맹암거와 배수로 등 일련의 배수시설이 함께 축조되었을 것으로 생각된다. 마지막 공정은 지표상에 노출된 체성벽과 내부에 두 겹으로 성벽이 축조되는 단계로 수직으로 축조되었던 보축성벽이 이 단계에서 밖으로 약간 경사지게 기울어져 축조되며, 점판암계의 판석을 정연하게 쌓아올려 마감하였다.

2. 부엽층의 구조

고대목간이 다량 출토된 성산산성 동성벽 구간에 있어 구지표면의 조성과정은 계곡 중심부 동성벽의 축조와 동시에 이루어진 것이며, 이보다 앞선 공정이 식물유기체 집적층의 조성이란 점은 층위학적인 조사에 의해 분명해졌다. 2006년 조사에서 목간 출토지의 성격을 성벽 축조를 위한 기반시설로 규정하였으며 2008년의 조사를 통하여 구지표면의 조성과 직접 관련이 되는 일종의 敷葉工法으로 정리되었다(이성준 2007, 이주헌 2009). 부엽공법은 일본에서 가장 오래된 저수지인 狹山池(616년경)에서 잎이 달린 나뭇가지가 여러 겹으로 깔려 있는 양상이 확인되어 명명된 것으로, 연약한 지반에 활용되는 築堤工法 중 하나이다(小山田宏一 1999). 이 방법은 중국에서 그 기원을 찾을 수 있으며, 한반도를 거쳐 일본에 전해진 것으로 이해되고 있다. 우리나라에서는 풍납토성·부여 나성(동문지)·당진 합덕제·김제 벽골제 등지에서 확인되었으며, 최근에는 이천 설봉산성과 함안 가야리제방유적·울산 약사동제방유적·제천 의림지에서도 그 양상이 보고된 바 있다.

함안 성산산성의 경우, 조남산의 가장 깊은 계곡이 시작되는 곳을 가로질러 성벽을 축조한다는 것은 요즘의 댐을 축조하는 것과 유사한 성격의 것으로 생각한다. 성산산성의 동성벽은 자연암반의 최상면에서부터 축조되었기 때문에, 지속적으로 유입되는 지표수와 지하수는 성벽의 유지 및 관리에 상당한 장애가 되었고, 이와 같은 지형적 취약점에 대한 대책이 필요했을 것이다. 따라서, 성벽에 직접 전달되는 외부적 붕괴요인을 최대한 저지 할 공법이 요구되었고 이를 위해 성산산성 축조자들은 동성벽 내부에 구지표면을 별도로 조성하게 된 것으로 볼 수 있다. 결국 이 구지표면은 남쪽과 북쪽의 구릉 경사면에서 내려오는 동성벽 내부 구지표면과 자연스럽게 연결되며, 계곡으로 유입되는 유수에 의한 성벽의 붕괴요인을 차단하는 효과를 얻을 수 있게 한 것이다.

현재까지 산성의 계곡부에 위치한 동성벽은 모두 86m가 조사되었으며, 이 가운데 체성벽 남편 입수구에서 북으로 약 2m 떨어진 지점에서 약 8m의 두께로 이어져 오던 성벽이 직각으로 꺾여 체성벽 두께가 7m로 좁아지며 폭 90~100㎝ 정도의 내벽보축성벽과 함께 이중의 구조로 이루어져 있는데, 이러한 이중구조의 성벽은 모서리부분에서 시작되어 동문지 북편까지 56.8m에 이른다(국립가야문화재연구소 2014 : 42~43). 부엽층은 내부보축성벽의 이중구조로 이루어진 동성벽 구간 중 계곡부의 중앙부위를 중심으로 남북 양방향으로 전체 46m 정도 범위에 조성되어 있는데, 부엽층의 너비는 약 15.2m 정도이고 두께는 최대 240㎝이다.[1](〈도면 2-上〉)

이중성벽구간 대부분의 범위에 걸쳐 두꺼운 층위를 이루고 있는 부엽층은 토양의 성분이 전반적으로 다량의 식물유기물로 구성되어 있다. 따라서 색조는 어두운 갈색을 띠고 있으며, 부분적으로 초본류와 나무껍질 등이 하나의 퇴적단위를 구성하는 경우도 있다. 또한 내부의 습기로 인해 식물유기체의 입자가 큰 변형없이 유지되었던 것으로 판단되며, 이러한 부엽층에서 층위학의 법칙을 토대로 한 Harris Matrix로 작성된 퇴적단위는 186개층이다(이성준 2007).[2]

부엽공법구간은 축조공정상 크게 기반 정지층과 부엽층1(부엽층A구간)·부엽층2(부엽층B구간)[3]으로 구성되어 있다(국립가야문화재연구소 2014). 동성벽 구간 토층도의 X층과 XI층은 모두 계곡부 일대 부엽층의 설치와 동성벽의 축조를 위해 우선적으로 조성한 기반 정지층이다. X층은 진흙과 고운 사질토로 이루어진 회색 사질토층으로, 체성벽 축조를 위한 굴착 흔이 확인되며 토기 등의 유물이 확인된다. XI층은 성벽 기저부 정지층으로 풍화암반편이 혼입된 황갈색 점질토층이다. 이는 자연 암반층을 굴착하여 나온 흙을 재사용하여 정지한 것이다.(〈도면 2-下〉)

부엽층A구간은 기반 정지층의 동·서 가장자리에 너비 9.0m, 길이 46m 규모의 나무울타리 구조를 시설하고 그 사이 공간에 각종 유기물과 토기·목기 등을 높이 110㎝ 정도로 쌓아 부엽층을 이루었다. 동성벽 구간의 토층도에서 Ⅷ층과 Ⅸ층이 부엽층A에 해되는데, Ⅷ층은 식물유기체층인 Ⅸ층의 상부를 덮어 마감한 층으로 두께는 30㎝ 정도이며 볼록 렌즈상을 띤고, 풍화암반편이 혼입되어 있으며 강한 점성을

---

1) 현재 확인된 부엽층의 제원을 기준으로 그 규모를 계상하면 체적은 1,678㎥ 이상이 된다. 이는 부엽층을 구성하는 각종 재료를 단시간내에 산성이라는 한정된 범위내에서 조달하기에는 쉽지 않은 규모이다.

2) 부엽층에 대해 작성된 Harris Matrix에 의하면 퇴적단위가 10부터 186까지 표기되어 있어 모두 177개 층으로 보고되어 있으나, 퇴적단위 1~9층은 부엽층1과 부엽층2의 아래에 위치한 기반 정지층이며, 이 정지층에서도 토기 등의 유물이 출토되고 있어서 이를 모두 동성벽의 유실을 방지하기 위한 부엽공법의 설치와 직접적으로 관련된 층으로 이해할 수 있다.

3) 부엽층에 대한 Harris Matrix 작성에 따라 숫자로 부여된 퇴적단위층과의 혼동을 피하기 위해 부엽층1은 부엽층A구간(10층~65층)으로, 부엽층2는 부엽층B구간(66층~186층)으로 표기하고자 한다.

띠는 황갈색 점질토층이다. Ⅸ층은 유기물질(나무가지·갈대류 등)과 토기편·목기편·철제품·동물뼈·식물유체 등을 넣어 조성한 부엽층으로 전반적으로 개흙이 혼입되어 있으며 흑갈색 및 흑색을 띤다.

부엽층A구간의 상부에 조성된 부엽층B구간은 부엽층A의 범위보다 동편으로 넓게 확장되어 너비가 15.2m에 이르며 120~240㎝의 두께로 두껍게 성토하여 동성벽의 내부 보축성벽과 연접해 있다. 이 구간은 토층도의 Ⅵ층과 Ⅶ층에 해당되는데, Ⅵ층은 Ⅶ층의 상부를 덮은 마감토로서 점성이 강한 회갈색 사질점토층이다. Ⅶ층은 식물유기물층으로 부엽층A의 Ⅸ층에 비해 개흙 성분은 적은 편이나, 각종 유기물질과 함께 토기편·목기편·철제품·동물뼈·식물유체 등이 다량 포함되어 있고 특히, 층의 상부에 퇴적된 139층·149층·186층에서는 목간이 집중적으로 출토 되는 양상을 보이고 있는 점이 주목된다.

III. 부엽층 내 유물 출토양상과 성격

성산산성 부엽층에서 출토된 유물은 토기류와 철기류, 목간 및 목기류를 비롯하여 동물뼈 및 식물유기체 등 다양한 유물이 다수 출토되었다.[4](〈도면 3〉) 먼저 부엽층에서 출토된 토기류에는 壺·甕·鉢을 비롯한 저장용 생활용기의 비율이 50% 이상으로 높으며, 시루·高杯·蓋·盌·甁과 같은 토기류의 비율은 적은 편이다. 특히, 발과 옹·완 등은 대부분이 와질제 또는 연질제이고 심하게 파손된 상태이어서 사용 후 의도적으로 폐기한 양상임을 알 수 있다. 또한, 부엽층 출토 토기의 복원 과정에서 Harris Matrix의 퇴적단위층이 상·하층으로 떨어진 위치에서 출토된 파편이 서로 결합되어 토기의 형체를 이루는 것이 여러 점 확인되고 있어 부엽층이 단시간에 인위적으로 조성되었음을 짐작할 수 있다.[5]

목간 및 목기류는 부엽층에서 출토되는 유물 중 가장 많은 수를 차지한다. 특히, 부엽층 내에서는 다량의 토기편 등과 함께 306점에 달하는 목간이 출토되었는데, 묵서가 있는 명문목간을 비롯하여 제첨축으로 추정되는 문서부속구도 확인되었다. 목간이 출토된 곳은 부엽층 내 전체 Harris Matrix의 186개 퇴적단위층 가운데 27개 단위층으로 동·서 목제울타리를 덮고 있는 부엽층A구간 아래 부분에 위치한 11·14·18층과 부엽층B구간 상부에 위치한 116·129·139·149·175·176·178·185·186층에서 출토되고 있다. 특히 목간이 10점 이상 출토된 퇴적단위는 139·149·186층으로 부엽층A구간보다는 2차로 퇴적된

---

4) 부엽층에서 청동제완 및 청동접시 등이 출토된 것(『함안 성산산성 발굴조사보고서Ⅳ』, p.142)으로 보고되어 있으나, 이 유물은 N40W40 Tr.(동문지 주변)의 구지표 상부 교란층에서 출토된 것으로 부엽층과는 직접 관련이 없는 것으로 당시 발굴을 직접 담당하였던 조사자(조희경·김천수 씨)에 의해서 확인되었다. 이에 보고서의 오류를 바로잡는다.

5) 『함안 성산산성 Ⅳ』, p.116의 155번 발형토기는 부엽층B의 107과 119 퇴적단위층에서 출토된 편이 서로 접합된 것이고, p.118의 162번 병형토기는 부엽층A의 15와 25 퇴적단위층에서 출토된 토기편이 접합된 것이다. 또한, 부엽층A구간 출토 토기편과 부엽층B구간에서 출토된 토기편이 서로 접합된 경우도 있다. 따라서, Harris Matrix에서 수직관계를 이룬 퇴적단위 출토 토기편이 서로 접합된다는 것은 일차로 유물이 제3의 장소에 폐기된 후에 다시 순차적으로 성산산성의 부엽층 내로 이동·매립되었을 가능성이 매우 높은 것을 암시하는 것으로 이는 부엽층 내 유물의 성격을 밝히는데 있어 주목되는 부분이다.

부엽층B구간의 퇴적단위층에서 집중적으로 출토되는 현상을 보인다. 목간이 부엽층 내에서 고르게 분포하지 않고 유독 부엽층B구간에서 층위별 편차를 가지며 집중적으로 출토되는 이유에 대해서는 목간의 효용성으로 인하여 부엽층 조성단계의 마지막에 의도적으로 폐기되어 매립된 것으로 추정하는 의견(박종익 2011)도 있으나, 그 보다는 부엽층위가 인위적으로 조성되는 과정에서 작업장으로 유입된 것으로 이해되며 이를 갈대와 같은 초본류, 나무껍질, 씨앗 등의 퇴적입자가 평면적으로 일정한 범위에서 집중적으로 나타난다는 점과 유사한 현상으로 보는 것이 타당하다. 우리는 목간이라는 유물에 대해 매우 특별한 의미를 부여하여 주목하고 있지만, 성산산성에서 계곡부를 가로지르는 동성벽 구간의 성벽을 성공적으로 축조하기 위한 기반시설로서 계곡중심부에 부엽층 시설을 단시일 내에 조성해야 했던 당시 사람들의 입장에서 생각해 본다면, 갈대나 나무껍질 혹은 파손된 목제품과 사용 후 버려진 목간 자체는 큰 의미와 차이가 없는 단지 부엽층 조성에 필요한 재료로서 인식했던 것으로 추측된다(이성준 2007). 따라서 이와 같은 부엽층의 조성과 목간집중출토지 형성의 프로세스를 고려해 본다면, 최상부에서 목간이 집중적으로 출토되는 것 역시 성산산성 축조자들이 부엽층의 구성 재료로서 적절한 대상물을 다량으로 수거하여 취사선택한 후 부엽층 조성에 재활용한 결과로서 목간이 이곳에서 집중적으로 출토될 수 있었던 것으로 보인다.[6]

한편, 목기류는 현재까지 부엽층에서 수천 점이 출토되었으나 선별하여 보고된 것은 약 2,000여 점이다. 대부분 결실되거나 미완성 제품들로서 정확한 용도를 파악하기에는 어려움이 많다. 출토된 유물의 형태나 제작기법에 의해 농기구(곰방메·고써래·고무래 등), 공구(자귀자루·낫자루·도자손잡이·방망이 등), 용기(사발·완·절판·접시·칠기 등), 생활용구(바가지·숟가락형목기·얼레·짚추리개·고드래돌·목제추·빗 등), 제사구(조두형목기 등), 결구부재, 용도불명품 등으로 분류된다(국립가야문화재연구소 2014). 이중 공구에 해당되는 방망이류가 26.5%의 높은 점유율을 보이고 있으며 15㎝의 작은 것에서부터 30㎝ 내외에 이르기까지 다양한 크기의 것이 확인되었는데, 용도에 따라서 형태 및 크기를 달리하여 제작했던 것으로 보인다. 목기의 수종에 있어서는 상수리나무류 17%, 소나무류 15%, 옻나무 12%, 밤나무, 단풍나무 등의 목재로 제작된 유물이 높은 점유율을 차지하고 있는 것이 확인되었다(정아름 2011). 따라서, 목기류는 생활공간 주변에서 비교적 구하기 쉬운 목재를 가공하여 사용했던 것임을 알 수 있으며, 목기류의 대부분이 미완성품이고, 또한 이것들이 토기류 및 철기류 또는 다른 유물들과 공반되어 부엽층의 전 범위에서 고르게 출토되고 있기 때문에 부엽층 내 출토유물의 성격을 파악하는데 주목되는 점으로 생각한다.

철기류로는 철촉·철부·손도자 등이 출토되었다. 철부에는 따비로 보이는 주조제품과 일반적인 도끼

---

6) 국내에서 목간이 출토되는 유적은 경주 안압지와 월성해자, 부여 관북리, 능산리, 익산 미륵사지, 김해 봉황대, 하남 이성산성, 나주 복암리유적 등이 알려져 있지만, 유적의 성격은 도성 내부의 저습지와 저수지, 지역의 거점 산성에 설치된 저수지 등이다. 이 유적들은 인위적으로 목간의 보존환경이 조성된 함안 성산산성과는 달리 저습한 환경이 비의도적이고 자연적인 후퇴적과정에서 형성된 것임은 비교된다.

로 활용된 단조제품이 있으며 그 수량은 3점으로 소량이다. 철촉은 대부분 완형의 것으로 촉신부의 형태가 사두형을 이루는 유경식철촉이 대부분이며 도자형과 삼각형, 그리고 역자식 철촉도 출토되었는데, 경부가 나선형으로 꼬아진 형태를 한 것도 몇 점 있다. 그 외 철도자와 철바늘도 여러 점 확인되었으며 철겸과 철서와 같은 농기구도 출토되었다. 일부 철촉을 제외한 대부분의 철제품은 사용 흔적이 있거나 사용 중 파손된 것이어서 기능이 다하여 용도폐기된 것으로 볼 수 있다.

또한, 함안 성산산성 부엽층에서 출토된 동물유체는 729점으로 종별 동정작업과 유체에 남아 있는 흔적 등을 관찰하여 구체적인 연구가 진행되었다(양숙자 2011). 이에 의하면, 동물유체가 출토되는 위치는 부엽층 전체에 걸쳐서 출토되고 있는 경향이나 특히, 부엽층A구간과 부엽층B구간의 경계층위에서 전체 출토된 동물뼈의 85%가 확인되었다. 또한, 동정이 확인된 것은 총 19종으로 대부분의 종은 현재에도 식용으로 이용하고 있는 개·말·돼지·사슴·토끼 등의 포유류와 꿩·오리 등의 조류, 감성돔·잉어·복어·등의 어류, 굴·홍합 등의 패류로 구분할 수 있다.[7] 이 가운데 가장 많은 동물유체는 개이며 동정이 가능한 동물뼈의 45%를 차지하고 있다. 특히, 개뼈의 경우 대부분이 成體가 아닌 幼體로 판단되므로 살이 연한 어린 개를 식용으로 많이 먹었던 것으로 추정되며, 사슴의 경우에는 卜骨로 사용된 견갑골이 다른 부위의 뼈에 비하여 많은 것이 특징이다.

또한, 동물뼈에는 날카로운 도구에 의해 자른 자국 등 사람들의 영향으로 보이는 여러 종류의 흔적이 확인되는 것은 263점이다. 이 흔적들은 날카로운 연장을 이용하여 동물을 도살하는 작업과정과 죽은 동물의 가죽을 벗기고 각 부분을 분할하여 고기를 바르는 과정에서 뼈에 남겨진 흔적으로 생각되며 뿔이나 뼈를 연모로 만들기 위해 마름질하는 동안 생긴 자국, 그리고 특정부분을 내리찍어 분할하는 과정에서 생긴 찍힌 흔적이다. 그 외에도 일정한 특징 없이 깨지거나 부서진 흔적을 보여주는 종류로 짐승의 뼈를 망치와 같은 연장을 내리쳐 깨는 과정에서 생긴 흔적과 송곳과 같은 끝이 뾰족하고 둥근 연장을 가지고 짐승에 타격을 가하거나 힘껏 짓누를 때 생긴 종류로 보이는 흔적으로 연장과 접촉하여 깨진 부분에는 둥글게 움푹 파인 자국이 나타난다. 한편, 卜骨의 존재로 보아 의례행위와 관련된 동물뼈도 상당수 존재한 것으로 추정되며[8] 사용 후 食用으로 처리된 다른 동물유체와 함께 버려진 것으로 보인다.

식물유기체로는 초본류를 비롯하여 벼 껍질과 피, 복숭아 씨앗, 밤 껍질 등이 확인 되었는데, 과육부분은 모두 섭취하고 난 후 버려진 상태로 생각한다.[9] 이들은 균일하게 퇴적된 것이 아니라 일정한 수직·평면적인 범위에 집중적으로 퇴적되어 있다.

이상에서 살펴본 바와 같이 동성벽 구간내의 부엽층에서 확인된 유물의 출토양상으로 볼 때, 함안 성

---

7) 부엽공법구간에서 출토된 동물유체 중 복어와 감성돔의 뼈는 이들 어종이 가을에서 늦겨울까지 식용으로 주로 먹는 어류이므로 성산산성 부엽층의 축조 시기는 겨울철을 이용한 단기간 내에 조성되었을 것으로 추정된다.

8) 2008년 성산산성 동성벽 구간 남쪽 입수로에서 소 1개체에 해당하는 동물뼈가 확인되었는데, 입수로의 한쪽에 구덩이를 파고 소 한 마리를 누여 매장한 형태로 보아 입수로와 연관된 수변제사 행위로 추정된다.

9) 부엽층에서 확인된 복숭아 씨앗의 경우 일률적으로 씨앗의 정수리 부분이 동일한 형태로 깨어진 상태서 과육 부분뿐만 아니라 씨앗의 수액까지 섭취한 것으로 추정된다.

산산성의 경우 김제 벽골제, 상주 공검지, 당진 합덕제, 부여 현내들 북포유적, 김해 봉황동유적, 함안 가야리 제방유적과 울산 약사동 제방유적, 부여 동나성 등에서 확인된 부엽공법과는 일정한 차이를 보이고 있음을 알 수 있다. 일반적으로 지하수의 침투로 인해 제방이 붕괴되는 것을 방지하기 위하여 투수층 지반위에 제방을 쌓기 위해서는 점성이 많은 습윤한 진흙이나 실트로 피복 및 성토하여 이를 막아야 하다. 보통의 제방 성토재는 모두 건조한 것을 사용하지만 누수차단을 위해서는 습윤한 흙을 사용할 수밖에 없고, 이를 두껍게 쌓으면 상부의 하중으로 인해 습윤한 진흙이나 실트는 유동성이 발생하기 쉬워 상부 구조물이 붕괴될 수 있다. 이러한 유동성을 억제하기 위해 점토층 사이에 引張材인 나뭇가지와 풀잎의 줄기를 넣은 것으로 이를 부엽공법이라 한다. 마치 철근콘크리트에서 압축력은 콘크리트가 받고, 인장력은 철근이 받아 두 물질의 약점을 보안해 주면서 튼튼한 구조물이 되는 것과 비슷한 원리이다(권순강 2011 : 267). 최근 조사된 울산혁신도시 약사동 제방유구의 경우는 기반토가 투수층인 하천 역석층과 산사면 퇴적물이어서 실트질 점토~사질 점토를 20~30㎝ 정도로 깔고 굴과 고동, 소라, 바지락 등이 혼입된 패각을 두께 25㎝ 내외로 넓게 깔았다. 이후 요철 형태로 성토된 심사이의 빈 부분은 잎이 달린 가는 나뭇가지를 촘촘하게 한 겹깐 뒤 실트를 채우고 다시 나뭇가지를 까는 단계를 반복하여 수평 성토하는 형태의 부엽공법이 확인되었다(이보경 2011 : 203-208). 부엽공법은 가공된 기초지반 위에 점성이 높은 실트층과 패각류를 깔고, 잎이 달린 가는 나뭇가지를 고르게 깔아 인장력을 높이려는 고대의 토목기법으로 제방이나 성벽 등과 같은 거대한 구조물을 축조하는데 널리 활용되었음을 알 수 있다.

그러나 함안 성산산성의 경우에는 부엽층의 전범위에서 각종의 파손된 토기와 미완성 목기류를 비롯하여 동물유체, 식물유기체, 그리고 파손된 주조철부 및 철바늘 등과 같은 당시의 생활쓰레기로 보이는 것들이 대부분을 구성하고 있고, 부엽층의 퇴적 두께도 20~30㎝로 얇은 실트층이 여러 차례 반복되며 축조되고 있는 다른 유적에 비하여 매우 두터운 것이 특징이다. 이는 함안 성산산성 부엽층의 용도와 축조과정을 역으로 추적해 볼 수 있는 중요한 단서라고 생각되며, 상부구조의 하중을 견디며 유실을 방지하고자 반복되는 실트층 사이에 잔나뭇가지를 고르게 깔아 부엽층을 이루고 있는 기존의 다른 유적과는 상당히 이질적인 양상이어서 더욱 주목되어야 할 부분이다.

IV. 함안 성산산성의 초축 시기와 목간

함안 성산산성의 초축 시기에 대하여서는 동성벽과 남성벽의 외측에서 확인된 기단보축기법과 함께 부엽층에서 출토된 목간에 주목하여 논의가 전개되어 왔다. 먼저, 성벽 외측에 마련된 기단보축기법은 산성의 축조과정에서 성벽의 구조적인 안전성을 높이기 위하여 설치된 것으로 경주 명활산성과 보은 삼년산성, 대전 계족산성 등 신라지역의 고대산성에서 주로 확인되는 성벽축조기법으로 파악하였다(박종익 1994). 또한, 부엽층 내에서 발견된 목간에 대한 분석을 통하여 3번 목간의 「---知上干支」를 '□□知(인명)+上干支(외위)'로 보고, 外位는 시기에 따라서 표기상의 차이가 있으며 특히 간계열 외위는 명활산성비(551년) 단계까지는 '干支'를 어미로 사용하였으나 창녕비(561년) 단계에는 干支에서 支가 탈락하게 되므로, 함안 성산산성에서 출토된 목간의 작성연대는 561년을 하한으로 보았다(주보돈 1999). 그리고 17번 목간의 「甘文城 下幾甘文本波 王 □村 □利兮」처럼 甘文州+郡+村 단위의 지역명이 3번 나오고 있는데, 처음에 나오는 甘文은 小州로서 甘文(城)을 가리키며, 가운데 나오는 甘文은 郡단위의 지역명으로 이해하여, 州名으로 甘文城이 사용된 시기는 上州를 관할구역으로 하는 甘文城이 설치된 진흥왕 18년 (557년)이므로 성산산성 목간의 작성연대 상한은 557년 인 것으로 파악하였다. 대체로 함안 성산산성 출토 목간의 작성 시기는 557년 이후 아라가야가 멸망하고 신라가 함안에 주둔한 시기인 561년을 하한으로 파악하고 있는 것이다(김재홍 2001, 윤선태 1999, 이용현 2003, 李成市 2005, 전덕제 2007, 이수훈 2007, 이경섭 2009).

그러나 산성에서 공반된 유물의 존재를 고려하지 않은 채, 삼국시대 전기간에 활용된 기단보축기법과 674년까지 잔존한 간계열 외위의 존재, 그리고 간지나 연호가 기록되지 않고 물품의 수량과 발송처만이 기록된 하찰성격의 목간만으로 성산산성의 초축 시기를 6세기 중엽 무렵으로 해석하고 있는 기존의 견해들은 그다지 안정적인 것이 아니라고 생각한다. 이에 부엽층에서 목간과 공반된 당시대의 토기자료에 대한 검토를 통하여 성산산성의 초축 시기에 대해 재검토 할 필요가 있는 것이다.

이미 살펴본 바와 같이 목간이 출토된 부엽층은 계곡부에 위치한 동성벽의 축조를 위해 마련한 토목시설의 하나로 성벽축조에 앞서 우선적으로 조성된 것임을 앞에서 언급하였다. 따라서 부엽층 내에서 출토된 각종 토기류는 성산산성 동성벽의 축조시기를 판단하는 근거로 이용될 수 있으며, 공반된 목간의 사용 시기도 역으로 추정해 볼 수 있을 것이라 생각된다. 부엽층에서 출토된 토기를 퇴적단위에 따라 층위학적으로 표기한 Harris Matrix를 기준으로 배열한 〈도면 4〉를 살펴보면, 부엽층A구간과 부엽층B구간에서 출토된 몇 몇 기종의 형태가 동일한 형식을 보이고 있으므로 부엽층A구간과 B구간은 축조공정상 동일한 시기에 해당되며 매우 짧은 기간 동안에 조성된 것으로 볼 수 있다. 또한, 맹암거 축조층에서 확인된 인화문 蓋片과 편구병 구연부편은 부엽층의 조성시기나 동성벽의 초축 시기를 검토하는데 있어 빼놓을 수 없는 유물이라 생각된다. 이는 부엽층 조성 이후 계기적으로 이루어진 구지표층의 성토와 맹암거 및 배수로의 설치 등 동성벽 주변 배수시설의 마련도 동성벽의 축조와 동시에 연속적으로 이루어져야 하는 일련의 작업과정이므로 모두 같은 시기에 이루어진 것으로 이해할 수 있기 때문이다.

부엽층 출토 토기 가운데서 시기를 추정할 수 있는 것으로는 고배와 개·완·편구병의 작은 파편 등이 있다. 고배는 아라가야양식(부엽A/12층 출토품)과 신라후기양식(부엽B/?층)에 속하는 것이 있으나, 아라가야양식 고배는 부엽층 조성 이전시기에 유행하였던 형식으로 직접적으로 부엽층 조성시기와는 관계가 없는 것들이다. 개는 단추형 꼭지를 한 것(부엽A/16층)과 그은 삼각집선문과 원점문이 시문된 반구형 개(부엽A/44층), 보주형 꼭지가 달리고 신부외면에 여러 줄의 침선이 시문된 것(부엽A/18층), 그리고 개 신내부에 돌대가 마련된 것(부엽A/40층)과 깊은 반구형을 이루는 것(부엽층B/?층) 등이 있다. 5점의 편구병편은 기형과 구연부의 형태에서 약간의 차이를 보이고 있으나, 동최대경이 중하위에 위치하며 장동형의 기형을 하고 있어서 동체가 구형을 이루는 것에 비하여 시기적으로 다소 늦은 형식으로 볼 수 있다.

또한, 구경이 25㎝에 이르는 대형의 갈색 발형토기편과 구경이 13㎝ 내외에 해당하는 소형의 와질 또는 연질제의 완이 10여 점 출토되었다. 대형과 소형 모두 평편한 저부에 밖으로 크게 벌어져 오르는 동체부를 갖으며 구연부는 짧게 꺾여 외반하나 거의 수평상을 이룬다. 구연단은 뾰족하게 또는 면을 갖도록 발달된 형태로 처리된 것이 특징이며 외면은 대체로 회전물손질로 전면을 깨끗하게 정면하거나 구연부 주변에 만 회전물손질을 하고 동체부에는 평행타날의 흔적을 남긴 것도 있다.

부엽층에서 출토된 유물 가운데 소형완과 같은 기종으로 보이는 토기편이 동성벽 구간에서 북동쪽으로 200여m 떨어진 북동성벽 일대에 대한 시굴조사에서 확인된 1호 수혈 내에서 5점이 출토되었다(국립창원문화재연구소 2006 : 94). 너비 3m에 이르는 1호 수혈은 유구 내부 시설의 활용 및 폐기과정에서 퇴적된 층으로 구성되어 있으며 다량의 목탄편과 회색점토·주조철부·철도자·슬래그·연질완·대부완·고배 편·평저단경호·탁잔형토기 등이 혼입된 양상이어서 자연적인 퇴적이라기보다는 인위적인 폐기행위가 있었던 것으로 보인다. 1호 수혈에서 상·하층으로 구분되어 수습된 유물은 동시기에 사용되었던 것으로도 볼 수 있는데 탁잔형토기가 포함되어 있고, 구연 부분을 대칭되도록 잘라 손잡이 모양을 갖춘 연질완형토기는 부엽층에서 출토된 전달린 목제용기와 동일한 형태를 하고 있어 성산산성의 축조시기 및 운영과 관련된 사항을 검토하는데 주목된다.(〈도면 5〉)

부엽층 내에서 다른 기종에 비하여 많은 수가 출토된 완형토기는 경주는 물론이고 신라권역내에서 크게 유행하였던 기종으로 출토유물의 수량도 적지 않으며 유구의 구조와 공반유물을 파악할 수 있는 양호한 사례가 이미 보고되어 있고 신라후기양식토기의 범주 내에서 약간의 연구가 이루어져 있다(윤상덕 2001 2010, 최병현 1988 2011, 홍보식 2000 2003 2009 2014).[10] 연질과 도질, 그리고 와질제로 이루어진 부엽층 출토 소형완의 신부 형태는 반구형을 이루며 저부는 편평한 것이 대부분이고 구연부는 짧게 외반하며 둥글게 처리된 것과 수평으로 벌어지며 구연단이 뾰족하게 발단된 형태를 갖춘 것이 있다. 특히, 후자의 것이 대다수를 이루며 구연단이 둥글게 처리되지 않고 비교적 발단된 형태를 이루는 것이 부엽층 출토 소형완의 특징으로 보인다. 이와 같은 소형완은 경주 월산리유적 B-5호 2차시상(국립경주문화재연구소 2003 : 739)·경주 방내리고분군 38호묘(국립경주문화재연구소 1995 : 168)·사천 향촌동유적 Ⅱ-1호 석실묘 3차시상(우리문화재연구원 2011 : 111)·Ⅱ-5호 석실묘(우리문화재연구원 2011 : 138) 출토품과 유사한 형태를 하고 있어 서로 그 시기를 비교해 볼 수 있다.(〈도면 6〉)

먼저, ① 경주 월산리 B-5호 출토품은 횡혈식석실의 2차시상에서 출토된 적갈색 연질토기로 구연부는 짧게 수평으로 벌어지며 구연단부가 뾰족하게 처리되었고 신부의 형태는 반구형에 평저이다. B-5호의 1차시상에서는 보주형꼭지에 삼각집선문과 이중원문을 찍어 개신상부를 장식한 개와 구연부와 동체부에

---

10) 신라후기양식토기의 편년에 있어 절대연대의 기준이 되고 있는 부산 복천동65호 출토 청자완에 대하여 6세기 중엽(540~557년)으로 보는 견해(최병현·윤상덕)와 7세기 초로 파악하는 견해(홍보식)로 나누어져 있다. 동일한 유물에 대한 역연대가 연구자마다 50년 이상 차이가 있으므로 유적과 유구에 대한 해석에 큰 혼란이 야기되고 있다. 신라후기양식토기의 안정적인 편년안 마련이 시급한 실정이다.

굵은 돌선을 2조씩 돌리고 그 사이에 수적형문을 찍어 넣은 대부완이 출토되어서 2차시상의 연질완의 사용 시기는 적어도 이 인화문 유개대부완과 동일시기이거나 아니면 이보다 다소 늦은 시기의 것임을 짐작할 수 있다. ② 경주 방내리고분군 38호묘는 천석으로 이루어진 소형석곽묘로서 석곽의 양쪽 단벽쪽으로 유개합과 유개고배, 그리고 연질완이 부장되어 있었다. 연질완은 평저를 이룬 반구형의 동체부에서 밖으로 짧게 외반한 구연부를 갖으며 구연단은 면을 갖도록 처리되었다. 연질완과 공반된 유개합의 개에는 개신부에 침선을 돌리고 각 단마다 이중원문을 조밀하게 찍어 배치하였으며 유개합은 구연부 아래에서 동체부 중위에 이르기까지 이중원문을 배치하였다. 그리고 환형꼭지가 부착된 유개고배의 개는 비교적 얕은 반구형을 이루며 구연은 끝이 살짝 들린 '入자형'을 이루고 외면 전체에는 이중원문을 조밀하게 찍어 배치하였다. ③ 사천 향촌동유적 Ⅱ-1호 석실묘 3차시상 출토 완은 회백색 와질제 또는 황갈색을 띤 연질제로서 구연은 외반하며 구연단은 둥글거나 면상으로 처리되어 있다. 이것들은 동체부가 편구형을 이루며 연유가 시유된 유개대부직구호와 공반되어 출토되었다. 보주형 꼭지를 갖춘 유개대부직구호의 개는 드림턱이 짧게 돌출되고 드림은 직립하며 개신 외면의 중위에 이중원문을 14개 찍어서 배치하고 그 위에 삼각집선문을 그어서 배치한 후, 그 사이에 1조의 침선문을 시문하였다. 대부직구호의 동최대경은 중상위에 위치하며 대각은 짧게 벌어지고 각단은 둥글게 처리하였으며 중위에 방형의 투창 3개를 배치하였다. 견부의 외면은 1조의 침선을 4개 돌려 구획한 후, 최상단에 삼각집선문을 29개 그어서 배치하였고 그 아래애는 이중원문을 30개 찍었으며 다시 그 아래에 3조로 구성된 10치구의 점열문을 40개 찍고, 아래에 이중원문을 41개를 찍어 시문을 마무리 하였다. ④ Ⅱ-5호 석실묘 출토 소형완은 도질제로서 저부는 평저에 가깝고 구연은 꺾어지듯이 외반하며 수평을 이루는데 구연단부는 둥글거나 뾰족하게 마무리 되어있다.

소형완은 신라후기양식토기에 속하는 대표적인 기종으로 대체로 6세기 후엽 이후에 출현한 것으로 알려져 있으나, 이 토기 자체만으로 형식의 변화를 살피기는 쉽지 않으므로(최병현 2011) 이 유물과 공반되는 기종의 관계에 따라 세부적인 시기구분이 가능할 것으로 생각된다. 사천 향촌동유적 Ⅱ-1호 석실묘 3차시상 출토 4점의 완은 구연부가 짧게 외반하며 꺾인 특징이 있는데, 이는 선행한 Ⅰ-3호 석실묘 2차시상에서 출토된 소형완의 형태와 비교해 보아도 큰 차이가 없다. 그러나 Ⅱ-1호 3차시상에서 이중원문이 시문된 인화문시유도기가 공반되고 있어, 일반적으로 신라후기양식토기의 편년에 있어 신라 연유도기의 출현시기는 7세기 이후로 편년(홍보식 2000, 2009)하고 있으므로 사천 향촌동유적 Ⅱ-1호 석실묘 3차시상의 조영 시기는 7세기 전엽으로 추정된다(우리문화재연구원 2011 : 185-190). 또한, 기형적으로 유사한 경주 방내리고분군 38호묘 출토 소형완도 이중원문이 전면에 시문된 인화문 유개합과 공반되고 있으며, 월산리유적 B-5호묘 2차시상 출토 소형완은 구연부가 짧게 수평으로 뻗은 형태를 하고 있는데, 이런 형식은 1차시상에서 이중원문과 수적형문이 시문된 인화문 유개합이 출토된 것으로 보아 인화문 유개합과 동시기이거나 이보다 한 단계 늦은 시기에 유행한 것일 가능성이 높다. 부엽층 출토 소형완은 구연부가 수평상을 이루며 구연단을 뾰족하게 처리하거나 면을 갖도록 하여 비교적 발달된 형태를 취하고 있는 것이 많은데, 이는 경주 월산리유적 B-5호묘 2차시상 출토품과 매우 유사한 것으로 볼 수 있으므로 대체로 수적형문이 출현하여 각종 원문류와 결합하여 인화문이 유행하는 시기인 7세기 전반[11]의 늦은 시기에 해당될 것으로 추정된다.

결국, 부엽층 출토 소형완의 형태적 특징과 연속공정으로 축조된 동성벽 일대 맹암거 축조층 출토 인화문 개편의 존재로 보는 한, 함안 성산산성의 초축 시기는 기존의 연구결과인 목간의 기재방식과 지명, 관등명에 의거해 해석한 6세기 중엽~후반보다 더 늦은 시기로 비정될 수 있으며 신라에 의한 산성의 초축 시기도 적어도 7세기 전반을 소급하지는 못할 것으로 생각된다(申昌秀·李柱憲 2000).[12] 또한, 부엽층에서 공반된 목간은 나무라는 유기물로 제작된 재료의 특성상 목간이 폐기된 상태에서 항온항습이라는 조건이 갖추어지지 않으면 어느 정도의 부식이 빠르게 진행되며 더욱이 수십 년에 이르는 보존기한은 인정될 수 없는 것이다. 특히, 하찰기능의 목간은 일단 사용된 후 다시 하찰로 재활용 되거나 별도로 관리되지 않는다면, 바로 폐기장에 유기되었을 가능성이 높은 유물이며 폐기장의 환경은 각종 유기물질들이 혼재되어 있어 목간이 쉽게 부식될 수 있는 상황이었을 것이다. 다만, 부엽층에서 출토된 목간의 경우, 상태가 양호한 것과 부분적으로 훼손이 된 것도 적지 않게 공존하고 있으므로 모든 목간을 부엽층 조성 시기인 7세기 전반 무렵의 것으로 볼 수는 없을 것 같으며 이보다 다소 앞선 시기에 제작되어 사용된 것들과 서로 혼재되어 있을 가능성도 배제할 수 없을 것 같다.[13] 어째던 부엽층에서 토기와 함께 공반한 목간의 사용시기와 폐기하한은 부엽층 조성시기와 매우 근접한 7세기 전반대일 것으로 생각된다.

V. 맺음말

한국의 고대사와 관련하여 당시의 상황을 직접적으로 기록한 문자자료는 매우 부족한 실정이며 이를 새로이 발견하는 것은 그리 쉽지 않은 어려운 작업이라는 것은 고대사를 연구해 본 사람이라면 그 누구도 부정할 수 없다. 이러한 현실 속에서 목간이라는 문자기록 자료의 존재는 고고학계와 역사학계뿐만 아니라 사회의 다양한 분야에서도 충분히 주목받을 만한 가치가 있는 유물로 평가될 수 있다. 하지만 사회적 관심이 자칫 목간이라는 유물에만 집중되어 학문적 포퓰리즘에 빠져드는 것은 매우 우려되는 부분이기도 하다. 유적을 조사하고 연구하는 고고학자의 입장에서는 목간의 출토는 정말로 큰 의미를 지니고 있음은 인정하지만 함께 공반된 깨어진 토기 파편이나 다듬어진 목기편·가공된 흔적이 남아 있는 동물

---

11) 100년의 시기를 2분(50년 단위)할 경우에는 전반·후반으로, 3분(33년 단위) 할 경우에는 전엽·중엽·후엽으로, 4분(25년 단위) 할 경우에는 1/4분기·2/4분기·3/4분기·4/4분기로, 표현한다.

12) 함안 성산산성 동성벽 구간의 부엽층에 대한 조사가 충분하지 않던 2000년 당시 목간과 함께 출토된 지그재그 점열문 토기와 무악식당초문 기와 등의 공반관계로 보아 산성은 7세기 중엽 이후 재정비되었으며, 목간의 사용 및 폐기시점도 그 시기의 것으로 이해한 바 있다.

13) 앞으로 성산산성 부엽층 출토 목간에 대한 형태학적 분류와 기재 내용과 성격 등을 중심으로 세분하여, 출토목간의 선후관계를 분석하는 연구가 이루어질 수 있기를 기대해 본다.

뼈·그 외 먹고 버려진 식물의 씨앗 등도 고고학적 의미와 가치는 충분히 갖고 있는 중요한 자료라고 생각한다. 이런 의미에서 함안 성산산성 동성벽 구간에 대한 층위학적 발굴조사 내용을 근거로 올바른 학문적인 해석과 이해에 어떤 관점으로 접근해야 할 것인지를 제시하면서, 함안 성산산성의 초축 시기와 출토 목간의 사용 및 폐기 시점에 대하여 검토하였다.

함안 성산산성은 그동안 10여 차례의 발굴조사를 통하여 삼국시대에 축조된 고대의 산성으로 알려져 왔으며, 특히 동성벽 구간의 부엽층에서 출토된 목간의 기재방식과 지명 및 간계열 외위의 변화된 모습 등을 근거로 산성의 축조시점을 561년으로 비정하여 왔다. 이는 함안지역의 고대 정치체인 아라가야를 정복한 신라가 효과적인 지방통치를 위해 이곳에 산성을 축조하면서 지방으로부터 수취한 물품의 조달과 분배 및 역역체계를 어떻게 운용하였는가를 밝혀주는 중요한 자료로서 고대 문헌사학계에서는 큰 의미를 두고 다양한 방면의 연구가 이루어진 부분이기도 하다.

그러나, 고고학적 방법을 통하여 조사된 함안 성산산성에는 성벽의 축조과정과 유물의 출토맥락을 잘 보여주는 층서관계 등 양호한 고고학적 자료가 풍부함에도 불구하고, 성벽의 초축 시기를 간략한 내용으로 구성된 몇 점의 하찰목간으로만 비정되어 왔다는 것은 문제의 소지가 있다고 생각한다. 따라서, 목간과 토기 등의 유물이 다량 출토된 동성벽 구간의 축조과정과 부엽층과의 관계 및 부엽층의 구조를 밝히고 나아가 목간과 함께 공반된 토기자료에 대한 분석을 통하여 함안 성산산성의 축조시기를 논리적으로 비정하고자 하였다.

함안 성산산성 동성벽 구간은 계곡이라는 지형적인 한계에 적절하게 대응했던 신라인의 뛰어난 토목공법기술을 잘 보여주고 있다. 먼저 나무울타리시설을 설치하고 그 속에 각종 목기와 식물·동물유기체를 의도적으로 매납한 부엽층을 축조하였다. 부엽층의 상부에는 점질토를 높게 성토하고 구지표면을 만들면서 동시에 동성벽 구간을 이중으로 축조하는 방법으로 유수에 의한 성벽의 붕괴를 사전에 막고 곡부에 축조한 성벽의 안전성을 유지하고자 하였다. 한편, 부엽층의 축조에 사용된 재료들은 각종 유물의 출토양상으로 보아 당시의 생활쓰레기였으며, 목간 및 목기를 비롯한 각종 유물들은 단기간에 마련된 부엽층의 축조를 위해 다른 장소에서 함안 성산산성으로 이동하여 왔을 가능성이 매우 높다고 생각된다.

또한, 목간과 공반된 토기의 기종과 형태적인 특징, 특히 출토된 소형완의 구연부가 수평상을 이루며 구연단이 뾰족하게 처리되는 등 발달된 형태를 하고 있는 점은 주목된다. 이와 같은 특징의 토기는 경주 방내리 38호묘·월산리 B-5호묘·사천 향촌리 II-1호묘 출토품과의 비교를 통하여 대체로 수적형문이 출현하여 각종의 원문류와 결합하는 인화문이 유행한 7세기 전반의 늦은 시기에 산성이 축조되었음을 보여주고 있다. 이러한 토기의 연대를 기준으로 보면 부엽층에서 다량으로 출토된 목간의 사용과 폐기시점의 하한도 기존의 해석과 달리 6세기 중엽에서 적어도 7세기 전반까지 내려 보아야 할 것으로 생각된다.

투고일: 2015. 4. 26.   심사개시일: 2015. 4. 29.   심사완료일: 2015. 5. 13.

국립창원문화재연구소, 1998, 『함안 성산산성 I 』.

국립창원문화재연구소, 2004, 『함안 성산산성 II 』.

국립창원문화재연구소, 2006, 『함안 성산산성 III 』.

국립가야문화재연구소, 2011, 『함안 성산산성 IV 』.

국립창원문화재연구소, 2014, 『함안 성산산성 V 』.

국립경주문화재연구소, 1995, 『건천휴게소신축부지 발굴조사보고서』.

국립창원문화재연구소, 2003, 『경주 월산리유적』.

국립창원문화재연구소, 2004, 『경주 손곡동·물천리유적』.

경주대학교박물관, 2009, 『경주 동천동 고대 도시유적−경주시 택지조성지 구내 7B/L』.

우리문화재연구원, 2011, 『사천 향촌동유적』.

영남문화재연구원, 2009, 『경주 방내리고분군』.

권순강, 2011, 「동북아시아의 고대수리시설과 축조기법−함안 가야리 제방유적−」, 『고대 동아시아의 수리 와 제사』, 대한문화유산연구센터.

김재홍, 2001, 「신라 중고기 촌제의 성립과 지방사회구조」, 서울대학교대학원 박사학위논문.

박종익, 1994, 「고대산성의 축조기법에 대한 연구」, 『영남고고학』 15.

박종익, 2007, 「함안 성산산성 발굴조사와 출토목간의 성격」, 『함안 성산산성 출토 목간』, 국립가야문화재 연구소.

박종익, 2011, 「함안 성산산성과 발굴조사」, 『함안 성산산성 고대환경복원연구 결과 보고서』, 국립가야문 화재연구소.

윤선태 1999, 「함안 성산산성 출토 신라 목간의 용도」, 『진단학보』 88.

이수훈 2007, 「신라 중고기 행정촌·자연촌 문제의 검토−성산산성 목간과 냉수리비를 중심으로−」, 『한국 고대서연구』 48.

이용현 2003, 「함안성산산성출토 목간과 6세기 신라의 지방경영」, 『동원학술논문집』 5.

이경섭, 2009, 「신라 중고기 목간의 연구」, 동국대학교대학원 박사학위논문.

이보경, 2011, 「동북아시아의 고대수리시설과 축조기법−울산 약사동 제방유적−」, 『고대 동아시아의 수리 와 제사』, 대한문화유산연구센터.

이성준, 2007, 「함안 성산산성 목간집중출토지 발굴조사 성과」, 『함안 성산산성 출토 목간』, 국립가야문화 재연구소.

이주헌, 2009, 「함안 성산산성의 구조」, 『고대의 목간과 산성』, 국립가야문화재연구소.

양숙자, 2011, 「함안 성산산성 출토 동물유체 연구」, 『함안 성산산성 고대환경복원연구 결과보고서』, 국립 가야문화재연구소.

윤상덕, 2001, 「6~7세기 신라토기 상대편년 시론」, 『한국고고학보』 45.

윤상덕, 2010, 「6~7세기 경주지역 신라토기 편년」, 『한반도 고대문화 속의 울릉도』.

전덕제, 2007, 「신라 중고기 지방행정체제와 군의 성격」, 『한국고대사연구』 48.

정아름, 2011, 「함안 성산산성의 수목환경 연구」, 『함안 성산산성 고대환경복원연구 결과보고서』, 국립가
야문화재연구소.

주보돈, 1999, 「함안 성산산성 출토 목간의 성격」, 『함안 성산산성 출토 목간의 내용과 성격』.

최병현, 1988, 「신라후기양식토기의 성립시론」, 『삼불김원룡교수정년퇴임기념논총』(고고학).

최병현, 2011, 「신라후기양식토기의 편년」, 『영남고고학』 59.

홍보식, 2000, 「신라후기양식토기와 통일신라양식토기의 연구」, 『가야고고학 논총』 3.

홍보식, 2003, 『신라후기고분문화연구』.

홍보식, 2004, 「일본출토 신라토기와 나일교섭」, 『한국상고사학보』 46.

홍보식, 2009, 「신라 연유도기의 초현시기와 생산기술」, 『박물관연구논집』 12.

홍보식, 2014, 「황룡사지 출토 토기의 특징과 변화」, 『유물로 본 신라 황룡사』.

申昌秀·李柱憲, 2000, 「韓國の古代木簡出土遺跡について」, 『古代文化』 第56卷11號.

李成市, 2005, 「朝鮮の文書行政－六世紀の新羅－」, 『文字と古代日本』, 吉川弘文館.

小山田宏一, 1999, 「古代の開發と治水」, 『狹山池』 論考編, 狹山池調査事務所.

연차	조사기간	조사구역(면적)	조사성과
1차	1991.11.05. ~1991.12.29.	산성 동남부	• 남성벽(협축식석성) 및 추정 남문지 확인 • 귀면와, 당초문암막새 등 출토
2차	1992.04.13. ~1992.07.21.	산성 동부	• 추정 동문지, 기단보축, 수구시설 등 시설물 확인 • 목간, 목제품 등 출토
3차	1993.10.11. ~1993.12.08.	산성 북부	• 북성벽, 추정서원지 등의 건물지 확인 • 고려시대 암막새 및 평기와 출토
4차	1994.10.31. ~1994.12.24.	산성 동부	• 'Y'자형 도수로(2호 배수시설) 및 저습지(부엽층) 확인 • 목간, 목제빗, 골 편 등 출토
5차	2000.04.14. ~2000.07.01.	산성 동부 및 남서부	• 남성벽 내·외벽 및 동문지 부근 저습지(부엽층) 확인, 목제 울타리시설 확인 • 목간, 목제방망이 등 목제유물 출토
6차	2001.10.08. ~2001.12.29.	산성 서부	• 배수구 및 서성벽 내·외벽 기저부 확인 • 통일신라시대 대호 편, 조선시대 기와 편 등 출토
7차	2002.07.11. ~2002.12.18.	산성 동부 (1,190㎡)	• 동문지 주변 저습지 호안석축 및 목제울타리시설 확인 • 목제결구부재 등 출토
8차	2003.01.02. ~2003.10.25.	산성 내 동편 일대 (4,200㎡)	• 동문지 주변 최종저수지 확인 • 목제방망이 등 출토
9차	2004.03.22. ~2004.08.27.	산성 내 동편 일대 (5,000㎡)	• 최종저수지 호안석축 구조 및 축조수법 확인 • 조두형목기 등 목제유물 출토
10차	2005.03.29. ~2005.09.23.	산성 내 동편 일대 (8.300㎡)	• 최종저수지 중복 양상 및 선행호안석축 및 생산유구 확인 • 대야형 목기 등 목제품 출토
11차	2006.03.29. ~2006.12.22.	산성 동부 (4,200㎡)	• 동성벽 축조수법 확인 • 목제방망이, 조두형목기 등 목제유물 다량 출토
12차	2007.09.04. ~2007.12.18.	산성 동부 (510㎡)	• 부엽공법 구간의 형성과정 확인 • 목간, 동·식물유기체 등 출토
13차	2008.06.09. ~2008.11.28.	산성 동부 (1,539㎡)	• 부엽층의 평면적 형태, 목제울타리 구조, 동성벽 축조방법 및 구조 확인 • 목간, 제첨축, 자귀자루 등 목제유물 다량 출토
14차	2009.04.08. ~2009.11.20.	산성 동부 (560㎡)	• 부엽공법 구간 내 목제울타리 시설 및 동성벽 외벽 보강구조물 세부구조 확인 • 다량의 목간, 동·식물유기체 등 출토
15차	2010.04.29. ~2010.12.09.	산성 동·서·남부 (15,600㎡)	• 서문지 확인 • 편병 및 평기와류 출토
16차	2011.10.04. ~2012.11.22.	산성 동·서·남부 (9,100㎡)	• 부엽공법 구간 범위, 동성벽 내 배수구조 및 서문지 출입시설 양상 확인 • 목간·토기류 등 출토

〈표 1〉 함안 성산산성 발굴조사 현황표

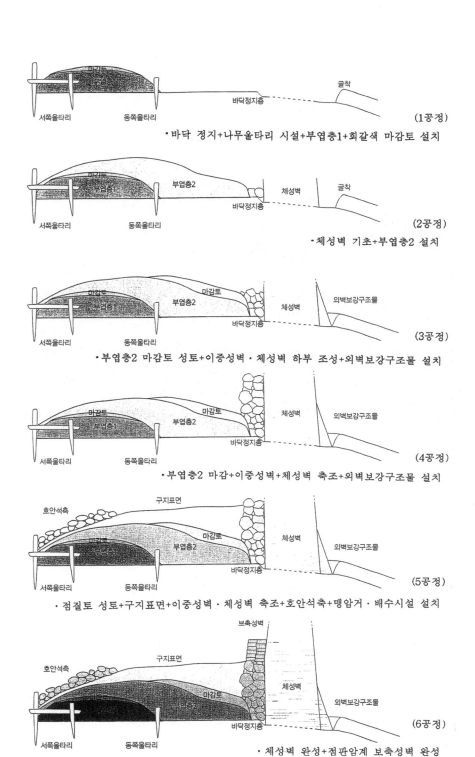

〈도면 1〉 함안 성산산성 동성벽 구간 축조 공정 모식도

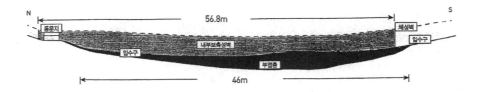

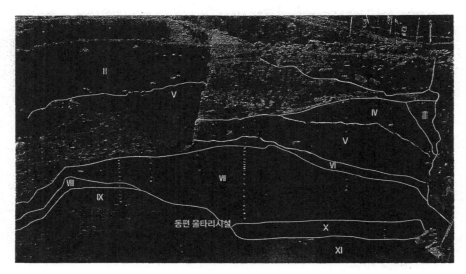

〈도면 2〉 함안 성산산성 동성벽 구간 모식도(上) 및 부엽층 토층 모습(下)

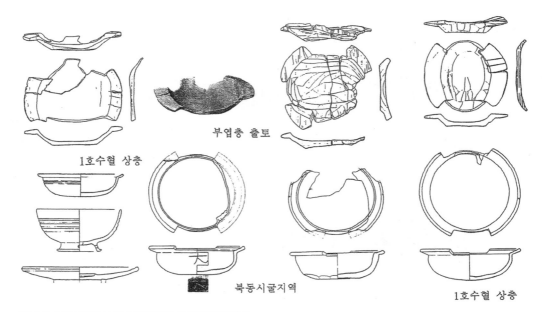

〈도면 6〉 함안 성산산성 출토 목제용기(上) 및 완형토기(下)

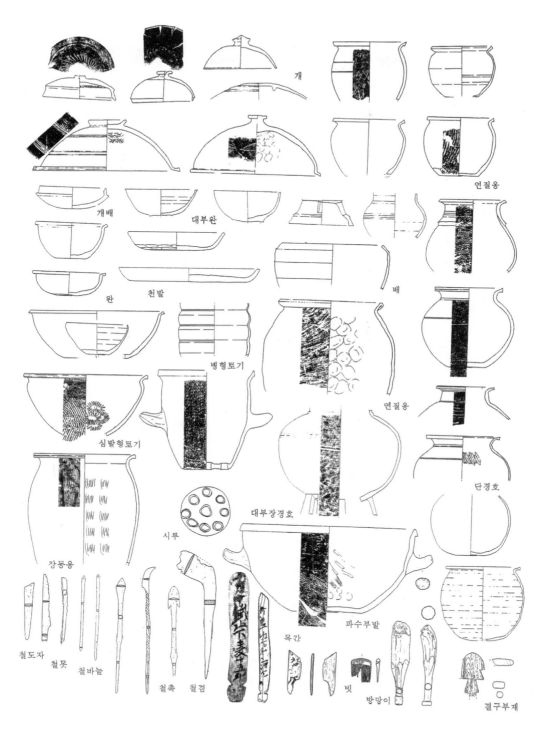

개

연질옹

개배 대부완 배

완 천발

병형토기 연질옹

심발형토기 단경호

장동옹 대부장경호 시루

철도자 철못 철바늘 철촉 철겸 목간 파수부발

빗 방망이 결구부재

〈도면 3〉 함안 성산산성 동성벽 구간 부엽층 출토 유물

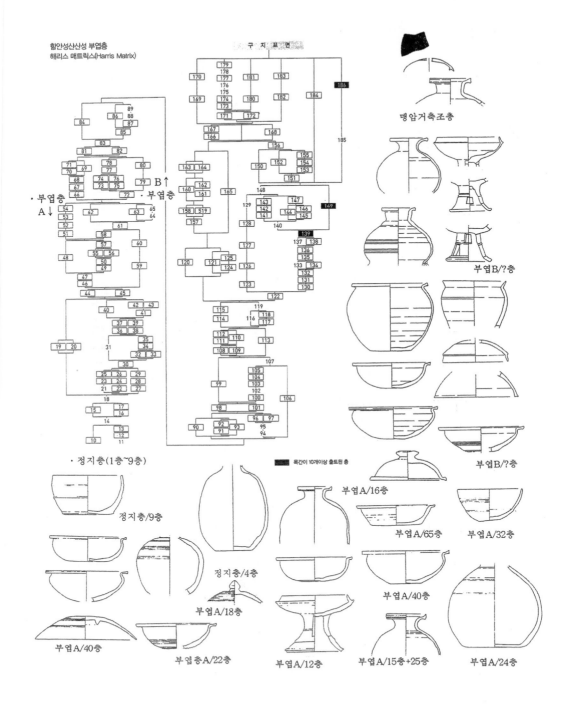

함안성산산성 부엽층
해리스 매트릭스(Harris Matrix)

구 지 표 단면

맹암거축조층

부엽B/?층

부엽B/?층

■ 목간이 10개이상 출토된 층

부엽A/16층

부엽A/65층   부엽A/32층

정지층/9층

정지층/4층

부엽A/40층

부엽A/18층

부엽A/40층   부엽A/12층   부엽A/15층+25층   부엽A/24층

부엽층A/22층

〈도면 4〉 부엽층 출토 토기와 Harris Matrix 퇴적단위

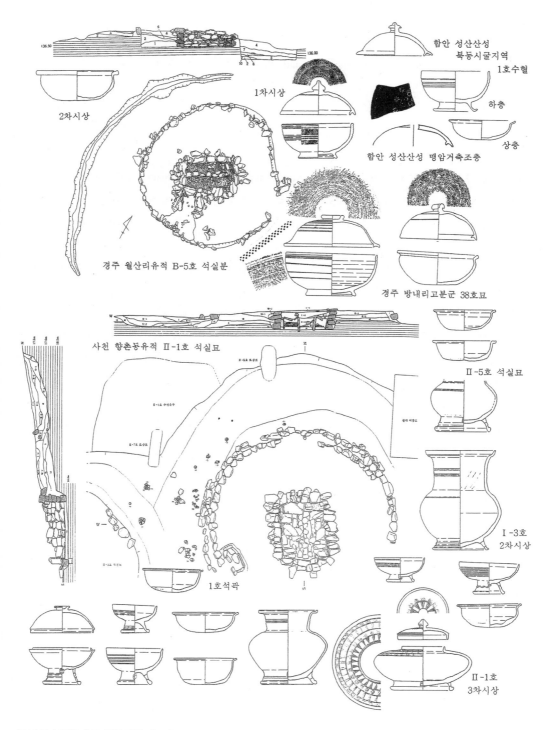

〈도면 5〉 부엽층 출토 유물 관련 비교자료

〈Abstract〉

Analysis of organic horizon and relics at Sungsan sansung fortress

Lee, Ju-heun

Wooden tablet is well appreciated as the raw material of the local procurement and distribution of goods in order to govern the province in the Silla era. But construction time is decided by a few wooden tablet even though Sungsan sansung fortress have an abundance of archaeological relics that shows process of construction of walls in Sungsan sansung fortress

I think that archeologist have a duty of reveal the time of construction through the Pottery analysis of data and Structure of the organic horizon

The pottery excavated with wooden tablet that it was identified as the 7th century so, Haman Sungsan sansung fortress construction time is able to decide the early 7th century. consequently the period of the use and disposal of the wooden tablets should be marked down by the early 7th century as it based on pottery data.

▶ Key words : Sungsan sansung fortress, organic horizon, Harris Matrix, context, wooden tablet, stamp patten pottery

논 문

咸安 城山山城 築造年代에 대하여

윤상덕[*]

Ⅰ. 서론
Ⅱ. 성벽 축조 과정
Ⅲ. 출토 토기의 편년
Ⅳ. 성벽 축조연대의 추정
Ⅴ. 결론

〈국문초록〉

　　國立伽倻文化財研究所는 城山山城의 最近 發掘調査 報告書(2014)에서 體城壁, 內補築壁, 敷葉層은 同時에 築造되었으며, 山城의 初築은 7世紀 前半의 늦은 시기라는 견해를 제시하였다. 이는 앞서 발표한 발굴결과와 다르고, 木簡을 통한 연구와도 백년 가까운 差異가 있다. 城山山城의 築造年代를 檢討하기 위해 내부에서 출토된 土器의 年代 推定에 앞서 城壁 築造 過程과 構造에 대한 再檢討가 필요하다. 검토 결과 體城壁, 內補築壁, 敷葉層이 동시 축조되었다면 구조상 이해하기 어려운 부분을 확인할 수 있었다. 먼저 내부보축을 동시에 쌓아 성벽을 튼튼하게 하고자 했다면 애초부터 두껍게 체성을 쌓으면 되는데 왜 따로 성벽을 덧대어 二重城壁을 만들었는지, 그리고 內補築壁에 가려서 보이지 않는 體城壁의 안쪽면을 整然하게 쌓아올려 마감한 이유가 무엇인지 疑問이다. 또한, 城壁 內附 다짐층의 'L'자형 掘鑿 부분도 다른 新羅 石城에서 확인할 수 없는 부분이다. 그리고 內補築壁과 體城壁의 축조방법이 다른 점도 동시축조라면 설명하기가 어렵다. 마지막으로 東門址는 한차례 이상 改築되었는데 內補築壁이 마감된 지점이 초축 당시의 문지가 아니라 개축된 문지의 남북벽과 일치하였다. 이러한 증거는 內補築壁이 體城壁과 동시에 만들어진 것이 아니라 後代에 追加된 것으로, 그 시기는 동문지 개축과 동시, 또는 그 이후일 가능성이 큼을 알려준다.

　　敷葉層은 內補築壁과 동시에 조성된 것으로 보이므로 역시 城山山城 초축시에 조성된 것이 아니라는

＊　국립중앙박물관

추론이 가능하다. 敷葉層을 이렇게 해석할 때, 敷葉層에서 이례적으로 2천점 이상의 많은 유물이 출토된 맥락이 이해된다. 즉 敷葉層이 있는 東門址는 城山山城의 가장 낮은 지대로 排水問題가 생길 가능성이 크며, 後代에 문제가 생겨 이를 해결하기 위해 성벽 안쪽에 敷葉層과 內補築壁을 설치한 것으로 추정된다. 결국 敷葉層은 산성 축조 직전에 일시에 조성된 것이 아니며, 일정기간 산성이 운영되다가 조성된 것으로 敷葉層내 유물은 그 기간에 생긴 廢棄物로 생각된다. 구체적으로 敷葉層, 1호 수혈유구, 그리고 맹암거 출토 토기로 보아 성벽의 初築年代는 6世紀 中葉으로 추정되며, 內補築壁을 덧붙이고 敷葉層을 조성하는 東城壁 改築 時期는 7世紀 初일 가능성이 크다. 당초 敷葉層 출토 木簡이 6世紀 中葉의 짧은 기간에 제작된 것으로 상정하고 연구하는 경향이 많았는데 그 시기를 6世紀 後葉까지 擴張할 필요가 있음을 제기하였다.

▶ 핵심어 : 城山山城, 城壁構造, 築造年代, 內補築壁, 敷葉層, 土器編年, 木簡, 未完成 木器

I. 서론

　　함안 성산산성은 1991년부터 2012년까지 16차례 발굴조사 되었다. 처음에는 아라가야의 성으로 추정되었으나 발굴 결과 함안 지역을 지배하기 위한 신라의 석성으로 밝혀졌다. 특히 한반도 최대의 목간 출토지로 지금까지 총 306점이 발굴되었고, 유기물이 집적된 부엽층에서 목기도 1,786점이 조사되어 학계의 큰 관심을 받았다. 성산산성 출토 목간에 대한 연구도 활발하게 이루어졌다. 목간의 성격은 짐에 묶는 꼬리표(荷札)가 대부분이고 일부 名籍이 포함된 것으로 밝혀졌다(李成市 2000, 윤선태 1999, 주보돈 2000, 전덕재 2008, 이경섭 2013). 이는 산성 축조 시 신라 내의 여러 지역에서 지원 받은 물품의 꼬리표로 목간에는 상주일대를 중심으로 경상도 각지의 지명이 보이는 점도 지적되었다. 목간의 제작시기는 산성의 축조시기와 직결되는 것으로 보고 아라가야의 멸망과 관련한 일본서기의 기록을 근거로 신라가 함안지역을 신라의 영토로 편재한 561년에서 가까운 시기로 추정하고 있다(전덕재 2008).

　　그러나 최근 국립가야문화재연구소(2014)와 이주헌(2015)은 동성벽 일대에 대한 발굴조사 결과를 보고하면서 산성의 축조와 부엽층의 조성이 7세기 전반의 늦은 시기라는 견해를 발표하였다. 그 근거는 부엽층과 맹암거시설, 그리고 內補築壁[1]이 體城壁의 축조와 동시에 이루어졌고, 따라서 성벽 축조는 부엽층, 맹암거시설, 내보축벽에서 출토된 유물보다 빠를 수 없으며 해당 유물은 7세기 전반의 늦은 시기라는 것이다. 이는 앞서 同 연구소에서 발표한 발굴 결과와 차이가 있으며, 목간 중심의 연구결과와는 축조연대에서 거의 백년 가까운 차이가 생긴다.

---

1) 체성벽 안쪽에 덧댄 부분으로 이 글에서는 '內補築壁'으로 부르고자 한다.

성산산성의 축조연대를 파악하기 위해서는 단순히 토기 연대를 몇 년으로 보느냐보다 성벽 축조 과정과 구조에 대한 해석을 먼저 진행해야 한다고 생각한다. 부엽층, 내보축벽, 그리고 맹암거시설을 성벽 축조와 동시에 형성한 것으로 볼 수 있을지 여부를 면밀히 검토하고 합리적으로 설명해야만 각 단계에서 출토된 편년자료가 의미를 가질 것이다. 여기서는 먼저 그간에 나온 5권의 보고서[2]를 검토하여 성산산성 축조 과정을 재구성하였다. 그리고 부엽층에 묻힌 유물의 성격에 대해 검토하고 각 유구에서 출토된 토기를 필자의 기존 편년안에 대입하여 연대를 추정하였다. 최종적으로 이를 종합하여 성산산성 축조 연대를 추정하고자 한다.

II. 성벽 축조 과정

1. 內補築壁의 성격

신라의 석성은 수직에 가깝게 體城을 쌓고, 성벽이 무너져 내리지 않도록 바깥에는 아래쪽에 단면 부채꼴로 보축을 하고 성 안쪽에는 흙을 다져 넣는 것(다짐토)이 일반적이다(박종익 1994). 체성은 내부에 괴석을 넣고 성 바깥에 노출되는 외벽은 돌을 잘 다듬어서 면을 맞추어서 쌓는다. 또한 성벽 안쪽면도 다짐토에 가려지는 아래쪽은 다듬은 돌을 쓰지 않는 경우가 많으나 노출되는 위쪽은 잘 다듬어서 면을 맞추어 쌓는다. 성산산성과 같이 삼국통일 전에 쌓은 석성인 명활산성, 삼년산성, 계족산성, 고모산성, 설

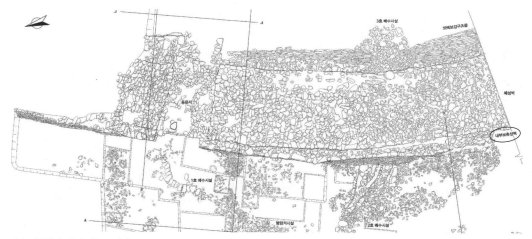

그림 1. 동성벽 평면도(보고서V)

봉산성, 아차산성 등에서 체성과 바깥쪽 보축 등의 기본 구조가 유사한 것을 확인하였다. 성산산성에서도 수직으로 쌓은 夾築 성벽과 외벽 보축이 조사되었다. 그런데 성산산성의 동성벽에는 기존에 관찰되지 않던 구조가 보인다. 그것은 내벽에 폭 1m 내외의 보축이 덧대어져 있는 것이다. 이 보축은 동성벽 문지의 북쪽 지점에서 시작하여 총 연장 56.8m 길이로 확인되었다(그림 1). 동성벽 구간은 성산산성에서 가장 낮은 곳으로 원래 계곡이 있던 곳이다. 따라서 비가 오면 물이 흘러 성벽 붕괴의 위험이 있다. 보고자

도 이런 이유로 동성벽 안쪽에 부엽층을 만들어서 배수를 용이하게 하고, 성벽이 붕괴되지 않도록 내부 보축을 하여 더 튼튼하게 한 것이라고 주장하였다. 특히 보고서 I 에서는 '초축시의 성벽'과 '개축시의 성벽'으로 나누어 기술하고 있고(pp.67~72), 보고서IV에서도 체성을 '1차 성벽', 내보축벽을 '2차 성벽'이라고 하여 2차 성벽은 석재 틈 사이에 많은 흙이 있고 1차보다 상대적으로 조잡하여 나중에 축조된 것으로 보았다(p.46). 그러나 최근 발간된 보고서 V 에서는 기존의 견해를 수정하여 동시 축조하였다는 결론을 내었다. 이 부분은 성산산성의 축조연대 추정에 매우 중요하다. 먼저 보고서 V 의 관련 내용을 좀 더 살펴보자.

보고서 V 는 목간이 출토되는 동성벽의 부엽층을 집중적으로 조사한 결과를 보고하였다. 특히 부엽층과 내보축벽, 그리고 체성벽과의 관계에 초점을 맞추어 전체적인 축조과정을 설명하였다. 총 여섯 단계로 나누었으며(그림 2) 그 내용을 발췌하면 아래와 같다.

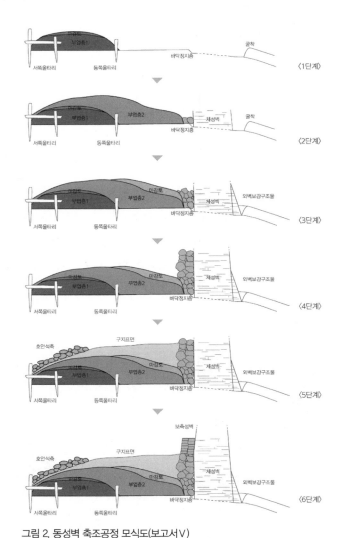

그림 2. 동성벽 축조공정 모식도(보고서 V)

1단계는 바닥의 습지층을 정지하고 동·서 두 울타리의 시설과 그 사이의 공간을 부엽토로 성토한 단계로 부엽층의 상단은 회갈색 점질토를 두껍게 시공하여 마감하였다. 2단계는 1단계에 축조된 1차 부엽층에 덧붙여서 부

엽토를 더 높고 넓게 성토한 단계로 체성벽이 축조될 곳에서 1m 정도 떨어진 지점까지 부엽토가 성토된다. 3단계는 부엽토가 성토된 후 체성벽의 하부가 축조되는 단계로, 이때 높이는 부엽토의 최상단보다 약간 낮게 축조된 것으로 추정되며, 점판암계의 판석이 아닌 막돌을 쌓아 축조하였다. 외벽보강구조물도 이 단계에 함께 설치되어 체성벽 하부를 지탱하는 역할을 했던 것으로 추정된다. 4단계는 부엽층과 체성벽 사이에 막돌을 성기게 채워 넣어 이중성벽의 하부를 축조하는 단계로 이 단계에서 2차 부엽층의 마감이 함께 이루어졌다. 5단계는 이중성벽과 체성벽이 높게 쌓아지는 단계로 성벽 축조와 동시에 부엽층 상부에 점질의 풍화암반토를 성토하여 구지표면 상부를 마련… 이 단계에서 동성벽 북쪽구역 배수시설도 함께 축조되었을 것으로 생각된다. 6단계는 지표상에 노출되는 체성벽과 이중성벽이 축조되는 단계로 … 점판암계의 판석을 정연하게 쌓아올려 마감처리하고 있다(p.169).

결국 약간의 선후관계는 있지만 부엽층 조성, 체성벽 및 내보축벽을 동시에 축조한 것으로 본 것이다. 그러나 동시에 축조한 것으로 이해하면 다음과 같은 의문이 생긴다.

① 이중성벽을 하여 성벽을 튼튼히 하고자 했다면 애초에 두껍게 체성을 쌓으면 되는데 왜 따로 성벽을 덧댄 것인가?

② 3단계의 설명에서 알 수 있는 것처럼 눈에 보이지 않는 부분인 성벽의 하부는 판석이 아닌 막돌을 쌓아 축조하였는데, 어차피 안쪽에 보축성벽을 쌓으면 보이지 않게 되는 체성벽의 안쪽면을 판석을 정연하게 쌓아올려 마감(그림 3, 4의 '↓'표시)한 이유는 무엇일까?

그림 3. 동성벽 전경(서에서, 보고서 V)　　　　　그림 4. 동성벽 전경(남서에서, 보고서 IV)

③ 동성벽에 접한 부분의 층위(그림 5)에 대한 보고서의 설명을 보면 체성벽을 축조하기 위해 자연암반층까지 굴착하여 정지하고, 정지층(그림 5의 IV층)을 (다시) 'L'자형을 굴착하여 체성벽 기저부를 석축하였다고 한다. 체성벽이 안쪽으로 넘어지는 것을 방지하기 위해 성벽을 쌓으면서 성벽 안쪽에 마사토나

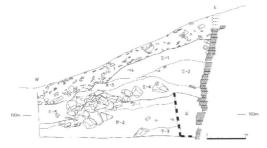
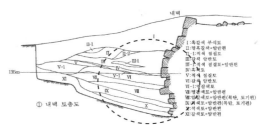

그림 5. 동성벽 안쪽 북벽 층위도(보고서Ⅴ) 그림 6. 북성벽 안쪽 층위도(보고서Ⅰ)

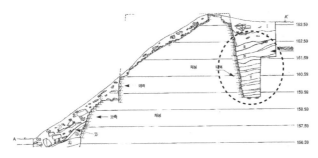

그림 7. 아차산성 B지구 성벽 안쪽 층위도(서울대학교박물관 2000)

점토를 다져 넣는 것은 신라 석성에서 확인되는 일반적인 방법이며 보통 성벽을 쌓으면서 이에 붙여서 안쪽에 흙을 다져넣는다. 그런데 동성벽에서는 1m 이상을 정지하고 나서 다시 정지한 층(Ⅳ)을 파내고 성벽을 쌓은 이유는 무엇인가? 개축된 것으로 본 남성벽을 제외하면 북성벽(그림 6)이나 다른 곳의 성벽을 보아도 이런 모습을 찾을 수 없다. 아차산성(그림 7) 등 다른 신라 산성에서도 다짐층을 다시 파내고 성벽을 쌓은 흔적을 찾기 어렵다.

④ 이미 보고서Ⅳ에서 지적한 바와 같이 내보축벽은 체성벽보다 조잡하게 축조되었고 일부 구간은 아

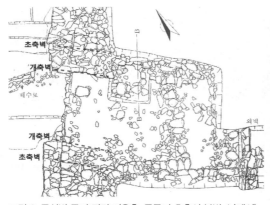

그림 8. 동성벽 문지 평면도(우측: 동문지 초축시 북벽-남에서)

래쪽을 점토로 만든 구간도 있다(그림 3, 4의 '↑'표시). 만약 사전 계획 하에 체성과 내부 보축을 함께 축성했다면 보축벽만 엉성하게 서로 다른 방법으로 만든 이유는 무엇인가?

⑤ 동문지 부분의 축조양상이다. 동문지는 한차례 개축된 것으로 조사되었다. 초축 문지의 길이는 9.2m, 너비는 5.0m이며, 개축된 문지는 너비가 3.4m로 축소되었다. 1992년 조사에서 초축 시의 북벽이 개축된 북벽보다 0.7m 들어간 지점에서 확인되었고(보고서 I: p.58) 남벽은 1m 들어간 지점에서 확인되었다(그림 8). 2010년 15차 조사에서 이 부분을 중점적으로 조사하여 같은 결과를 얻었다. 그런데 내보축벽이 마감된 지점을 보면 초축시의 문지가 아닌, 개축된 문지의 남북벽과 일치하는 것을 알 수 있다(그림 8). 만약 내보축벽이 체성벽과 동시에 축조되었다면 후대에 개축된 문지와 일치할 수 있는가?

이러한 의문점은 내보축벽이 체성벽과 동시에 축조된 것이 아니고 내보축벽이 후대에 덧붙여졌다고 해석한다면 대부분 해소될 수 있다. 동성벽이 위치한 곳은 성산산성에서 가장 낮은 곳으로 물의 피해를 볼 가능성이 큰 지점이다. 가정이지만 성벽을 세우고 얼마 안 있어 배수 문제로 성벽이 일부 붕괴되었거나 아니면 붕괴의 위험이 발생하여 보축을 할 필요성이 대두되었을 가능성이 충분히 있다. 그런 상황이 발생하여 기존의 다짐층 중 체성벽 쪽을 'L'자 모양으로 다시 파내고 그 곳에 1m 내외의 두께로 안쪽에 보축(내보축)을 한 것은 아닐까? 내보축벽이 있는 남성벽 구간에서도 이런 'L'자형 굴토 흔적을 찾을 수 있는 점은 이를 뒷받침한다(보고서V: p.83). 후대에 성벽이 개축되는 양상은 동문지에서만 확인되는 것은 아니며 성산산성 여러 지점에서 확인된다. 특히 동성벽 외벽보축과 남성벽, 서문지 구간에서도 최소 세 차례 이상 수축된 사실이 보고되는 등 성산산성은 초축 이후 수차례 개축되면서 사용된 것이 확인되고 있으므로(보고서V: p.171) 동성벽이 개축되었다고 추정해도 무리가 없다. 내보축벽을 쌓은 시기는 동문지의 개축 벽선과 내보축벽의 마감선이 일치하는 것을 볼 때, 동문지의 개축과 동시기이거나 적어도 동문지 개축보다 늦은 시기임을 알 수 있다. 동문지의 개축 시기를 추정할 수 있는 자료는 지금까지는 없는데, 뒤에서 부엽층 출토유물과 함께 추

그림 9. 보고서Ⅴ에서 동성벽 북쪽 내보축벽 종료지점으로 추정한 부분

정해보겠다.

마지막으로 성산산성 보고서V에서 내보축벽과 체성벽이 동시에 축조되었다고 한 이유를 검토해 보자. 보고서V에 의하면 체성벽과 내보축벽이 동시 축조되었다고 본 첫 번째 근거는 동성벽 구간 북쪽을 확인한 결과 내보축벽이 축조된 부분과 체성벽만 축조된 부분의 너비 차이가 없었다는 것이다. 둘째는 내보축벽이 부엽층과 동시에 축조되어 일종의 암거역할을 하고 있기에 초축 당시의 설계에 포함되었을 것이라는 점이다(보고서V: p.51, p.172). 두 번째 근거는 내보축벽이 배수 문제로 동성벽이 취약해진 점을 보완하기 위해 추가된 시설이라면 당연히 배수 문제를 우선적으로 고려하였을 것이기 때문에 내보축벽이 암거 형태라는 점은 개축시에도 적용될 가능성이 크다. 따라서 암거 형태라고 하여 반듯이 초축시의 설계에 포함되었을 것이라고 보기는 어렵다. 다만 첫 번째 근거는 설득력이 있는데 한 가지 의문점이 있다. 〈그림 9〉에서 볼 수 있듯이 기존 정지층을 'L'자형으로 재 굴토한 흔적(→표시)이 내보축벽이 끝났다고 본 지점(↓표시/동문지 남쪽 측벽에서 북으로 7.3m 지점)을 지나 북쪽으로 계속 이어지고 있는 점이다. 재 굴토는 내보축벽을 추가하기 위한 흔적일 가능성이 크기 때문에 동문지 북쪽 구간을 추가로 조사한다면 내 보축이 끝나지 않고 북쪽으로 계속 이어질 가능성도 있다고 생각한다. 이 부분은 추가 조사에서 밝혀질 수 있기를 기대한다.

2. 부엽층의 성격

성산산성 동성벽 안쪽에는 식물유체와 유기물을 포함한 부엽층[3]이 있다. 부엽층의 범위도 여러 차례의 발굴에서 대략 파악되었는데, 남북 길이는 약 46m, 깊이는 최대 2m(보고서IV의 도면 26~28 기준)에 달한다. 제방이나 성벽에 부엽층을 넣는 공법-부엽공법-에 대해 국립가야문화재연구소에서 모형 실험을 한 결과 성산산성의 부엽공법은 탁월한 배수능력을 가지고 있으며, 하중 경감 효과가 크다고 한다(김진만 외 2012: pp.115~116). 또한 부엽층과 기저부의 울타리시설은 성토시 변위를 억제하는 기능을 했고, 특히 울타리시설이 있어 부엽층을 필요한 높이와 폭에 맞추어 조성할 수 있었다고 하였다.

부엽층에 대해 좀 더 자세히 살펴보면 부엽층은 1차 부엽층과 2차 부엽층으로 나누어 성토되었다(보고서V: p.34). 1차 부엽층은 동서 가장자리에 울타리를 시설하고 그 사이 공간에 조성한 층이다. 1차 부엽층 상부는 풍화암반알갱이가 혼입되어 있으며 강한 점성을 띠는 황갈색 점질 토층으로 덮어 마감하였다(그림 10). 2차 부엽층은 1차 부엽층 상부에 조성된 층으로 동편으로 넓고 두껍게 성토되어 성벽의 내 보축과 연접해 있다. 2차 부엽층 상부도 점성이 강한 회갈색

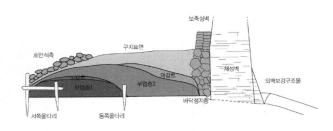

그림 10. 동성벽 부엽층 모식도(보고서V)

---

3) 이전 보고서에서는 '유기물층', '뻘층', '개흙층', '목간집중출토층' 등으로 불리던 것을 보고서V에서는 '부엽층'으로 통일하였다.

사질점토층으로 마감하였다. 유물 출토상황을 보면 1차 부엽층에서는 유물이 거의 출토되지 않았고, 대부분의 유물이 2차 부엽층에서 출토되고 있는 것이 특징이다. 즉 보고서V를 기준으로 부엽층 전체에서 총 126점의 유물이 출토되었는데 이 중 2차 부엽층에서 122점(토기 19점, 석기 1점, 금속류 2점, 목제·초본류 99점)이 출토되었고 1차에서는 목제품 4점만 출토되었다. 한편 이주헌(2015: p.86)은 1차와 2차 부엽층 토기가 서로 접합된 경우가 있어 시기차가 없을 것이라 추정하였다.[4]

한편, 부엽층에서 많은 유물을 발굴하였다. 특히 성산산성에서 발굴된 목간 306점 대부분이 이곳에서 조사되었다. 목기도 1,786점이 발굴되었고, 토기도 200점 이상이 출토되었다. 그런데 주목할 부분은 성벽 안쪽의 다짐층이라고 할 수 있는 곳에서 성산산성 동성벽처럼 많은 유물이 출토된 것은 다른 산성의 발굴사례를 볼 때 상당히 이례적이라는 점이다. 특히 재사용이 가능한 목간이나 제작 중에 있는 미완성의 목기를 매장한 것도 의문이다. 이 유물의 성격을 이해하기 위해서는 부엽층의 조성과정을 살펴봐야 한다.

성벽 축조과정에서 부엽층은 어떻게 조성된 것일까? 앞서 필자는 내보축벽이 체성벽과 동시에 축조된 것이 아니라 후대에 개축 된 것으로 보았다. 그런데 최근에 부엽층과 내보축벽의 관계를 조사하였는데, 부엽층 상부 밀봉층인 회자색 점질토와 검은색 부엽토가 내부보축 성벽의 석재 사이에 혼입되어 있는 것을 근거로 부엽층과 이중성벽은 단일 설계하에 축조되었다고 보았다(보고서V: p.51). 보고서의 의견에 동의한다면 부엽층은 내보축벽과 동시에 축조된 것으로 체성벽보다 조성 시기가 늦다는 결론이 나온다. 이것은 부엽층을 성벽 축조 이전, 또는 동시로 보는 그간의 견해와 차이가 있는 것이다.

부엽층의 축조 순서를 이렇게 설명하면 부엽층 출토품에 대한 그간의 의문점이 풀린다. 즉 부엽층에 매장된 많은 유물들은 성산산성을 축조하고 산성을 운영하던 사람들에 의해 남겨진 물건이라는 것이다. 부엽층을 성벽 축조와 동일 시기로 본다면 목간을 비롯해서 목기와 토기 등, 부엽층에서 출토된 많은 유물이 어떻게 여기에 묻혔는지에 대한 해석이 어려워진다. 실제로 이주헌(2015)은 이러한 문제를 해결하기 위해 부엽층 출토품을 성산산성 밖의 다른 지역의 생활 쓰레기를 가져온 것으로 설명하였다. 그러나 부엽층을 만들기 위해 식물유체와 목간편, 그리고 제작중인 목기를 다른 지역에서 해발 100미터 이상의 높은 지역까지 운반해 왔다는 주장은 쉽게 동의할 수 없다. 따라서, 앞서 발굴자료의 검토 결과처럼 부엽층은 후대에 동성벽 개축시에 조성된 것으로, 여기에 묻힌 유물은 부엽층이 조성되기까지 성산산성내에

---

4) 여기서도 이주헌의 보고를 받아들여 1차와 2차 부엽층이 동시에 조성된 것으로 보았다. 그러나 부엽층에 대한 발굴결과를 보면 1차와 2차 부엽층의 조성에 시기차가 있을 가능성도 배제할 수 없다. 즉 1차 부엽층을 동서의 나무 울타리 사이에 조성하고 2차는 울타리 범위를 넘어서 동성벽의 내보축벽까지 조성한 점, 그리고 1차 부엽층을 점질토로 밀봉하고 다시 그 위에 2차 부엽층을 만든 점, 마지막으로 1차 부엽층에서는 유물이 거의 출토되지 않고, 대부분의 유물이 2차 부엽층에서 출토되고 있는 점이다. 만약 1차 부엽층 출토품의 연대가 6세기 전중엽이고 2차는 이보다 늦다면 1차 부엽층은 초축 당시에 조성되었고, 2차 부엽층은 동성벽 개축시의 것으로 추정할 가능성이 있어 매우 중요한 부분이다. 그러나 보고서에서 1차와 2차 부엽층에서 어떤 토기가 출토되었는지 제시하지 않아 검토할 수 없었다. 앞으로 부엽층에 대한 조사에서 이에 대한 보고가 있기를 기대한다.

쌓여 있던 폐기물이었을 것으로 추정하는게 합리적이다. 결국 부엽층에서 출토된 유물은 성벽 축조의 상한연대를 나타내는 것이 아니다. 오히려 성벽 축조를 시작할 당시부터 개축이 진행될 때까지 성내에서 사용되던 유물로 성산산성 운영의 초창기 모습을 반영한 것이라 할 수 있다.

III. 출토 토기의 편년

여기에서는 앞 장에서 살펴본 각 유구별 축조과정을 염두에 두고 성산산성의 축조연대를 추정할 수 있는 토기의 연대에 대해 살펴보겠다.

앞서 성벽 초축 이후 후대에 내보축벽을 추가하면서 부엽층도 조성한 것으로 보았기 때문에 초축 성벽의 연대를 직접적으로 추정할 수 있는 토기는 없다. 그러나 부엽층에서 성산산성 출토 토기 중에서 가장 이른 시기의 토기가 집중적으로 출토되고 있어 검토가 필요하다. 아울러 기존 연구에서 성벽 축조와 관련된 유물로 본 맹암거 출토 인화문 뚜껑도 함께 살펴보겠다.[5] 마지막으로 산성내 조사에서 확인한 1호 수혈유구와 관련된 토기도 살펴보겠다. 먼저 출토 지점별로 나누고 기종별로 검토하겠다. 모든 기종을 전부 검토하지는 않았고, 시간에 따라 형태가 비교적 민감하게 변하여 편년의 기준이 되는 고배와 뚜껑, 장경호, 대부완, 병을 중심으로 살펴보았다.[6]

필자는 경주를 중심으로 매납 동시성이 확보된 적석목곽묘, 석곽묘 등에서 출토된 토기자료를 중심으로 6~7세기의 토기를 편년한 바 있다(윤상덕 2010, 2011). 자세한 편년 근거는 舊稿에서 검토하였으므로 다시 설명하지 않고 이 편년안(그림 12)을 기준으로 성산산성 출토품의 연대를 추정하겠다.

1. 부엽층

1) 고배류

성산산성 부엽층에서 출토된 고배는 모두 12점이며 이 중에 연대 추정이 가능한 것은 8점이다. 이 중

---

5) 내보축벽 기저부에서 두 점의 고배대각편(보고서V의 36, 38번)이 출토되었으나 대각만 남아 있어서 정확한 편년을 하기 어려워 제외하였다.

6) 이주헌은 성산산성의 축조연대를 추정하는 글에서 주로 부엽층 출토 소형완을 가지고 편년하였다(2015). 그러나 소형완은 여기서 검토할 고배나 장경호, 뚜껑, 병류에 비해 형식변화가 민감하지 않아 세부적인 편년에는 부적합한 기종이다. 이주헌도 인용했지만 최병현이 소형완 자체만으로 형식의 변화를 살피기 쉽지 않다(2011: p.141)고 한 이유도 그러한 이유일 것이다. 실제로 이주헌이 검토한 경주 월산리 B-5호묘나 경주 방내리고분군 38호묘, 사천 향촌동유적 Ⅱ-1호 석실묘 3차시상에서 출토된 다른 토기의 편년(7세기 전엽에서 전반의 늦은 시기)은 필자의 편년과 큰 차이가 없다. 그러나 소형완의 형태가 민감하게 변하지 않기 때문에 비슷한 소형완이 경주 신당리 35호 수혈(그림 11-10, 11)처럼 6세기 후반(560~580년)의 토기와 공반하는 사례도 찾을 수 있다. 성산산성에서는 소형완 외에도 고배나 대부 등 편년이 용이한 토기가 출토되었으므로 형태 변화가 민감하지 않아 세부편년이 어려운 소형완을 기준으로 편년할 필요는 없다고 생각한다.

한 점은 가야의 유개식고배이고 나머지는 신라 고배이다.

〈그림 11-1〉는 가야 고배로 1단 투창이 길게 뚫려 있다. 뚜껑받이가 짧고 구연이 경사지게 내경하며 배신이 직선적으로 벌어지고 대각은 짧아졌다. 이는 도항리 암각화고분이나 도항리 3호(경고연)의 고배와 유사하고 우지남(2000)의 함안지역 편년에 의하면 Ⅸ단계인 6세기 1/4분기에 해

그림 11. 부엽층 출토 고배류(1~8) 및 신당동 35호수혈 출토품(9~11)

당한다. 이주헌(2005)도 이러한 고배를 6세기 전반대로 편년하고 있다.

신라 고배 중에 유개식고배로 추정되는 것은 3점, 무개식고배로 보이는 것은 4점이다. 유개식 고배 중에 〈그림 11-2〉는 2단 투창의 대각만 남아 있다. 대각 형태만 보았을 때 경주 인왕동 고분(협성주유소) 14호묘와 인왕동 고분(문화재연구소) 13-A호묘의 것과 유사하며 신라 전기 Ⅳa기(500~520년)에 해당한다. 〈그림 11-3〉은 구연부와 대각 상단만 남아 있다. 구경이 8.6㎝로 작아서 일반적인 유개식고배와 비교하기 어려우나 구순이 상당히 높고 투창이 4개인 점으로 보아 6세기 전엽 정도로 추정된다. 〈그림 11-4〉는 유개식 고배 중에 전체 형태를 알 수 있는 유일한 것이다. 6세기대 유개식고배의 전반적인 변화 방향은 대각상단이 좁은 것에서 점차 넓어지고 투공이 작아지면서 배신이 납작해지는 것이다(그림 12). 구순의 모양은 전기에서 중기로 가면서 안쪽으로 크게 경사지고 낮아진 것이 유행한다. 이 고배는 경주 동천동 화장묘 출토품(중기 Ⅰa, 540~560년/그림 12)과 유사하나 구순의 형태나 대각의 전체적인 형태가 이보다는 조금 빠를 가능성이 있다. 그러나 전 단계인 경주 율동34호 출토품(520~540년/그림 12)보다는 분명 늦은 형태이므로 6세기 중엽의 이른 시기로 추정할 수 있다.

무개식고배는 완형 3점과 대각만 남아 있는 것 1점이 있다. 〈그림 11-5〉는 대각만 남아 있어 정확한 추정이 어려운데 투창이 아래쪽에만 있고 3개의 투공이 뚫린 것 등을 고려할 때 6세기 중엽으로 추정된다. 〈그림 11-6, 7〉은 서로 비슷한 형태인데 반구형의 배신에 돌대가 있고, 대각 상부가 좁고 투창이 뚫렸다. 이와 유사한 사례는 경주 신당리 35호 수혈유구 일괄품을 들 수 있다(그림 11-9). 신당리 35호 출토품은 중기양식 Ⅰb기(560~580년/그림 12)로 편년된다. 〈그림 11-6,7〉은 신당리의 무개식 고배보다 대각 상부가 좁기 때문에 560~580년 중에서 조금 이른 시기에 속할 가능성이 있다.

2) 뚜껑류

부엽층에서 출토된 뚜껑류는 13점이다. 이 중에서 편년이 가능한 뚜껑은 6점으로 2점은 가야토기, 4점은 신라토기이다.

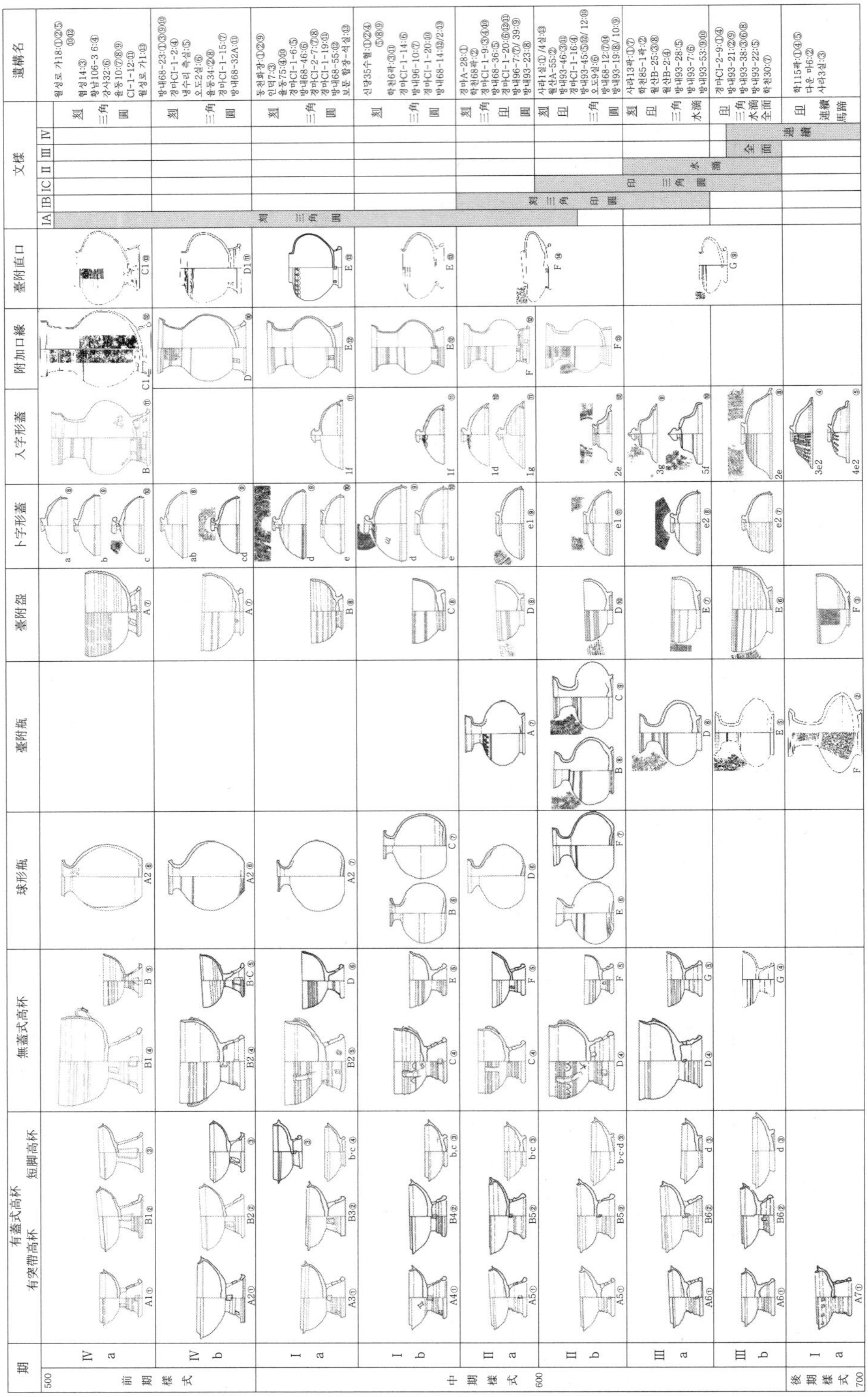

그림 12. 6~7세기 토기 편년안(윤상덕 2010, 2011)

〈그림 13-1, 2〉는 가야토기로 꼭지는 결실되었다. 개신 표면에 유충문과 집선문이 있으며 유사한 토기가 도항리 암각화고분 등에서 보여 6세기 전반으로 추정된다.

신라 뚜껑 중에 꼭지가 남아 있는 것은 〈그림 13-4, 5〉로 필자의 'a'형(접시형)과 'b'형(단추형)으로 6세기 전반에 유행한 형태이다. 〈그림 13-3, 6〉은 꼭지가 없어 정확히 추정하기가 어려운데 드림부가 상당히 길고, 표면에 아직 인화문이 나타나지 않는 것으로 보아 6세기 중엽에 해당할 것으로 추정된다.

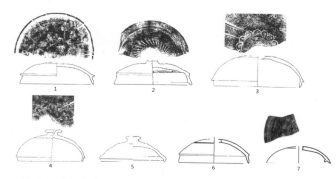

그림 13. 뚜껑류 각종(1~6:부엽층, 7: 맹암거)

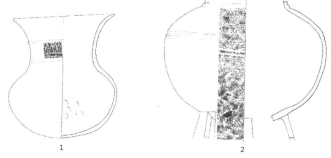

그림 14. 부엽층 출토 장경호류 각종

3) 장경호류

장경호류는 두 점이다. 〈그림 14-1〉은 광구장경호로 대가야계 토기로 추정된다. 지산동 44호분과 거창 무릉리 3-2호묘에서 유사한 토기가 출토되었다. 우지남(1987)과 이한상(2004)은 지산동 44호분을 6세기 전엽으로 편년한 바 있다. 이는 우지남(2000)이 지적한 바와 같이 6세기 전반(Ⅸ, Ⅹ단계)에 함안지역에 대가야계 토기가 나타나는 것과 관련이 있을 것으로 생각한다.

〈그림 14-2〉는 신라 대부장경호로 추정된다. 구연부와 대각이 없기 때문에 정확히 편년하기 어렵다. 형태상 특징은 동체부 최대경이 위쪽에 있어 어깨가 있는 점이다. 6세기 초에 동 최대경이 위쪽에서 중간으로 내려와서 원형, 또는 타원형으로 변하므로(윤상덕 2010: p.135) 이 유물은 6세기 전엽으로 편년할 수 있다. 이와 비교할 수 있는 유물로 비록 대각이 2단이지만 경주 계림로 14호묘와 경주 경마장부지 CⅠ-1-12호묘(그림 12) 출토품을 들 수 있다. 이들은 모두 전기양식 Ⅳa기(500~520년)에 해당한다.

4) 병류

완형의 유물이 없어 편년이 어렵다. 부엽층에서 출토된 병류는 7점이며 이 중 구연부가 남아 있는 것은 5점이다. 필자는 구연부의 형태와 동체의 편구도(납작함의 정도), 바닥 형태 등을 기준으로 함께 묻힌 유물과 비교하여 편년을 진행하였다. 구연부는 단순한 것(1형)에서 盤部가 형성된 것(2형)으로 변화하고 저부는 바닥이 넓고 편평한 것에서 좁고 편평한 것, 그리고 말각평저로 변화한다고 보았다(윤상덕 2010:

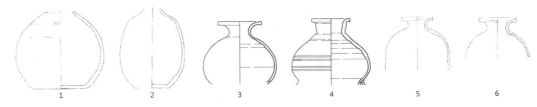

그림 15. 부엽층 출토 병류 각종

p.116). 구연부가 1형에서 2형으로 변하는 시기는 중기양식 Ⅱa단계(580~600년)로 추정하였다. 먼저 〈그림 15 - 1,2〉는 저부만 남아 있는데 〈그림 15-1〉은 동체 상부에 침선이 있는 등 포항 오도리 2호 석실 출토품(그림 12)과 비슷할 가능성이 있다. 이 유물은 전기양식 Ⅳb단계(520~540년)로 편년된다. 〈그림 15-3〉은 구연부 형태가 단순한 것으로 경주 경마장 부지 CⅠ-2-7호묘 출토품(그림 12)과 유사하며 이는 중기양식 Ⅰa단계(540~560년)에 해당한다. 〈그림 15 - 5, 6〉은 구연부에 반부가 형성되기 시작하는 형식으로 경주 경마장 부지 CⅠ-1-20호묘(그림 12), A지구 28호 토기가마 내부 함몰층 출토품과 비교할 수 있어 중기양식 Ⅱa단계(580~600년)로 추정된다.

2. 동성벽 맹암거

보고서Ⅴ에 의하면 맹암거 시설은 부엽층 위쪽에 조성된 배수시설의 일종으로 1호, 2호, 4호 배수시설 및 부엽층과 연결되며, 부엽층 및 성벽과 동시에 축조되었다고 하였다. 이런 이유로 맹암거 조성층에서 출토된 인화문 뚜껑편을 성벽 축조연대를 추정하는 중요한 자료로 사용하고 있다.[7]

이 뚜껑은 개신이 반구형으로 내려오고 안쪽에 턱이 있는 1형 드림부를 가진 入자형 뚜껑으로 복원 구경이 8.6cm의 비교적 소형 뚜껑이다(그림 13-7). 꼭지는 결실되어 정확한 편년이 어렵다. 1형 드림부는 6세기 중엽인 중기 Ⅰa단계에 출현하는 것으로 7세기 대에도 계속 보이는 형태이다. 인화문은 아래쪽에 국화문(필자의 'f'형)을 찍고 위쪽에는 가운데에 점이 없는 원문을 찍었다. 보고자는 이 뚜껑에 시문된 인화문이 홍보식의 Ⅳ양식 H형식에 해당하며 7세기 중엽경으로 추정하였다(보고서Ⅴ: p.176). 홍보식은 'H형식'을 인화문이 막 출현하는 단계로 설정하고 연대는 620~640년으로 보았다(2001). 필자는 인화문이 출현한 시기의 다음 단계인 중기양식 Ⅱb단계(600~625년)에 해당하는 것으로 추정하고자 한다.

3. 1호 수혈유구(북동 시굴지역)

2005년에 성산산성 북동쪽 지역 시굴조사에서 발굴된 1호 수혈유구의 내부 퇴적토에서 대부완, 뚜껑 등의 토기와 도자, 주조철부, 철광석, 슬래그가 조사되었다(보고서Ⅲ). 철광석과 슬래그는 대장간이 있었을 가능성을 보여주는데 수혈 바닥이 아니고 퇴적층 사이에서 출토되어 1호 수혈유구가 대장간이었다고

---

7) 그러나 앞서 설명한 바와 같이 맹암거 시설도 부엽층과 같이 성산산성 초축연대를 직접 추정하는 자료로 사용할 수 없다.

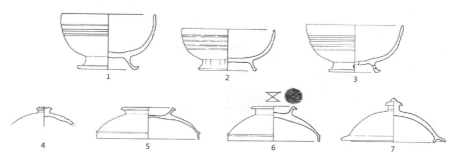

그림 16. 1호 수혈유구 출토품(상층: 2, 3, 4, 5, 6 / 하층: 1, 7)

할 수는 없다. 그러나 주변에 대장간이 있었을 가능성이 크며, 이는 산성의 축조나 운영 과정에 소요되는 금속품을 제작하는 공간으로 추정할 수 있다. 보고서Ⅲ에서는 내부 퇴적토를 상하 두 층으로 나누었으나 시기적으로 구별되지는 않는다.

〈그림 16-1, 2, 3〉은 비슷한 모양의 대부완으로 동체부에 3조 이상의 침선외에는 다른 문양이 없고 대각이 비교적 높은 형태이다. 필자는 완부와 구연부, 굽단부 형태를 중심으로 6~7세기의 대부완을 A~F 형식으로 나눈바 있다(윤상덕 2010: p.130). 대부완은 침선이 많이 있는 것에서 구연부와 동체부 중간에 두 부분만 있는 것으로 변하고 다시 구연부에만 남게 된다. 완부의 형태도 속이 깊은 반구형에서 깊이가 낮아지는 방향으로 변하며, 구연부도 직립하는 것에서 내면이 깎이는 것, 그리고 'S'자로 외반하는 것으로 변화한다. 이를 적용하면 〈그림 16-1, 2, 3〉은 A형식에 해당하며 이와 비슷한 대부완이 출토된 유구는 경주 경마장 CⅠ-1-15호, CⅠ-1-19호, CⅠ-2-7호묘(그림 12)이다. 이들은 전기양식 Ⅳb단계에서 중기양식 Ⅰa단계인 520~560년에 해당한다.

뚜껑은 4점이 출토되었다. 이 중 전체 기형을 알 수 있는 것이 3점이고 꼭지만 남아 있는 것이 1점이다. 이 중 〈그림 16-4〉는 꼭지만 남아 있는데 필자의 'b'형(단추형)이며, 〈그림 16-5,6〉은 'e1'형(굽도치형), 그리고 〈그림 16-7〉은 'g'형(보주형)이다. 대체로 단추형은 6세기 전반에 유행하고 굽도치형은 중기양식 Ⅰa단계에 출현하여 7세기까지 유행한다. 그리고 'g'형의 보주형 꼭지는 6세기 말(중기 Ⅱa)에 출현한다. 뚜껑으로 보면 대략 6세기에 해당한다고 생각된다. 전체적으로 1호 수혈유구 내부 퇴적토 출토 토기는 520~600년까지로 편년할 수 있다.

Ⅳ. 성벽 축조연대의 추정

이상으로 동성벽의 내보축벽과 체성벽, 그리고 부엽층의 관계를 검토하고 각 지점에서 출토된 토기의 연대를 추정하였다. 본문의 검토 결과를 종합하여 성산산성의 축조연대를 추정해보겠다.

발굴자료의 검토 결과 내보축벽과 부엽층은 체성벽과 동시에 축조된 것이 아니라, 후대에 동성벽의 개축 시 조성되었을 가능성이 크다는 결론을 얻었다. 따라서 부엽층에서 발굴 된 많은 유물은 성산산성 성벽 초축 시의 유물이 아니라 초축 당시부터 동성벽이 개축될 때까지, 성 안에서 활동한 사람들이 남긴 흔적임을 알 수 있다.

결국 부엽층 출토품은 성산산성의 초축연대를 직접적으로 알려주지는 않으나 성산산성 운영의 초창기 모습을 보여주는 것으로 이해되며, 부엽층 출토 토기는 이런 점에서 의미가 있다. 앞 장에서 토기 중에 시간에 따라 형태가 비교적 민감하게 변하여 편년의 기준이 되고 있는 고배와 뚜껑, 장경호, 대부완, 병류 20점의 연대를 추정하였다(표 1). 이 중 가야계 토기는 고배 1점과 뚜껑 2점, 광구장경호 1점으로 6세기 전반에 해당한다. 신라토기는 유개식고배 2점과 장경호 1점이 6세기 전엽에, 그리고 병 2점이 6세기 후엽이며, 이를 제외하면 대체로 6세기 중엽을 중심으로 한다. 연대폭이 상당히 넓은 데 이것은 앞에서 언급한 것처럼 부엽층이 일시에 형성되기는 했으나 내부 유물의 성격이 성산산성 축조 당시부터 동성벽의 개축 전까지 사용된 물건의 폐기물이기 때문이다. 즉 6세기 전엽의 유물은 산성 초축에 참여했던 사람들이 기존에 사용하던 것을 산성에 폐기한 것으로 이해된다. 특히 가야토기가 일부 있는 것은 성산산성의 점유가 가야의 멸망 직후임을 암시한다.[8] 6세기

출토위치	기종	그림번호	연대
부엽층	고배(가야)	11-1	6세기 전반
	유개식 고배	11-2	500~520년
		11-3	6세기 전엽
		11-4	540~560년
	무개식 고배	11-5	6세기 중엽
		11-6	560~580년
		11-7	
	뚜껑(가야)	13-1	6세기 전반
		13-2	
	뚜껑	13-3	6세기 중엽
		13-4	6세기 전반
		13-5	
		13-6	6세기 중엽
	장경호(가야)	14-1	6세기 전반
	장경호	14-2	6세기 전엽
	병	15-1	520~540년
		15-3	540~560년
		15-5	580~600년
		15-6	
맹암거	뚜껑	13-7	600~625년
1호 수혈	대부완	16-1	520~560년
		16-2	
		16-3	
	뚜껑	16-4~7	6세기

표 1. 성산산성 축조연대 관련 토기 일람

중엽 이후의 유물이 주로 출토되는 것으로 볼 때 이 시기를 산성이 축성되고 운영되던 시기로 추정할 수 있다. 1호 수혈유구의 내부 퇴적토에서 출토된 대부완도 6세기 중엽을 중심시기로 하고 있어 이 시기에 1호 수혈유구가 사용되었음을 알 수 있다. 1호 수혈 유구 퇴적토에서 철광석과 슬래그가 출토되어 근처에 대장간과 같은 금속제품을 만드는 시설이 있었음을 추정할 수 있는데 그 시기도 1호 수혈유구가 사용되

---

8) 이주헌(2015: p.94)은 부엽층 출토 가야토기를 부엽층 조성 이전 시기에 유행하였던 것으로 부엽층 조성시기와 직접적인 관계가 없는 것이라 하고 이를 배제하고 연대 추정을 하였다. 그러나 가야토기도 고고학 자료로서 적극 해석할 필요가 있다.

었던 시기와 비슷할 것이다. 따라서 산성의 운영시기를 6세기 중엽 이후로 보아도 무리가 없을 것이며, 성산산성의 초축시기도 6세기 중엽으로 보고자 한다.

또한 부엽층에서 6세기 말까지의 유물이 출토되는 것으로 보아 내보축벽이 추가되고 부엽층이 조성되는 동성벽의 개축 시기는 7세기 초로 추정할 수 있다. 이는 부엽층과 동시에 만들어졌을 것으로 추정되는 맹암거 출토 뚜껑이 7세기 1/4분기로 추정되는 것으로도 방증된다.

V. 결론

성산산성의 최근 보고서(V)에서는 체성벽, 내보축벽, 부엽층은 동시에 축조된 것이며, 산성의 초축은 7세기 전반의 늦은 시기라는 견해를 제시하였다. 이를 검토한 결과 동시 축조라면 구조상 이해하기 어려운 부분을 확인할 수 있었다. 먼저 성벽을 튼튼하게 하고자 했다면 애초부터 두껍게 체성을 쌓으면 되는데 왜 따로 성벽을 덧대어 이중성벽을 만들었는지, 그리고 내보축벽에 가려서 보이지 않는 체성벽의 안쪽면을 판석을 정연하게 쌓아올려 마감한 이유가 무엇인지 의문이다. 또한, 성벽을 축조하는 지점을 굴토하고 1m 이상으로 정지한 뒤, 다시 이 층을 'L'자형을 굴착하여 체성벽 기저부를 석축하였다고 하는데, 이는 신라 석성에서 확인되는 내부 다짐층 조성 방법과 다른 것이다. 그리고 내보축벽은 체성벽보다 조잡하게 축조되었고 일부 구간은 아래쪽을 점토로 만든 구간도 있어 만약 사전 계획 하에 체성과 내보축벽을 함께 축성했다면 이런 차이를 둔 이유를 설명하기가 어렵다. 동문지는 한 차례 개축되었는데 내보축벽이 마감된 지점이 초축 당시의 문지가 아니라 개축된 문지의 남북벽과 일치하였다. 이러한 증거는 내보축벽이 체성벽과 동시에 만들어진 것이 아니라 후대에 동문지 개축과 동시, 또는 그 이후에 추가되었을 가능성이 크다는 것을 보여준다. 부엽층은 내보축벽과 동시에 조성된 것으로 보이므로 역시 성산산성 초축시에 조성된 것이 아님을 알 수 있다. 따라서 부엽층에서 출토된 유물은 산성을 축조하고 운영하던 시기에 성에서 활동하던 사람들이 남긴 폐기물로, 산성 초축의 상한을 보여주는 것이 아니라 성산산성 운영의 초창기 모습을 반영한 것이라 할 수 있다. 부엽층 출토 토기를 검토한 결과 6세기 중엽을 중심 시기로 하나 연대폭이 넓은 점은 이를 뒷받침한다. 결국 부엽층, 1호 수혈유구, 그리고 맹암거 출토 토기로 보아 성벽의 초축연대는 6세기 중엽이며 내보축을 덧붙이고 부엽층을 조성하는 동성벽이 개축 시기는 7세기 초일 가능성이 크다고 생각한다.

부엽층이 산성 축조 직전에 일시에 조성되었다는 기존의 발굴보고의 영향으로 목간도 짧은 기간에 제작된 것으로 상정하고 연구하는 경향이 있는 듯하다(橋本 繁 2013). 이번 성산산성의 성벽 구조와 출토토기의 재검토 결과 부엽층은 일시에 형성되었을지 모르나 목간이 제작된 기간은 6세기 중엽부터 말까지일 가능성이 보인다. 향후 목간 연구에 이러한 점이 고려되기를 기대한다.

그리고 부엽층에 미완성의 목기나 재활용이 가능한 목간을 넣었다는 것은 성벽의 보강 작업이 상당히 급박한 상황에서 진행되었을 가능성을 암시한다. 즉 성벽의 붕괴 위험이 발생한 상황에서 적의 침입이

예상되어 당장 공사를 진행해야 하는 상황이 생겼기에 이런 목제품까지 부엽층에 넣은 것은 아닐까? 이러한 정황은 6세기 말에서 7세기 초에 성산산성을 둘러싸고 벌어진 정치세력 간의 각축 모습을 검토하면 성산산성의 고고학적 발굴성과에 역사적 의미를 더할 수 있으리라 생각한다.

성산산성 동성벽 일대는 지금도 발굴이 계속되고 있다. 이 글은 지금까지 보고 내용에 대해 나름의 의문점을 정리한 것으로 앞으로 발굴과정에서 해결할 수 있을 것이라 생각한다. 특히 1차, 2차 부엽층의 조성시기와 출토토기의 성격, 그리고 부엽층과 동성벽과의 관계는 향후 조사에서 좀 더 명확히 밝혀지기를 기대한다.

투고일: 2015. 4. 20.   심사개시일: 2015. 4. 25.   심사완료일: 2015. 5. 18.

참/고/문/헌

1. 성산산성 발굴 보고서

國立昌原文化財研究所, 1998, 『咸安 城山山城』.

國立昌原文化財研究所, 2004, 『咸安 城山山城Ⅱ』.

國立昌原文化財研究所, 2006, 『咸安 城山山城Ⅲ』.

국립가야문화재연구소, 2011, 『함안 성산산성 발굴조사 보고서Ⅳ』.

국립가야문화재연구소, 2014, 『咸安 城山山城Ⅴ』.

2. 논문 및 보고서

國立慶州文化財研究所, 2002, 『慶州仁旺洞古墳群』.

國立慶州博物館, 2003, 『慶州 仁旺洞 遺蹟−협성주유소 부지』.

김진만 외, 2012, 「함안 성산산성의 토목공학적 연구」, 『함안 성산산성 고대환경복원연구 결과보고서』, 국
    립가야문화재연구소.

朴鍾益, 「古代山城의 築造技法에 대한 研究」, 『嶺南考古學報』 15.

서울대학교박물관, 2000, 『아차산성−시굴조사보고서』.

禹枝南, 1987, 「大伽倻古墳의 編年−土器를 中心으로」, 『三佛金元龍敎授停年退任紀念論叢−考古學篇−』,
    일지사.

禹枝南, 2000, 「咸安地域 出土 陶質土器」, 『道項里·末山里 遺蹟』, 慶南考古學研究所.

尹相悳, 2010, 「6∼7세기 경주지역 신라토기 편년」, 『한반도 고대문화 속의 울릉도−토기문화』, 동북아역
    사재단 연구총서 57.

尹相悳, 2011, 「普門洞合葬墳의 築造年代」, 『慶州 普門洞合葬墳(舊 慶州 普門里夫婦塚)』.

윤선태, 1999, 「咸安 城山山城 出土 新羅木簡의 用途」, 『진단학보』 88.

李成市, 2000, 「韓國木簡연구의 현황과 咸安城山山城출토의 木簡」, 『한국고대사연구』 19.

이경섭, 2013, 「함안 城山山城 출토 新羅木簡 연구의 흐름과 전망」, 『木簡과 文字』 10.

이주헌, 2005, 「咸安地域의 古墳과 土器文化」, 『안라국의 상징, 불꽃무늬토기』, 함안박물관.

이주헌, 2015, 「함안 성산산성 부엽층과 출토유물의 검토」, 『중앙고고연구』 16.

이한상, 2004, 「대가야의 장신구」, 『大伽倻의 遺蹟과 唯物』, 대가야박물관.

任孝宰·尹相悳, 2002, 「峨嵯山城의 築造年代에 대하여」, 『悠山姜仁求敎授 停年紀念 東北亞古文化論叢』
    淸溪史學 16·17輯.

全德在, 2008, 「함안 성산산성 목간의 연구현황과 쟁점」, 『新羅文化』 31.

주보돈, 2000, 「咸安 城山山城 出土 木簡의 基礎的 檢討」, 『한국고대사연구』 19.

崔秉鉉, 2011, 「신라후기양식토기의편년」, 『嶺南考古學報』 59.

하시모토 시게루(橋本 繁), 2013, 「中古期 新羅 築城碑의 연구」, 『東國史學』 55.

韓國文化財保護財團, 2009, 『慶州 神堂里 遺蹟-강변로 개설공사구간내 유적 발굴조사』.

洪潘植, 2001, 『6~7世紀代 新羅古墳 研究』, 釜山大學校大學院 博士學位論文.

〈Abstract〉

A Consideration on the Construction Date of Seongsan Sanseong Fortress in Haman

Yoon, Sang-deok

It was suggested in the most recent excavation report of Seongsan Sanseong Fortress that the main body of the fortress walls, the inner retaining wall, and the compacted leaf layer were all constructed at the same time, with the construction of the fortress beginning around the late part of the early seventh century CE. In order to best consider the construction date of the fortress, an examination of the fortress structure and construction process must take place prior to a chronological study of the pottery discovered within the fortress.

Upon examining the evidence, it becomes clear that certain elements pertaining to the fortress structure become difficult to understand when it is assumed that the main body of the fortress wall, the inner retaining wall, and the compacted leaf layer were all constructed at the same time. Firstly, if the intention was to make the fortress wall as strong as possible, the logical step would have been to make the main body of the fortress wall as thick as possible, rather than adding another layer (the inner retaining wall) to the wall. Secondly, what was the reason that the inner side of the main body of the fortress wall feature regularly stacked stones if this side was intended to be covered by the inner retaining wall? Thirdly, why was the stamped earthen core of the fortress wall dug into in a 'L'-shaped fashion? Fourthly, what is the reason for the use of different building techniques when constructing the main body of the fortress wall and the retaining wall? Finally, why does the inner retaining wall end at the point of the rebuilt entrance and not the original entrance that was established when the fortress was first built? This indicates that the inner retaining wall was not built at the same time as the main body of the fortress wall, but was added at a later date.

It appears that the compacted leaf layer was established at the same time as the inner retaining wall, which acts to suggest that it also does not date to the earliest construction of Seongsan Sanseong Fortress. The eastern entrance, where the compacted leaf layer is located, represents the lowest point at Seongsan Sanseong Fortress and is therefore susceptible to flooding. It is likely that the compacted leaf layer and retaining wall were added to the inner side of the fortress wall at a later date to solve drainage problems. As such, it may be suggested that the artifacts found within this compacted leaf layer represent the waste that accumulated during the time that the fortress was occupied. Based on the pottery, it is highly likely that the beginning of fortress construction can be dated to the mid–sixth century and the refurbishment of the east fortress wall, which involved the addition of the inner retaining wall and the laying down of the compacted leaf layer, can be dated to the beginning of the seventh century. The wooden tablets recovered from the compacted leaf layer have generally been attributed to a very short time span during the mid–sixth century, but it is possible that the date of their production may extend to the late sixth century.

▶ Key words : Seongsan Sanseong Fortress, fortress structure, construction date, inner retaining wall, compacted leaf layer, pottery chronology, wooden tablets, unfinished wooden vessel

최치원의 〈雙磎寺眞鑑禪師大空塔碑〉 서풍 연구

李順泰*

Ⅰ. 서론
Ⅱ. 碑額의 서풍
Ⅲ. 碑文의 서풍
Ⅳ. 결론

〈국문초록〉

　본 논문의 목적은 고운 최치원이 직접 撰書하여 지금까지 남아 있는 〈쌍계사진감선사비〉의 서풍에 대한 고찰이다. 최치원이 서사한 〈진감선사비〉는 학계에 널리 알려져 있으나 선행논문 대부분은 〈진감선사비〉의 서풍이 구양순풍과 안진경풍에 유사하다는 논지에 초점이 맞추어져 있다. 따라서 본고에서는 〈진감선사비〉에 드러나는 최치원의 개성강한 독창적인 서풍의 특징을 찾아보았다. 먼저 〈진감선사비〉 비액의 서풍을 살펴보았고, 도판분석을 중심으로 비문의 글씨와 구양순·구양통·안진경 글씨를 비교 분석해 살펴보았다.

　〈진감선사비〉 비액은 小篆이나 大篆의 일반적인 정형화된 결구가 아니라 부정형이면서 動的이고 일정한 틀에 구애됨 없이 율동적인 결구가 전체적인 조화미를 이루고 있어 한층 더 수준 높은 예술적 미감을 보여주고 있다. 비액 글씨는 현존하는 어느 비액과 견주어도 그 빛을 잃지 않는 수준 높은 기상의 글씨라 여겨진다. 〈진감선사비〉 비문의 서풍 또한 어떤 특정한 서체를 그대로 따르거나 모방한 글씨가 아니라 자신의 개성강한 창작성으로 엄정한 해서의 骨氣에다 자신만의 肉과 形을 만들고 행서의 체세를 가미하여 線條를 응용한 활달한 필법을 구사했다. 〈진감선사비〉의 글씨에서 필획에 행기를 더한 속도감과 유창함은 서사자의 젊은 청년의 기백이 느껴지고 점획을 절묘하게 혼합하고 변용하여 쓴 異體字나 楷行을 넘나드는 자형의 다양성은 〈진감선사비〉의 독창적인 서풍으로 추론할 수 있다.

▶ 핵심어 : 최치원, 진감선사비, 구양순풍, 안진경풍, 독창성, 창작성

* 　원광대학교 박사수료

I. 서론

〈雙磎寺眞鑑禪師大空塔碑〉(887)(이하 〈眞鑑禪師碑〉)는 眞聖女王 元年(887)에 신라 말기의 승려 慧昭 (774~850)의 공덕과 법력을 欽揚하기 위하여 세운 탑비이다. 한문학의 대가인 孤雲 崔致遠(857~?)이 당에서 돌아온 직후 그의 나이 30세 되던 886년 定康王으로부터 碑銘을 찬술하라는 명을 받아 글을 짓고 碑額을 포함하여 글씨까지도 직접 쓴 유일한 것이다. 이 비는 현재 경상남도 하동군 화개면 운수리 쌍계사의 대웅전 앞마당에 세워져 있으며 국보 47호로 지정되어 있다.

〈진감선사비〉는 최치원의 글씨뿐만 아니라 문장까지도 살펴볼 수 있는 매우 중요한 사료이며 그가 撰한 사산비명[1] 가운데 하나로 한국 금석문연구에서도 중요한 위치를 차지하고 있다. 이와 같이 금석문연구나 서예사에서의 중요한 위치임에도 불구하고 문학·철학·불교사 등 각 방면에서의 관심[2]과는 달리 서예사적인 관심에서의 연구는 아직 미흡한 실정이다.[3] 따라서 본고에서는 〈진감선사비〉의 서풍에 대한 선행연구를 바탕으로 하여 〈진감선사비〉의 서풍의 특징을 살펴 그 특징 속에 담겨있을 의취를 찾아보고자 한다. 비의 서풍 연구를 함에 있어 碑額 글씨를 먼저 살펴보고, 碑文 글씨의 특징을 파악한 다음 독창적이고 개성강한 최치원 글씨의 가치와 그 위상을 정립해보고자 한다.

---

1) 이 비는 사산비명의 하나로 〈雙磎寺眞鑑禪師大空塔碑銘〉(887)·〈聖住寺朗慧和尙白月寶光塔碑銘〉(890)·〈鳳巖寺智證大師寂照塔碑銘〉(924)·〈初月山大崇福寺碑銘〉(896)이다.

2) 김두진, 1973, 「朗慧와 그의 禪思想」, 『역사학보』 57, 역사학회.
  金文基, 1987, 「崔致遠의 四山碑銘研究」, 『韓國의 哲學』 15, 경북대학교 퇴계연구소.
  金福順, 1989, 「新羅下代 華嚴宗 研究-崔致遠의 佛敎關係 著述과 관련하여」, 고려대학교 박사학위논문.
  金福順, 2000, 「眞鑑禪師의 생애와 불교사상에 관한 연구」, 『한국민족문화』 15, 부산대 한국민족문화연구소.
  金知見, 1993, 「崔致遠의 三敎思想」, 『한국종교』 18, 원광대학교.
  金雲學, 1974, 「崔致遠의 金石文學-四山碑를 중심으로」, 『佛敎思想』 4.
  유영봉, 1993, 「四山碑銘 연구」, 성균관대학교 박사학위논문.
  이구의, 2004, 「崔致遠의 眞鑑禪師碑銘攷」, 『한국의 철학』 35, 경북대 퇴계연구소.
  이구의, 2002, 「최치원 문학에 나타난 현실인식」, 『한국사상문화』, 한국사상문화학회.
  趙仁成, 1994, 「崔致遠撰述碑銘의 註釋에 대한 一考」, 『加羅文化』 11, 경남대학교.
  崔柄憲, 1972, 「新羅下代 禪宗九山派의 成立-崔致遠의 四山碑銘을 중심으로」, 『한국사연구』 7, 한국사연구회.
  崔英成, 2000, 「崔致遠의 哲學思想 研究」, 성균관대학교 박사학위논문.
  黃義洌, 1993, 「崔致遠의 眞鑑禪師碑銘 小攷」, 『泰東古典研究』 10.

3) 金壽天, 2005, 「崔致遠과 崔彦撝 書體의 공통점과 차이점」, 『신라사학보』 제5호.
  金星泰, 2002, 「孤雲 崔致遠의 書體 研究」, 동국대학교 대학원 석사학위논문.
  金鎭浩, 2000, 「孤雲 崔致遠의 眞鑑禪師碑 書體研究」, 원광대학교 대학원 석사학위논문.
  孫煥一, 2001, 「孤雲 崔致遠의 書體研究」, 『신라 최고의 사상가 최치원 탐구』, 한국사학회·동국대학교 신라문화연구소 편.
  李完雨, 2001, 「통일신라시대의 唐代 書風의 수용」, 『統一新羅美術의 對外交涉』, 서울 : 예경.
  曺首鉉, 2009, 「孤雲 崔致遠의 書藝特徵과 東人意識」, 『한국사상과 문화』 50, 한국사상문화학회.

II. 碑額의 서풍

〈진감선사비〉는 현재 쌍계사의 대웅전 앞마당에 있다. 이 비의 전체 높이는 3.63m이고 碑身의 높이는 2.13m, 너비는 1.035m, 두께는 22.5cm이다. 비면에 새겨진 글자는 총 38행으로 매 행 약 70자이고 글자의 크기는 대체로 2.3cm이나 작은 것은 1cm, 큰 것은 2.8cm로 일정하지 않으며 글자 수는 총 2414자이다.[4] 비의 현재 상태로는 碑題와 撰者의 官職 등이 쓰인 첫 부분과 건립연대·年號등이 손상되어 불명하나 1725년(英祖 元年)에 목판에 옮겨놓은 移刻本에서 '光啓三年七月日建'이라고 건립연대를 밝히고 있다. 또한『大東金石書』에도 '唐僖宗光啓三年丁未年 新羅眞聖女王元年也'라고 밝히고 있어 진감선사 입적 후 37년이 지나 887년(眞聖女王 1)에 건립되었음을 알 수 있다.[5] 비는 약간 훼손된 상태지만 龜趺·碑身·螭首가 아직은 온전한 모습으로 남아있다. 그러나 자연풍파와 6.25때 입은 손상으로 인해 마멸된 부분이 많고 또한 비신의 오른쪽 허리 윗부분과 왼쪽의 상단부분이 갈라지거나 파손되어 두꺼운 鐵柱를 세워 지탱하고 있어 안타깝게도 보존이 시급한 상황이다.[6]

〈진감선사비〉의 귀부와 이수는 화강암으로 조각되어 있고, 비신은 검은 대리석이다. 龜頭는 龍頭形이며 눈은 크고 툭 불거졌으며 볼록 나온 가슴에 목은 짧고 龜甲에 거의 붙어 있는 형태로 보이는 仰形이다. 귀갑 중앙에는 높직한 碑座를 마련했는데 四面에는 구름모양의 문양이 있고 윗면에는 碑身과 고임대가 있다. 귀갑은 커다란 육각형의 龜甲文을 얕게 조각하였고 등에는 별다른 장식이 없이 약간 隆起된 선으로 이루어져 있다. 螭首는 양측을 비스듬히 자른 삼각형으로 사면에는 寶珠를 다투는 蟠龍이 힘차게 조각되어 있고 그 위의 仰蓮瓣에 보주를 얹었는데 이러한 양식은 다른 비에서는 볼 수 없는 새로운 형식이다.

〈그림 1〉

---

4) 조수현, 2002, 〈쌍계사 진감선사대공탑비〉, 『한국금석문법서선집 2』, p.67 참조.

5) 『大東金石名攷』에도 "眞聖王 丁未"라고 밝히고 있다.

6) 부록부분 〈그림1〉 참조.

〈진감선사비〉의 碑額[7]은 이수의 전면중앙에 정사각형으로 비면을 고르게 한 상태에서 篆書로 3자씩 3
행으로 布置하여 '唐海東故眞鑑禪師碑'라고 陽刻 되어 있다.[8]

〈표 1〉〈진감선사비〉 비액과 비슷한 서풍비교

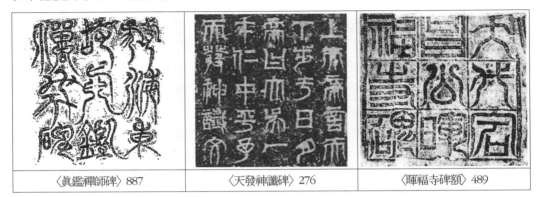

〈眞鑑禪師碑〉887	〈天發神讖碑〉276	〈暉福寺碑額〉489

선행연구들이 〈진감선사비〉 비액의 서풍을 논할 때[9] 가장 많이 비교되는 글씨로는 삼국시대 오나라의
〈天發神讖碑〉(276)가 있다. 〈천발신참비〉의 서풍은 起筆이 方筆로 인해 유난히 모가 나고 각지며 轉折부
분도 方折이 대부분이고 또한 자형이 背勢를 이루고 있는 것이 특징이다. 〈표 1〉의 〈진감선사비〉 비액의
글씨 중 竪筆에서 갈수록 힘을 빼서 가늘고 뾰족하게 처리한 것은 〈천발신참비〉와 닮았지만 상술한 〈천
발신참비〉의 특징과는 다르게 기필에서 원필과 방필을 혼용하고 전절부분이 대부분 圓轉으로 처리되어
〈천발신참비〉와는 다르다는 것을 확인할 수 있다.

다음으로 많이 비교되는 비가 북위 〈暉福事碑〉(488)의 비액이다. 〈표 1〉〈휘복사비〉의 비액은 3행 3자
인 글자배치와 竪筆부분에서 갈수록 힘을 빼서 가늘고 뾰족하게 처리 한 것이 〈진감선사비〉와 닮았지만
〈휘복사비〉의 비액은 井間線이 있고 각각의 글자가 독자적으로 안정감 있는 대칭구조를 이루고 있다. 그
에 비해 〈진감선사비〉는 縱橫을 정형화하지 않고 字間이나 行間을 적절하게 포치하여 글자들이 서로 유
기적으로 연결되어 전체적으로 조화를 이루고 있어 〈휘복사비〉 비액의 정적인 풍취와는 다르게 자유롭
고 활달한 기풍을 느낄 수 있다.

---

7) 碑身의 상단 부분이나 비석의 이수 중앙에 있는 글씨를 碑額이라고 하고 특히 篆書로 쓰여진 비액을 篆額이라고 한다.

8) 〈그림 1〉 참고.

9) 金鎭浩, 2000, 「孤雲 崔致遠의 眞鑑禪師碑 書體研究」, 원광대학교 대학원 석사학위논문.

　金星泰, 2002, 「孤雲 崔致遠의 書體 研究」, 동국대학교 대학원 석사학위논문.

　金秀炫, 2002, 「崔致遠 〈雙鷄寺 眞鑑禪師碑〉 篆額研究」中國 中央美術學院 碩士學位論文.

　孫煥一, 2001, 「孤雲 崔致遠의 書體研究」, 『신라 최고의 사상가 최치원 탐구』, 한국사학회·동국대학교 신라문화연구소 편.

　李民炯, 2012, 「崔致遠의 眞鑑禪師碑 연구―비문 서체를 중심으로」, 동국대학교 문화예술대학원, 석사학위논문.

　曹首鉉, 2009, 「孤雲 崔致遠의 書藝特徵과 東人意識」, 『한국사상과 문화』 50, 한국사상문화학회.

7세기 수·당의 碑制는 북위를 이어 이수·비신·귀부를 취하고 있지만 비액의 전서는 북위와는 달리 대부분 小篆의 전형을 취하고 있다.[10] 〈진감선사비〉 비액의 글씨와 유사해 보이는 당나라의 것으로는 湖北襄陽에서 출토된 〈張軫墓誌蓋〉(733)와 〈寂照墓碑額〉(833) 〈嗣陳王墓誌蓋〉(9c)의 비액이 있는데 이들의 비액 글씨는 소전의 특징인 圓轉이며 자형이 철저한 대칭 구조를 이루고 있다. 〈표 2〉 당나라의 비액은 정방형에 가까운 결구지만 굴곡의 체세를 이루고 있다. 또한 이들 비액의 공통점은 대게가 秦나라 이전의 고문 서체인 한간을 따르고 있으며 肥瘦의 변화가 많고 尖筆을 사용하고 있다.[11] 그렇지만 〈진감선사비〉 비액은 당나라에 쓰였던 비액과는 달리 소전보다는 대전에 가깝고 長短·屈曲·太細의 필획에 의한 자형변화와 율동미가 가미되어 마치 생명체가 살아 움직이는 듯하다. 〈진감선사비〉 비액과 비교되는 신

〈표 2〉 唐의 碑額 비교

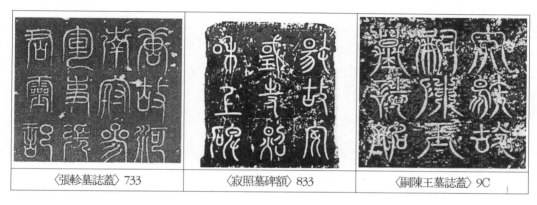

| 〈張軫墓誌蓋〉733 | 〈寂照墓碑額〉833 | 〈嗣陳王墓誌蓋〉9C |

〈표 3〉 統一新羅의 碑額 비교

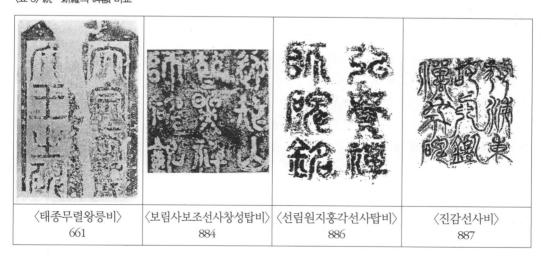

| 〈태종무렬왕릉비〉661 | 〈보림사보조선사창성탑비〉884 | 〈선림원지홍각선사탑비〉886 | 〈진감선사비〉887 |

---

10) 정현숙, 2008, 「新羅와 北魏 隋·唐의 書藝 比較 硏究」, 『서예학 연구』 13, p.206 참조.

11) 金壽天, 2005, 「崔致遠과 崔彦撝 書體의 공통점과 차이점」, 『신라사학보』 제5호, p.192.

라의 비액으로는 〈태종무렬왕릉비〉(661) · 〈보림사보조선사창성탑비〉(884) · 〈선림원지홍각선사탑비〉(886)를 들 수 있는데 〈표 3〉의 〈태종무렬왕릉비〉는 현재 碑身은 없고 龜趺와 螭首만 있다. 이비는 직사각형의 비면에 4자씩 2행으로 포치하여 1행과 2행 사이를 깎아내지 않고 자연스럽게 행간을 살려 陽角했다. 〈보림사보조선사창성탑비〉는 정사각형인 비면에 3자씩 3행으로 포치하여 음각했으며 〈선림원지홍각선사탑비〉는 3자씩 2행으로 양각했다.

다음은 〈진감선사비〉의 비액 각각의 글자들을 살펴보자.

〈표 4〉 〈진감선사비〉 비액 1행의 글자

| 唐(𢼪) | 海 | 東 |

〈표 4〉에서 보듯이 비액의 첫째 글자인 '𢼪'은 '唐'의 異體字 '昜攵'이다. '揚'의 古字 또는 '傷'으로 읽기도 했으나, '唐'으로 보는 견해의 논문이 발표되었다.[12] '𢼪'의 자형을 살펴보면 우선 '昜攵'의 구조로 이루어졌지만 마치 사람의 몸동작을 형상화 한 것 같다. 좌방 '昜'은 마치 균형 잡힌 무희의 몸동작이며, 우방 '攵'의 형상은 옆 사람의 팔을 부여잡고 함께 응수하는 모습처럼[13] 필획이 강약의 곡선으로 이루어져 있어 생동감과 율동감이 느껴지며 탈 문자화로 표현하고 있다.

'海'자는 '川'의 글자를 표현함에 있어 변용이 특히 드러난다. 'ㄐ'는 물의 형상인데 蝌蚪篆[14]을 사용하여 첫 시작점을 눌러 올챙이처럼 볼록하게 하고 끝으로 갈수록 가늘고 뾰족하게 처리하여 흐르는 물처럼 필획을 유동적이고 부드럽게 표현하여 유연함을 더했다. '每'는 유려한 曲勢가운데 竪劃을 중심으로 하여 길고 짧게 늘어뜨린 획이 절묘하게 어울려 글자에 의취를 더해준다.

---

12) 白永一, 2002, 「眞鑑禪師碑 篆額攷」 제9회 전국서학연구발표회.

　　金秀炫, 2002, 「崔致遠 〈雙鷄寺 眞鑑禪師碑〉 전액연구」 중국 중앙미술학원 석사학위논문, pp.21-22.

13) 白永一, 2002, 앞의 논문, p.9 참조.

14) 蝌蚪篆: 漢末부터 시작한 것으로 붓이 처음 들어갈 때 뾰족하게 시작하여 움직일 때에는 처음은 무겁고 뒤에는 가볍게 하며, 머리 부분은 굵고 꼬리 부분은 가늘어 올챙이와 같은 모양을 하고 있다. 즉 필획은 비교적 가늘지만 항상 붓이 들어갈 때는 눌렀으며 거둘 때에는 뾰족한 필봉을 그대로 유지하는 특색이 있으며, 이들을 科斗 · 蝌蚪書 · 蝌蚪篆이라고도 한다. 鐘鼎文, 甲骨文, 陶器에 쓰여진 글씨, 魏의 正始石經 등에 나타나고 있다.

'東'은 위의 두 글자보다 필획의 변화를 극도로 자제했음을 볼 수 있다. 붓을 운필 할 때 과두전의 방식을 취한 '東'의 세로획은 처음 윗부분에서 붓을 눌러 둥글고 도탑게 처리하고 아래로 갈수록 가늘어지다 다시 붓을 눌러 마무리하여 '海'자의 물 흐르는 듯한 필세를 이어가고 있다. '木'의 좌우로 뻗은 별획과 날획은 S형의 종획에 중심축이 되면서 활달함을 더하고, '曰'의 모서리 부분은 圓轉으로 처리하여 圓滿하고 필획의 태세도 다름을 알 수 있다. '曰'의 이런 신속하고도 경쾌한 운필은 簡牘 등에서 볼 수 있다.

〈표 5〉 〈진감선사비〉 비액 2행의 글자

| 故 | 眞 | 鑑 |

〈표 5〉의 '故'자를 보면 '古'의 橫劃을 右上向으로 처리했다. 우변의 '攵'은 비액의 첫 글자 '唐'의 '攵'자와는 달리 좌변의 횡획 '古' 가까이에 가늘고 깊숙이 넣어 과두전의 필획으로 屈曲있게 구사하여 활달하면서도 流動的이다. 이것은 動的인 기세를 극대화 하려는 서사자의 의도적 창작성으로 볼 수 있고 또한 첫 글자에 있는 '攵'자와는 다르게 표현하여 동형반복을 피하고자 하는 차별성으로도 보인다.

'眞'자는 왼쪽을 내려서 펼치고 오른쪽은 감아올리는 형상으로 간단한 자형에 굴곡을 주어 꿈틀거리면서 움직이는 듯한 氣運生動의 필세를 취하고 있다.

'鑑'자는 〈표 5〉에서 보는 바와 같이 석경고문·설문해자 등에서 부분 借用한듯 하며 비교적 획이 복잡하기 때문에 장법에 세심한 배려가 있었음을 짐작할 수 있다.[15] 또한 좌변의 '金'자를 보면 일반적인 대전의 형태지만 전체적으로 유려한 필세를 취하고 있음을 볼 수 있는데 특히 마지막 두 획의 유려한 曲勢에서는 신비한 意趣를 더해준다.

〈표 6〉의 '禪'자에서 '單'의 윗부분을 도탑게 처리 하였고 아랫부분도 强弱의 리듬감 있는 필획으로 처리하여 독특한 구성으로 형상화하여 표현하고 있다.

'師'자는 지금의 글자 형태와는 사뭇 다른 파격적인 결구와 자형으로 작가의 자신감 넘치는 독창성과 逆動感이 느껴진다. 마치 하늘을 향해 날아갈듯 한 유동적인 형상으로 上下의 공간을 유기적으로 연결하여 하나의 체세를 이루고 있다. 이와 같은 필법은 시공을 뛰어넘어 오늘날 현대미술의 추상적 지향을 무

---

15) 白永一, 2002, 앞의 논문, p.11 참조.

<표 6> 〈진감선사비〉 비액 3행의 글자

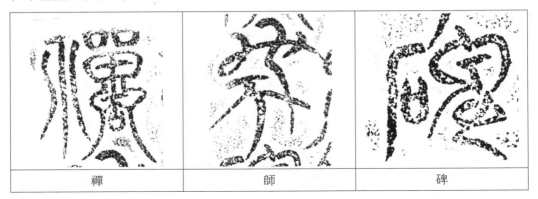

| 禪 | 師 | 碑 |

색케 한다.[16]

　'碑'자는 小篆을 근간으로 하였으나 다른 글자와의 호응관계를 고려하여 그 흐름에 맞게 조화를 이루고
있다. 특히 '卑'의 획은 蝌蚪篆을 사용하여 자유자재하게 强弱·肥瘦로 처리하여 동적인 필세를 극대화하
고 있으며 마지막 획은 우측으로 구부려 무릎을 꿇고 앉아 있는 사람처럼 보이기도 한다. 또한 상술한 8
글자의 마지막 획을 모두 아래로 향하게 쓴 것과는 다르게 이 획을 꺾어 구부림으로써 전체 글자를 마무
리하려는 의도적인 형태로 보인다. 〈진감선사비〉의 비액은 일반적인 정형화된 결구나 자형이 아니라 부
정형이면서도 동적이고 율동미와 생동감이 느껴진다. 붓을 기필 할 때 槍法[17]의 運筆이 보이며 무게중심
을 위쪽에 두고 획을 길게 끌어당겨 내림으로써 결구가 세로로 길어져 흐르는 듯 아름답다. 글자의 공간
에 변화가 많고 글자의 크기와 기울기가 일정하지 않으며 글자가 개체적으로 독립되어 있지 않고 重疊되
어 있다.[18] 이 비의 비액은 비록 아홉 글자지만 최치원의 독창적사고와 창작성이 묻어나는 글씨라 할 수
있다. 장법에 있어서도 구애받지 않고 활달하면서도 대담하고, 율동적인 필세와 글자간의 유기적인 조화
가 수준 높은 예술적 미감을 보여주고 있다. 이 비의 주인공인 진감선사가 범패로 중생들을 교화하였듯
이 비액의 글씨도 마치 음악에 맞추어 춤을 추는 듯한 생동감을 느끼게 한다. 어떤 서체나 다른 비의 글
씨를 集字한 형태나 결구가 아닌 오롯이 최치원 자신만의 精髓를 보여주는 독창적인 서체로 볼 수 있다.
또한 현존하는 어느 비액과 견주어도 빛을 잃지 않는 수준 높은 기상의 글씨라 여겨진다.

16) 白永一, 2002, 위의 논문, p.12 참조.
17) 선주선, 1996, 『書藝通論』, 원광대학교출판국, p.69. "槍法은 붓을 落紙하기 전에 공중에서 혹은 댐과 동시에 마치 藏鋒하듯
　　엎어서 나가는 것을 말한다."
18) 金壽天, 2005, 위의 논문, p.192.

III. 碑文의 서풍

이 장에서는 〈진감선사비〉 비문의 서풍을 살피고자 한다. 선행 연구들은 이 비의 서풍을 대체로 唐나라의 구양순(557~641)의 필법과 안진경(709~785)의 필법이 혼합된 서풍으로 결론짓고 있다.[19] 따라서 구양순 서풍과의 비교를 통해 최치원 서풍의 특징을 살피고 안진경 서풍과도 비교해 볼 것이다. 또한 통일신라비의 서풍과의 연관성을 생각해보고자 한다.

먼저 〈진감선사비〉에서 구양순 글씨와 가장 비슷해 보이는 글자들을 찾아 비교해 보겠다. 또한 구양순의 아들 구양통(?~691)의 글씨와도 비슷하다는 언급이 있어 함께 살펴보고자 한다. 구양통의 글씨는 骨氣와 전체적인 구조는 구양순을 잇고 북위의 기필과 전절을 더한 것이다.

〈진감선사비〉의 서풍의 특징을 파악하기 위해 구양순의 〈구성궁예천명〉과 구양통의 〈도인법사비〉를 비교하여 장법과 결구·자형을 살펴보도록 하자.

〈표 7〉 〈진감선사비〉와 〈구성궁예천명〉·〈도인법사비〉의 비교

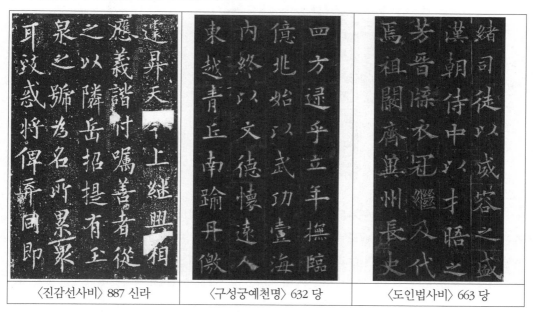

〈진감선사비〉 887 신라	〈구성궁예천명〉 632 당	〈도인법사비〉 663 당

---

19) 金星泰, 2002, 「孤雲 崔致遠의 書體 研究」, 동국대학교대학원 석사학위논문.

金鎭浩, 2000, 「孤雲 崔致遠의 眞鑑禪師비 書體研究」, 원광대학교 대학원 석사학위논문.

孫煥一, 2001, 「孤雲 崔致遠의 書體研究」, 『신라 최고의 사상가 최치원 탐구』, 한국사학회·동국대학교 신라문화 연구소편.

윤열수, 2012, 「崔致遠의 眞鑑禪師碑 연구-碑文 書體를 중심으로」, 동국대학교 문화예술대학원 석사학위논문.

이완우, 2001, 「통일 신라시대의 당대 서풍의 수용」, 『통일신라미술의 대외교섭』, 예경 : 서울.

조수현, 2009, 「고운 최치원의 書體特徵과 東人意識」, 『韓國思想과 文化』 50.

〈표 7〉에서 보는 바와 같이 〈진감선사비〉는 장방형의 결구가 많고 井間線이 없다. 종획은 일정하게 줄을 맞추어 정연하나 횡획은 들쑥날쑥 일정치가 않다. 또한 해서와 행서의 필의를 혼용해서 쓰기도 하고 또는 필획을 加減해 글씨에 활달함을 더했다. 같은 자형의 글자는 필획에 변화를 주어 동형반복을 피했다. 또한 필획이 많은 글자나 '耳'·'昇' 같은 글자는 縱劃을 길게 구사하기도 했고 '俾'는 글자의 중심축을 '亻, 卑'의 左上·右下에 두기도 했다. 그러나 〈구성궁예천명〉과 〈도인법사비〉는 嚴整하고 險勁한 해서의 필의에 정방형의 결구가 많고 정간선이 있어 종횡이 가지런하다. 같은 자형의 글자는 동형반복을 피하지 않고 그대로 쓰고 있어 〈진감선사비〉와는 대비됨을 알 수 있다. 상술한 바와 같이 이 같은 특징들을 파악하여 세 비의 글씨에서 각각 다르게 처리된 기필과 파책, 'ㅣ' 획에 나타나는 것과 같은 특징을 동일자와 비교해 더 상세히 살펴보자.

〈표 8〉 '者' 자 비교

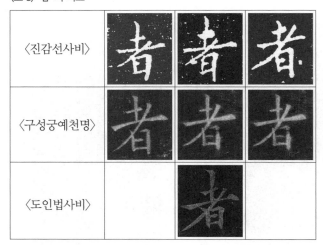

〈표 8〉의 '者'자는 세 비의 글씨가운데 가장 서풍이 유사한 글자이다. '者'를 비교해보면 필획이나 자형이 매우 흡사해 보이고 橫劃의 收筆부분이 유사하다. 그러나 〈진감선사비〉는 글씨를 시작하는 기필부분에서 붓을 꺾어 엎어서 내려오지 않고 행서의 기필처럼 이어지듯 서사하고 있고, '土'부분의 縱劃은 대부분 왼쪽으로 휘어지고 있다. '또 '者'에서 4번째 획 기필부분의 높이가 다르고 필획을 길게 또는 짧게 처리했다. '日'도 구양부자와는 다르게 向勢와 背勢를 모두 사용하며 'ㄱ'부분의 세로획은 구양부자의 필획보다 더 밑으로 내려오게 운필했음을 볼 수 있다.

〈표 9〉의 '則'자는 장방형의 결구가 유사하다. 해서의 규범서체인 구양순의 글씨는 嚴整하고 遒勁하며 구양통의 글씨는 특히 기필의 방필이 강하고 전절부분을 방절로 구사해 險勁하다. 반면 〈진감선사비〉의 글씨는 圓轉과 方折을 혼합하고 마지막 획을 시원하게 내리그어 유려해 보이면서 탄력감이 느껴진다. '貝, 刂'의 필획을 보면 〈진감선사비〉는 구양부자의 글씨와 다르게 행서의 필의가 많이 혼합되어 있다.

〈표 10〉의 '門' 자는 횡획과 종획에서 필획의 굵기 변화가 많지 않고 劃間도 균일하며 서로 닮았다. 그

<표 9> '則' 자 비교

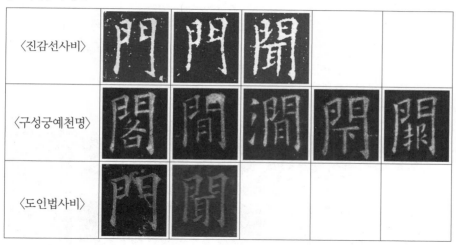

〈진감선사비〉	則	則	則	則	則	則	則
〈구성궁예천명〉구양순	則	則	則	則			
〈도인법사비〉		則	則				

<표 10> '門' 자 비교

〈진감선사비〉	門	門	聞		
〈구성궁예천명〉	閣	間	澗	開	關
〈도인법사비〉	門	聞			

러나 종획의 처리에서 〈진감선사비〉는 북위해서나 행서에서 나타나는 형태로 구양순과·구양통의 필획과는 달리 背勢를 취하고 있음을 알 수 있다. 이러한 배세의 형태는 〈진감선사비〉에서 특히 드러나는 부분이다. 그러나 필획의 굵기가 고르고 수려하면서도 유려한 서풍은 세 비가 유사해 보인다.

　〈표 11〉의 '爲' 자를 보면 세 비의 글씨에서 'ㄱ' 부분 轉折을 圓轉과 方折을 다 사용하고 있고 글자의 체세가 유사하다. 구양순의 '爲'는 정연하면서도 瘦勁하고 구양통의 '爲'부분은 대부분 앙세이며 비 전체에서 구양순의 글자보다 기필의 전절부분이 방필과 방절을 강하게 처리하여 더 날카롭고 險峻한 맛이 난다. 그러나 〈진감선사비〉는 '爲'를 행서로 쓴 것도 많으며 첫 점획에 공간을 크게 할애함으로써 密密疏疏의[20] 결구로 서사자의 경쾌한 운필에 의한 筆力美와 서체의 造形美를 엿 볼 수 있다.

　〈표 8-11〉 '者, 則, 門, 爲'의 글자는 〈진감선사비〉와 구양풍과의 글자에서 가장 유사해 보이는 글자들

<표 11> '爲' 자 비교

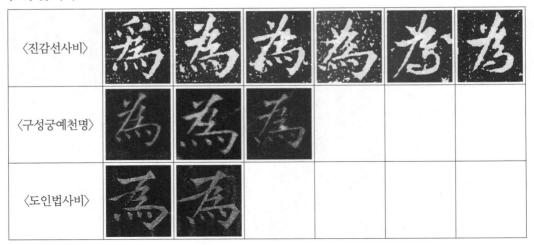

〈진감선사비〉						
〈구성궁예천명〉						
〈도인법사비〉						

이다. 그러나 〈진감선사비〉는 해서비이지만 기필부분과 필획들에서 구양순·구양통의 정연하고 험경한 해서의 글씨와는 다르게 행기가 있다는 것을 확인했다. 이러한 구별되는 차이로 인해 〈진감선사비〉가 〈구성궁예천명〉·〈도인법사비〉보다 더 유연하고 활달하며 駿爽하면서도 超逸해 보인다. 또한 쓸 때마다 필획에 변화를 주는 것은 서사자 최치원이 응용성과 창의력이 뛰어남을 시사한다.

<표 12> '人, 文, 大, 天, 令, 本'자의 파책 비교

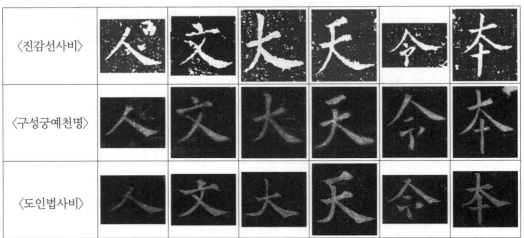

〈진감선사비〉						
〈구성궁예천명〉						
〈도인법사비〉						

〈표 12〉는 세 비에서 파책의 특징이 잘 드러나는 글자들이다. 세 비 모두 횡획이 우상향이며 별획·날획의 각도가 비슷하다. 구양부자의 별획은 3분의 2지점까지 도탑게 하고 끝부분을 가늘게 뺐으나 〈진감

---

20) 曹首鉉, 2009, 「孤雲 崔致遠의 書藝特徵과 東人意識」, 『한국사상과 문화』 50, 한국사상문화학회.

선사비〉의 별획은 점차 가늘어지게 처리했다. 또 구양부자의 날획은 사선에 가깝게 내려와 끝부분에서 누르고 밀어 올려 세운 후 붓 방향을 바꿔서 뺀다. 그러나 〈진감선사비〉는 대부분 운필방향대로 그어 내리면서 눌러주다가 그 방향 그대로 들어서 뺀다. 이와 같이 〈진감선사비〉와 두 비는 '大, 天'의 날획을 시작하는 위치점이 다르고 〈진감선사비〉의 날획은 다른 두 비의 필획에 비해 仰勢의 필의로 처리하여 획을 도톰하고 둥글게 말아 올리듯이 유연하고 부드럽게 굴려서 마치 궁궐의 처마 같은 곡선의 아름다움이 느껴진다.

〈표 13〉 '於' 자 비교

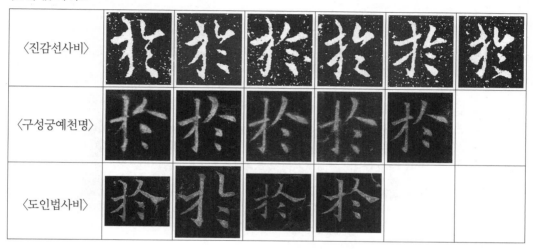

〈진감선사비〉					
〈구성궁예천명〉					
〈도인법사비〉					

〈표 13〉의 '於'자는 자형이나 결구에서 세 비가 모두 확연히 다름을 알 수 있는데 〈진감선사비〉는 '方' 혹은 '才'로 처리하고 있는데 '才'로 표현한 글자는 종획의 기울기가 제각각이며 곧은 획이 있는가 하면 활 같이 굽은 획을 혼용하여[21] 필획에 다양한 변화를 주어 글자의 형태가 各樣各色이다. 그러나 구양부자의 '才' 종획은 직선이다. 〈진감선사비〉의 필획이 곡선인 것은 필획 속에 들어 있는 행기로 보여진다. 우변 역시 구양부자의 글씨와 구별되며 정연하고 험준한 필획으로 이루어진 두 비의 글자와는 다르게 최치원의 글씨는 행서의 필의로 유연하면서도 변화무쌍하여 율동적이고 生動感이 넘친다.

〈표 14〉의 '海'자를 보면 〈진감선사비〉의 세 글자는 결구가 각각 다르고 특히 세 번째 글자는 특이하다. 'ⅰ'는 세 비에서 같이 변화를 주었으나 〈진감선사비〉와 〈도인법사비〉는 행서의 필획으로 처리하기도 했다. '可'자는 횡획에서 상술한 기필의 특징으로 인한 〈진감선사비〉와 두 비의 차이를 볼 수 있다. 또한 〈진감선사비〉는 종획의 끝을 행서처럼 아래로 향하게 빼주고 있으나 구양부자의 두 비는 구획으로 처리했다. 이처럼 〈진감선사비〉는 구양부자의 글씨와 비슷해 보이지만 필획은 행서의 기운이 많다는 것을 다시 확인할 수 있다.

---

21) 金壽天, 2005, 위의 논문, p.193 참조.

<표 14> '海, 可' 자 비교

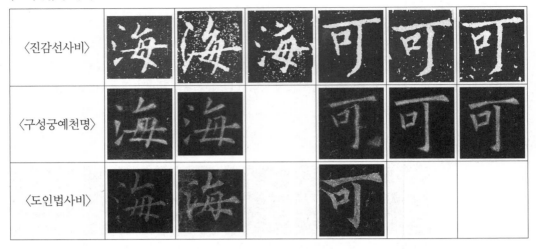

〈진감선사비〉						
〈구성궁예천명〉						
〈도인법사비〉						

<표 15> '有' 자 비교

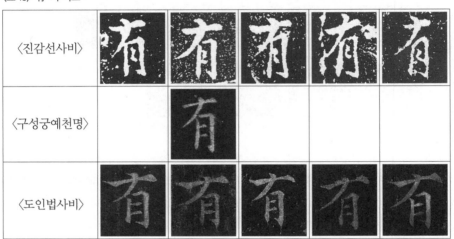

〈진감선사비〉					
〈구성궁예천명〉					
〈도인법사비〉					

〈표 15〉의 '有'자를 보면 결구가 세 비 모두 조금씩 차이가 있다. 횡획을 짧게 처리한 최치원과 구양순에 비해 구양통은 횡획을 길게 처리했다. 기필 부분에서도 특히 구양통은 북위해서처럼 방필로 획을 각지고 길게 처리하여 端方하고 險峻해 보인다. 그러나 최치원의 '有'는 짧고 통통한 횡획이 구양통과는 대비되고 '月'에도 모두 행서의 필의가 있어 超逸하면서도 動勢感이 느껴진다.

다음으로 〈진감선사비〉와 안진경의 서풍을 비교해보자. 이 비의 글씨가 안진경풍을 수용했다는 논자들의 평이[22] 있어 그 글자들을 분석해 볼 것이다. 먼저 〈표 16〉 안진경 서풍의 특징을 살펴보자.

---

22) 金星泰, 2002, 「孤雲 崔致遠의 書體 研究」, 동국대학교 대학원 석사학위논문.

<표 16> 시대에 따른 안진경의 글씨 비교

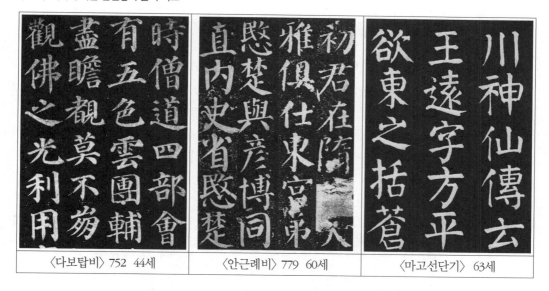

〈다보탑비〉 752 44세	〈안근례비〉 779 60세	〈마고선단기〉 63세

안진경은 중당 때의 한 시대를 풍미한 서의예가다. 그의 글씨는 초당해서의 규범이며 干祿體로 선택된 嚴整하고 險峻한 구양순의 서풍과는 달리 顔法이라고 하여 종종 '蠶頭燕尾'[23]라고도 불린다. 따라서 안진경의 글씨는 기필이 蠶頭의 모양이고 파책이 燕尾의 형태로 敦厚한 필획에 向勢가 많다. 갈고리획 또한 안법의 특징으로 꼽을 수 있는데 이러한 특징은 41세 때 쓴 〈다보탑비〉보다 만년의 글씨로 갈수록 명확해지며 특히 〈마고선단기〉에서 현저하게 나타난다. 이와 같이 안진경의 글씨도 젊었을 때는 초당의 간록체가 혼용된 서풍이었으나 시간이 지날수록 그만의 독특하고 개성 있는 安風을 만들어 냈다.〈표 16〉

<표 17> 〈진감선사비〉와 〈다보탑비〉의 글자 비교

〈진감선사비〉 최치원	僧	園	寺	渴	專	傳
〈다보탑비〉 안진경	僧	圓	侍	竭	傳	傳

金鎭浩, 2000, 「孤雲 崔致遠의 眞鑑禪師碑 書體研究」, 원광대학교 대학원 석사학위논문.
孫煥一, 2001, 「孤雲 崔致遠의 書體研究」, 『신라 최고의 사상가 최치원 탐구』, 한국사학회·동국대학교 신라문화연구소 편.

23) 蠶頭燕尾 : 안진경 서법의 특징으로 표현되며 누에의 머리와 제비 꼬리의 형태를 이른다.

〈표 17〉과 아래의 〈표 18〉은 선행연구에서 〈진감선사비〉의 글자 가운데 안진경 서풍이라고 언급된 글자들이다.[24] 비교를 위해 안진경 글씨 가운데 〈진감선사비〉와 가장 유사해 보이는 〈다보탑비〉를 선택했다. 위에서도 언급했지만 안진경 서풍은 그만의 독특한 개성이 있는 自家風의 글씨다. 안진경 '圓'은 '口'가 향세를 취하고 있으나 〈진감선사비〉는 그렇지 않다. 논자들은 특히 '葛'의 '勹' 전절부분을 안진경 글씨와 유사하다고 한다.[25] 그러나 이 표의 글씨에서 보면 圓筆의 圓轉과 方筆의 方折로 대비된다. 또한 논자들이 안풍이라고 일컫는 '專'을 봐도 'ㅣ' 획이 원필의 곡선과 방필의 직선으로 서로 대비됨을 알 수 있다. 게다가 'ㅓ'변의 기필과 종획의 길이가 서로 다를 뿐만 아니라 체세도 向背로 서로 다르다. 대다수의 사람들은 글씨가 敦厚하고 嚴重하며 약간의 통통한 파책이나 향세가 보이면 안진경 서풍과 유사하다고 여긴다. 그러나 필법을 자세히 살펴보면 분명한 차이를 확인할 수 있다.

〈표 18〉 〈진감선사비〉와 〈다보탑비〉 글자 비교

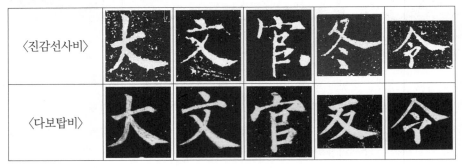

〈표 18〉에서는 〈진감선사비〉와 〈다보탑비〉의 글씨가운데 파책을 비교해 보자. 우선 두 비의 글자 '大, 文, 令'을 보면 필획의 起筆과 收筆이 다르고 파책이 시작하는 위치나 각도에 많은 차이가 난다. 〈진감선사비〉의 글자들은 파획을 붓 가는 방향대로 둥글게 뺀 반면 〈다보탑비〉의 파획은 사선을 향해 내려오다 붓의 방향을 바꿔 燕尾의 형태로 마무리했다. 따라서 파책의 각도가 〈진감선사비〉와는 다르게 무게중심이 아래로 향한다. '官'도 횡획이 平勢의 필의인 〈진감선사비〉와는 달리 〈다보탑비〉는 횡획이 府勢로 대비됨을 볼 수 있고 〈진감선사비〉의 세로획에서는 행서의 필의를 엿볼 수 있다.

위에서 살펴본바와 같이 〈진감선사비〉의 서사자 최치원은 구양순이나 구양통, 안진경뿐만 아니라 왕희지의 글씨에도 능통했음을 알 수 있다. 많은 글자들에 변화를 주어 다양성을 추구했으며 해서와 행서, 아주 드물게는 초서의 필의가 아무렇지도 않은 듯 서로 공존하고 있다. 이러한 다양성의 공존은 서예사

---

24) '葛, 犬, 冬'을 안진경 서풍이라고 한 논문이다.
　　손환일, 2001, 「고운 최치원의 서예」, 『신라 최고의 사상가 최치원 탐구』, 주류성.
25) 손환일, 2001, 앞의 논문.
　　조수현, 2009, 앞의 논문, p.553.

에서 매우 드문 예에 속한다. 이것은 최치원 서예의 탁월.한 창조성을 반영한 것으로 〈진감선사비〉가 보다 더 큰 생명력으로 다가오는 이유가 된다.[26] 그럼 〈진감선사비〉비에 나타나는 특징적인 글씨들을 더 살펴 최치원 서예의 독창성을 찾아보자.

〈표 19〉 동형반복을 피한 '之'자

〈표 19〉의 '之' 자는 〈진감선사비〉에서 가장 많이 나오는 글자이며 표에서 보듯이 해서와 행서를 혼합해서 썼다. 이와 같이 해서와 행서의 결합은 비의 글씨에 두드러지게 나타나는 특징이다. 왕희지의 〈난정서〉가 명필임을 설명할 때 '之' 자의 변화를 예로 드는 경우가 많다.[27] 〈진감선사비〉 또한 점획과 波磔에 변화를 주어 동형반복을 피하고 형태를 달리해 모양이 제각각이다. 뿐만 아니라 붓의 起筆에서 힘을 주어 누르거나 가볍게 시작하여 다음 방향으로 轉折할 때까지 획을 곧게 가거나 휘게 하여 自由自在하고 필획이 변화무쌍하다. 파책은 圓轉으로 처리하여 둥글게도 하고 方折을 사용하여 꺾이게도 하여 글자마다 율동적인 미감을 더하고 있다. 이런 변화무쌍함에서 최치원 글씨의 예민한 심미적 감수성과 창작성이 드러난다.

〈표 20〉 동형반복을 피한 '禪師'자

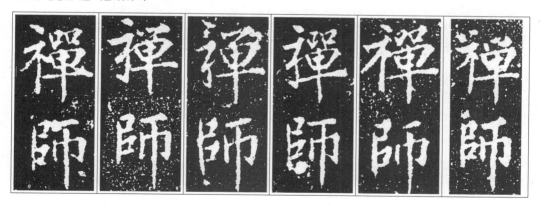

---

26) 金壽天, 2005, 앞의 논문, p.194.

27) 金壽天, 2005, 「崔致遠과 崔彦撝 書體의 공통점과 차이점」, 『신라사학보』 제5, p.196 참조.

〈표 20〉'禪師'의 글자를 보면 필획을 方圓·强弱·曲直으로 다양하게 처리하여 모두가 각양각색의 형태를 이루고 있다. 행서의 필획을 사용하여 빠른 속도감과 리듬감을 주기도 하고 또 해서의 필획으로 端整하고 嚴整하다. 또한 '單'의 '口'를 점획으로 처리하기도 했다. '師'는 '帀'의 종획을 길게 빼서 처리했다. 이렇게 최치원은 운필법에 있어서 點劃이 呼應하는 형태의 변화를 취하여 다양한 자형이나 결구를 이루고 있다. 따라서 서자의 美的 감각이나 글씨의 수준이 결코 만만치 않음을 유추할 수 있다.

〈표 21〉 동형반복을 피한 '無'자

〈표 21〉'無'의 글자 역시 자형과 결구가 각양각색이다. 윗부분의 필획을 한 획도 겹침이 없이 변화를 주어 다르게 표현했고 아랫부분 네 점의 필획도 다양하게 변화를 주어 예측 불가능한 결구로 구사했다. 이와 같은 예측 불가능한 결구가 바로 작가의 특징적인 요소로 드러나고 있다.

〈표 22〉 동형반복을 피한 '辭, 唯, 得, 願, 腹, 能'자

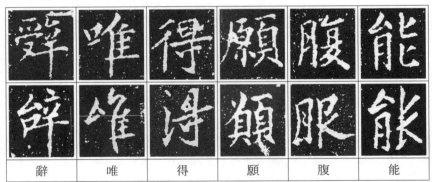

| 辭 | 唯 | 得 | 願 | 腹 | 能 |

〈표 22〉은 필획을 가감하거나 변화하여 동일 글자지만 자형이나 결구가 다른 형태로 구성된 글자들이다. '辭'의 왼쪽 변을 '受'로 구사한 것은 구양통의 〈천남생묘지〉에서 보이고 '台'로 처리하는 것은 북위의 서체에 보이는 이체자다. '唯'자의 좌변 '口'는 특이하게 삼각형으로 구사했다. '得, 願'자는 좌변의 '彳, 原'에 변화를 주어 결구가 다르고 '腹'자 또한 필획을 가감하고 행기를 더해 다른 글자처럼 보인다. '能'자는 우측의 자형에 형태와 체세를 바꾸어 고정된 틀의 글씨에서 벗어나고 있다. 이처럼 異體字를 써서 변화를 주기도 했지만 특히 점획에 변화를 주어 동일자를 다양한 형태로 混用하여 다양성을 추구했다.

〈표 23〉의 글자들은 원래 글자에서 필획을 가감하거나 생략하여 결구와 자형을 다르게 표현한 이체자다. '提'자는 우변의 글자를 생략하여 변화를 주었고 '指'자 역시 '旨'의 '匕'를 다르게 표현했다. '題'는 좌변

〈표 23〉 異體字로 쓰인 글자

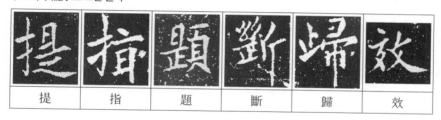

提	指	題	斷	歸	效

의 '是'를 다르게 변용해서 표현했고 '斷'자 역시 좌변을 변용해서 다르게 구사했다. '歸'자 또한 좌변 윗부분을 생략하여 마치 다른 글자처럼 구성했다. '效'자에서 '交'와 같은 특이한 결구는 최치원의 글씨에서만 보인다.

〈표 24〉 行書로 쓰인 글자

勝	是	靈	爲	然	腹
祥	識	視	以	雜	許

　〈표 24〉의 글자들은 모두 행서로 쓰여진 글자들인데 근골이 강하고 곧은 필법을 구사했다. 붓끝은 露鋒을 자연스럽게 드러내고 붓을 휘둘러 流麗하고 遒媚하다. 이와 같이 〈진감선사비〉는 해서·행서의 필의가 공존한다.

〈표 25〉 竪劃을 길게 뺀 글자

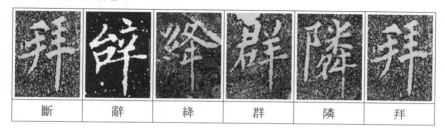

斷	辭	絳	群	隣	拜

〈표 25〉 역시 〈진감선사비〉에서 최치원 서풍의 특징이 잘 드러나는 글자들이다. 〈진감선사비〉의 글자는 장방형·정방형·편방형으로 다양하지만 비의 형태와 같이 장방형인 글자가 많다. 그 가운데 〈표 25〉의 글자들은 특히 마지막 세로획을 길게 뺀 것으로 遒勁하고 嚴整한 필치이지만 수려하다. 이는 행서에서 문장을 마칠 때 종종 세로획을 길게 처리하는 것과 같은 느낌을 주고 서사자의 거침없는 필치가 짧고 둔탁한 필획보다 경쾌하다. '斷, 辭'는 결구와 자형을 변용하여 쓴 이체자다. 이러한 창작성과 변용은 작가의 심미의식과 열려진 사고로 볼 수 있을 것이다. 이와 같이 〈진감선사비〉의 서사자 최치원은 자유분방하면서도 구애됨이 없이 자신의 웅강한 필치로 독창적인 창작성을 보여주고 있다. 이런 과감한 필획으로 인한 다양한 결구와 자형변화는 최치원의 젊은 기상과 포부가 글자 속에 녹아 서예적 미감으로 표출되고 있음을 알 수 있다.

앞에서 살펴본 바와 같이 〈진감선사비〉와 안풍이 비슷해 보이는 글자는 대부분 해서의 정형인 干祿體 서풍과도 같은 것이라 할 수 있다. 〈진감선사비〉의 글씨 가운데 도톰하고 약간 곡선을 이루면서 내려가는 획은 안풍보다는 행서의 필의에 의한 것으로 보인다. 안풍의 특징인 필획의 갈고리·燕尾모양의 파책·향세는 〈진감선사비〉에서 거의 볼 수가 없다. 지금까지 구양순·구양통·안진경의 서풍과 〈진감선사비〉의 서풍을 살펴봄으로써 〈진감선사비〉가 이 두 서풍과 다른 독특한 서풍이라는 것을 확인했다. 이러한 독특한 〈진감선사비〉의 서풍을 신라의 서풍과 연관하여 생각해보자.

통일신라의 서예는 구양순풍을 비롯한 초당의 서풍이 오랫동안 유행했고 중당의 안진경 서풍도 다른 서풍과 혼용되어 나타났다. 통일 신라의 비문은 주로 구양순풍의 해서가 쓰였으나 왕희지의 서풍이 유행하게 되면서 왕희지풍의 행서비가 건립되기 시작했다. 중국에서는 일찍부터 집자비가 성행하여 왕희지의 글씨를 집자하여 비를 세웠는데 그 대표적인 예가 〈大唐三藏聖教序〉다. 이것은 당태종이 제작하게 한 것인데 이 비의 제작은 신라에도 많은 영향을 끼쳤다. 이와 같이 통일신라의 서예는 중국에서 성행하던 서풍들이 유입되어 전반적으로 성행했다. 최치원 또한 12세까지는 통일신라에서 유행하던 이러한 서체를 익혔을 것이고 거기에다 유학 중 당에서 습득한 서풍을 더하여 자연스럽게 자신만의 독특한 서풍을 이루었을 것이다. 따라서 〈진감선사비〉의 글씨와 9세기 통일신라에서 성행했던 행서비의 글씨와도 비교해 살펴보고자 한다.

〈표 26〉는 왕희지행서를 集字한 〈鍪藏寺阿彌陀如來造像碑〉(801)·〈沙林寺弘覺禪師塔碑〉(886)와 해행으로 쓰여진 〈寶林寺普照禪師彰聖塔碑〉(884)다. 이 세 비 가운데 〈무장사아미타여래조상비〉와 〈보림사보조선사창성탑비〉 글자를 〈진감선사비〉의 동일자와 비교해보자. 최치원이 활동했던 9세기 전반에 걸쳐 행서 또는 행서의 기운이 많은 서풍이 유행했고 이러한 시대적 영향은 최치원의 서풍에도 영향을 미쳤을 것이라 짐작된다. 〈진감선사비〉는 해서풍의 비로 분류되지만 행서의 필획으로 쓰여진 글씨가 많아 통일신라와의 관계를 살펴보려 한다.

〈표 27〉의 '忘, 年, 可, 命'자를 보면 결구나 자형이 유사하다. '忘'자는 '亡'의 구조가 거의 같고 '心'을 운필하는 필법 또한 매우 닮아 있으며 행기를 더한 필의지만 해서와 같은 정연함도 느껴진다. '年'은 두 글자 모두 縱劃을 길게 처리하여 수려하지만 骨氣가 있다. '可'의 횡획은 〈진감선사비〉는 仰勢인데 〈여래

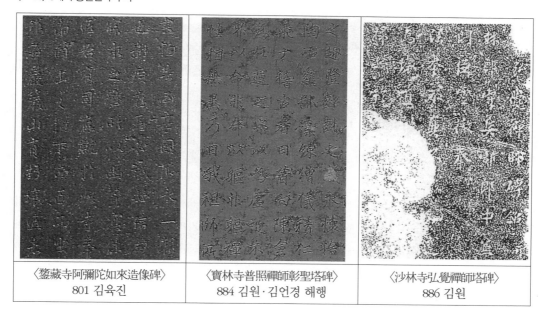

| 〈鍪藏寺阿彌陀如來造像碑〉
801 김육진 | 〈寶林寺普照禪師彰聖塔碑〉
884 김원·김언경 해행 | 〈沙林寺弘覺禪師塔碑〉
886 김원 |

〈표 27〉 '忘, 年, 可, 命'자의 비교

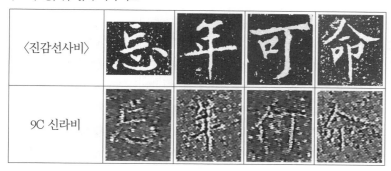

| 〈진감선사비〉 | | | | |
| 9C 신라비 | | | | |

조상비〉는 俯勢다. 그렇지만 수필에서의 획을 구사한 것이 닮아 있다. '命'은 '人'을 기필하는 필법은 비슷하나 두 번째 획의 위치점이 다르다. 그러나 필획이 활달하고 날카로우며 '口'의 형태가 유사하다.

〈표 28〉의 '有, 是, 之'는 자형이 매우 유사하며 마치 한사람이 쓴 것 같이 닮아 있다. '有'는 필획의 기필이나 횡획이 우상향인 것도 아주 비슷하고 '月'의 세 번째 네 번째 획의 처리도 흡사하다. 또한 글자에 리듬을 주어 율동미와 속도감이 느껴진다. '是'도 기필과 필획의 처리가 아주 비슷하다. 상하로 운필된 '之'의 필획처리가 매우 유사하며 이러한 필세에서 속도감과 역동감이 느껴진다.

지금까지 살펴 본 바와 같이 〈진감선사비〉의 서풍은 전체적으로는 해서이지만 행기가 많고 행서로 쓰인 글자들도 많음을 확인했다. 이 비 글씨의 가장 큰 특징은 동형반복을 절제하고 필획에 변화를 주어 자형을 다양화하고 조화롭게 구사하고 있는 것이다. 이는 서사자의 독특한 미감과 창작성으로 보여진다.

〈표 28〉 '有, 是, 之' 자의 비교

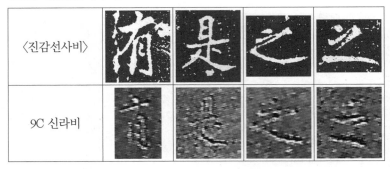

〈진감선사비〉				
9C 신라비				

〈진감선사비〉의 글씨는 구양부자의 骨氣에 體勢를 따르며 최치원의 形을 만들었다. 거기에다 행서의 필획을 더하여 서사한 것으로 해서에 행서를 융합한 독창적인 서풍이라 할 수 있다. 당시 당나라의 글씨가 성행하던 때에 어떤 특정 글씨를 모방한 것이 아니고 어떤 서체에도 귀속 될 수 없는 자신만의 개성강한 독특한 서풍으로 〈진감선사비〉를 서사했음을 알 수 있다.

IV. 결론

지금까지 최치원이 撰書한 〈진감선사비〉의 서풍을 살펴보았다. 위의 내용을 요약하여 결론으로 삼고자 한다. 상술한 바와 같이 〈진감선사비〉 碑額의 서풍은 정형의 결구로 이루어진 〈천발신참비〉와도 다르고 안정감 있는 대칭구조 이루어진 〈휘복사비〉와도 그 풍취가 다름을 확인했다. 〈진감선사비〉의 비액글씨는 비록 아홉 글자이지만 서사자 최치원의 심미적인 독창성과 창작성을 가장 잘 표현하고 있다. 부정형의 결구로 장법이나 어떤 서체에도 구애받지 않고 과두전의 필획으로 쓰여진 비액은 활달하면서도 대담하고, 또 율동적인 결구가 전체적인 조화미를 이루고 있어 한층 더 수준 높은 예술적 미감을 보여주고 있다. 글자의 크기와 기울기가 일정하지 않고 서로 유기적으로 얽혀 있다. 마치 이 비의 주인공 진감선사가 범패로 중생들을 교화하듯이 비액의 글씨도 음악에 맞추어 춤을 추는 듯 氣運生動感을 느끼게 한다. 어떤 서체나 다른 비액의 글씨를 集字한 형태나 결구가 아닌 오롯이 최치원 자신만의 精髓를 보여주는 독창적인 서체라 할 수 있고 또한 현존하는 어느 비액과 견주어도 빛을 잃지 않는 수준 높은 기상의 글씨라 여겨진다.

〈진감선사비〉 비문의 글씨를 선행연구자들은 구양풍과 안풍이 혼합된 서풍이라 했다. 그러나 본고에서 살펴본 바와 같이 〈진감선사비〉의 서풍은 어떤 특정한 서체를 그대로 따르거나 모방한 글씨가 아님을 확인했다. 구양풍의 嚴整하고 險勁한 해서의 骨氣에다 자신만의 肉과 形을 만들고 행서의 체세를 더하여 線條를 응용한 활달한 필치는 적재적소에 어우러져 조화롭다. 또한 해서의 필획에 행기를 더한 경쾌함과 속도감과 젊은 청년의 기상이 느껴지고 曲直의 절묘함과 高低·長短·加減의 변화로 동형반복을 피하고

자형을 다양화하여 자신의 강한 포부와 집념을 글씨 속에 담아내고 있다.

이와 같이 〈진감선사비〉의 서풍은 기존에 주장되어진 글씨의 범주로는 해석되어질 수 없을 것이다. 서자 최치원이 어렸을 때 신라에서 익힌 글씨와 당에서 섭렵한 서풍을 기초로 하여 이루어진 그만의 독특하고 개성강한 독창적인 서풍이기 때문이다. 이렇듯 독창적인 서풍으로 새겨진 중요하고 소중한 〈진감선사비〉가 잘 보존되어 길이길이 전해지길 바라마지 않는다.

투고일: 2015. 4. 24.   심사개시일: 2015. 4. 29.   심사완료일: 2015. 5. 18.

참/고/문/헌

국립경주박물관, 2002, 『文字로 본 新羅』, 경주.

김두진, 1973, 「朗慧와 그의 禪思想」, 『역사학보』 57, 역사학회.

金文基, 1987, 「崔致遠의 四山碑銘研究」, 『韓國의 哲學』 15, 경북대학교 퇴계연구소.

金福順, 1988, 「新羅 下代 華嚴宗研究」, 고려대학교 대학원 박사학위논문.

金福順, 2000, 「眞鑑禪師의 생애와 불교사상에 관한 연구」, 『한국민족문화』 15, 부산대 한국민족문화연구소.

金星泰, 2002, 「孤雲 崔致遠의 書體 研究」, 동국대학교 대학원 석사학위논문.

金秀炫, 2002, 「崔致遠 〈雙鷄寺 眞鑑禪師碑〉 篆額研究」中國 中央美術學院 碩士學位論文.

金壽天, 2005, 「崔致遠과 崔彦撝 書體의 공통점과 차이점」, 『신라사학보』 제5호.

金鎭浩, 2000, 「孤雲 崔致遠의 眞鑑禪師비 書體研究」, 원광대학교 대학원 석사학위논문.

金雲學, 1974, 「崔致遠의 金石文學-四山碑를 중심으로」, 『佛敎思想』 4.

白永一, 2002, 「眞鑑禪師碑 篆額攷」 제9회 전국서학연구발표회.

孫煥一, 2001, 「孤雲 崔致遠의 書體研究」, 『신라 최고의 사상가 최치원 탐구』, 한국사학회·동국대학교 신라문화연구소 편.

申瀅植, 1985, 『新羅史』, 서울 : 이화여자대학교 출판부.

윤열수, 2012, 「崔致遠의 眞鑑禪師碑 연구-碑文 書體를 중심으로」, 동국대학교 문화예술대학원 석사학위논문.

이구의, 2004, 「崔致遠의 眞鑑禪師碑銘攷」, 『한국의 철학』 35, 경북대 퇴계연구소.

李民炯, 2012, 「최치원의 진감선사비 연구-비문 서체를 중심으로」, 동국대학교 문화예술대학원 석사학위논문.

李完雨, 2001, 「통일신라시대의 唐代 書風의 수용」, 『統一新羅美術의 對外交涉』, 서울 : 예경.

유영봉, 1993, 「四山碑銘 연구」, 성균관대학교 박사학위논문.

예술의전당, 2013, 『최치원을 기리다』, 서울.

정현숙, 2008, 「新羅와 北魏·隋·唐의 書藝 比較 研究」, 『서예학연구』 13, 한국서예 학회.

정현숙, 2013, 「통일신라 서예의 다양성과 서풍의 특징」, 『서예학연구』 22, 한국서예학회.

曺首鉉, 2009, 「孤雲 崔致遠의 書藝特徵과 東人意識」, 『한국사상과 문화』 50, 한국사상문화학회.

趙仁成, 1994, 「崔致遠撰述碑銘의 註釋에 대한 一考」, 『加羅文化』 11, 경남대학교.

崔柄憲, 1972, 「新羅下代 禪宗九山派의 成立-崔致遠의 四山碑銘을 중심으로」, 『한국사연구』 7, 한국사연구회.

최영성, 2003, 「최치원의 유교적 개혁사상」, 『신라 최고의 사상가 최치원 탐구』, 주류성.

최영성, 1999, 「崔致遠의 哲學思想 研究-三敎觀과 人間主體를 中心으로」, 성균관대학교 대학원, 박사학위논문.

최영성, 1997,『역주 최치원전집 1』, 아세아문화사.

黃義洌, 1993,「崔致遠의 眞鑑禪師碑銘 小攷」,『泰東古典硏究』10.

『東史綱目』제5장 참조.

북경공예미술출판사, 2005,『顔眞卿書法集上·下』, 중국 북경공예출판사.

二玄社, 2003,『道因法師碑·泉男生墓誌銘』, 中國書法選 37, 동경 : 二玄社.

二玄社, 2003,『多宝塔碑』中國書法選 40, 동경 : 二玄社.

二玄社, 2003,『玄秘塔碑』中國書法選 45, 동경 : 二玄社.

⟨Abstract⟩

The Calligraphic Style of *Ssangghesa Jinganseonsa Daegongtapbi*

Lee, Soon-tai

This paper aims to study the calligraphic style of *Ssangghesa Jinganseonsa Daegongtapbi*. Unlike the previous studies written in the Ouyang-xun style, I will find out the own style of Choi Chiwon by in this paper.

The head writing of the stele is very unique, compared to those in the United Silla and China. Its vividness and creativity show the characteristic of the young calligrapher.

The writing of stele body also demonstrates the uniqueness of his own. It is different neither Ouyang-xun and Yan Zhenqing styles. The regular script with the running taste is energetic and fluent. The stele is one of the enormous stelae throughout the history of Korean calligraphy history.

▶ Key words : Choi Chiwon, Jinganseonsa Daegongtapbi, Ouyang-xun style, Yán zhēn-qīng style, Creativity

古代 東아시아의 合文에 대한 一考察

權仁瀚[*]

Ⅰ. 머리말
Ⅱ. 중국의 합문 사례
Ⅲ. 한·일의 합문 사례
Ⅳ. 고대 동아시아 합문의 異同과 그 意義

〈국문초록〉

합문은 중국에서 기원한 것으로 甲骨文, 金文, 簡牘文 등에 걸쳐서 폭넓게 분포한다. 갑골문에서는 上下/下上 결합, 右左/左右 결합, 上下/左右 결합 방식의 합문들이 공존하고 있음에 비하여 금문·간독문을 거치면서 점차 상하 합문이 다수를 보이는 방향으로, 또한 合文號도 사라지는 방향의 변화가 나타난다. 이어서 秦·漢代의 간독문에서는 자형 상 공통 요소를 지니는 글자들(예: 大夫, 上下 등)끼리의 합문이 늘어나기도 한다.

한반도의 합문 사례는 특히 신라의 금석문·목간·고문서 등에서 자주 발견된다. 합문 방식은 상하 결합 유형이 절대 다수를 보이면서 합문호의 흔적은 전혀 찾아지지 않음이 특징적이다. 또한 부분적으로 자형 상 공통 요소를 지니는 글자들끼리의 합문 사례도 보이는데, 이러한 양상은 대체로 漢代의 간독문 사례와 유사한 것으로 판단된다. 따라서 신라는 중국의 여러 유형들 중에서 합문호가 없는 상하 방향의 합문 유형을 선택적으로 수용하여 차차 '大豆→쵸→太'와 같이 아랫 글자의 전체 혹은 일부를 점(丶)의 형태로 지극히 단순화하는 독자적인 유형으로까지 변용·발전시킨 것으로 보아도 좋을 것이다. 한편, 일본 열도의 합문 사례는 주로 목간들에 집중되며, 그 유형은 신라의 예들과 크게 다르지 않은 특징을 보이고 있다.

이상의 고찰을 바탕으로 "중국 대륙으로부터 한반도로의 선택적인 수용과 변용, 그리고 한반도로부터

* 성균관대학교 국어국문학과 교수

일본 열도로의 전파"라는 문자문화의 교류 양상을 다시금 확인할 수 있다는 것이 이 글의 결론이 된다.

▶핵심어 : 合文, 甲骨文, 金文, 簡牘文, 木簡, 選擇的 受容과 變容

I. 머리말

이 글은 고대 동아시아의 한자문화에 관한 하나의 사례 연구로서 東洋 三國의 合文에 초점을 맞춘 것이다. 이를 위하여 한·중·일의 출토 자료 즉, 중국의 甲骨文·金文·陶文·簡牘·帛書, 한국의 金石文·木簡·古文書, 일본의 木簡 등에 보이는 합문의 사례들을 수집·정리한 후, 상호 간의 異同을 비교함으로써 합문을 비롯한 고대 동아시아 서사문화의 전파도 "選擇的 受容과 變容"의 모델[1]로 설명될 수 있음을 보이고자 한다.

合文은 하나의 텍스트(卜辭·銘文·碑文 등) 안에서 연속해서 쓰이는 둘 이상의 한자를 수직 또는 수평 방향으로 한 글자처럼 합쳐쓴 서사 방식을 말한다.[2] 논자에 따라서는 '合字, 連字, 合體(文)字' 등의 용어를 쓰기도 한다(단, '合書/符籍 魙 "招財進寶" 등의 예는 제외함). 여기서 "한 글자 크기로" 대신에 "한 글자처럼"으로 다소 애매하게 정의한 것은 합문의 기준으로 글자의 크기가 유동적임을 고려한 것이다. 합문의 종류는 結合 方向·字數·方式 등에 따라 다음과 같이 나누어볼 수 있다.

① 結合 方向: ■ 垂直型 (𧘇〈上下〉, 𧘇〈下上〉 "一月")

■ 水平型 (𧘇〈左右〉, 𧘇〈右左〉 "祖丁")

■ 混合型 (𧘇〈上下+左右〉 "三祖丁"), 𧘇〈下上+右左〉 "十三月")

■ 內包型 (𧘇 "報丁", 𧘇 "亞戲")

---

1) 한자문화의 교류와 전파를 "선택적 수용과 변용"의 기제로 설명한 논의로는 李成市(2012), 졸고(2013)을 들 수 있다. 李成市 교수는 목간의 전파 과정에 대하여 "中國 大陸(A)→韓半島(A'→B)→日本 列島(B'→C)"로 도식화한 후, "A'와 B'는 수용자의 선택적인 수용을 나타내고 있으며 그것들을 수용한 집단에 의해서 새로운 변용이 더해짐에 따라, B 또는 C라고 하는 새로운 형태를 낳는다는 문화 수용과 변용 모델이다."라고 말한 바 있다. 필자도 종결사 용법의 '−之', 처격조사 용법의 '−中', 주제격조사 및 조건·가정 용법의 '−者' 등 吏讀字의 발달을 한문 어법의 선택적 수용과 변용의 틀을 援用하여 설명한 바 있다. 이와 비슷한 설명은 김영욱(2011)에도 보이는데, 김 교수는 목간 자료로 본 이두 발달사에 대하여 "模倣(imitation)−選擇(selection)−變形(transformation)"의 3단계로 설명한 바 있다.
2) 합문에 대한 정의에 대해서는 다음의 논의들을 참조할 수 있다.
① 商代의 甲骨文이나 周代의 金文 등에서 둘 또는 세 글자를 한 글자 자리에 합쳐쓰는 것(在商代的甲骨文和周代的金文里少數把兩个字或三个字合寫在一起的) 〈周祖謨 1988: 99〉
② 두 글자를 한 글자로 합쳐쓰는 것(二字を一字にまとめて書くこと) 〈大西克也 2009: 210〉

②結合 字數: ■二字型, ■三字型 (위의 예시 참조)

③結合 方式: ■字形 保存/省略型 (㫃"之日"/㫃"之所")

■符號 表示/省略型 (㖟"邯鄲"/㝽"公子")

■字音 維持/變化型 (大+豆→콩[대두]/ 太[태], 水+田→畓[답],

十+十→卄[입])

II. 중국의 합문 사례

1. 商(=殷)·周代

〈표 1〉殷代 甲骨文 [高明(編)(1986)에서 선별 편집]

〈표 1〉에서 보듯이 甲骨文에는 거의 모든 종류의 합문 사례들이 나타난다. 앞서 보인 합문의 제 유형 중에서 符號 表示型과 字音 變化型을 제외한 모든 사례들이 망라되고 있을 뿐만 아니라, 그 용례에 있어서도 數量詞와 人名類를 비롯하여 氣候語, 干支 등에 이르기까지 풍부한 사례들을 볼 수 있다.

1) 甲骨文 合文 用例[3]

① 數量: 一月, 正月, 二月, 三月, 四月, 五月, 六月, 七月, 八月, 九月, 十月, 十一月, 十二月, 十三月/ 一告, 二告, 三告, 四告/ 三祀/ 三旬, 四旬, 六旬/ 二示, 三示, 六示, 九示/ 一牢, 二牢, 三牢, 四牢, 五牢, 六牢, 十牢, 小牢/ 一牛, 二牛, 三牛, 四牛, 五牛, 六牛, 九牛, 十牛, 廿牛, 卅牛/

---

3) 高明(編)(1986), 「合體文字」篇(pp.523-556)을 재정리한 것임. 단, 컴퓨터로 입력하기 힘든 몇몇 용례를 제외한 거의 모든 예들을 보인 것임을 밝혀둔다.

一羊, 二羊, 四羊, 十羊/ 一豕, 二豕, 三豕, 四豕/ 二犬/ 一牝, 二牡, 三牡, 四牡, 六牡, 牝牡/ 一羌, 二羌, 三羌, 十羌, 卅羌/ 一人, 二人, 三人, 四人, 五人, 六人, 十人, 卅人, 七十人, 白(=百)人/ 二南, 三南/ 二伐, 十五伐/ 二朋, 十朋/ 十三, 十五, 五十, 六十, 七十, 八十, 九十, 二百, 三百, 四百, 五百, 六百, 八百, 九百, 二千, 三千, 四千, 五千, 六千, 八千, 三萬 등.

② 人名: 祖甲, 祖乙, 祖丙, 祖丁, 祖戊, 祖壬, 祖辛, 祖亥, 三祖丁, 四祖丁, 三祖庚/ 外丙, 外壬, 雍己/ 戔甲/ 南庚/ 般庚/ 小乙, 小辛/ 武乙, 武丁, 康丁/ 父甲, 父乙, 父丁, 父戊, 父己, 父庚, 父辛, 父黃, 小父, 父武丁/ 兄丙, 兄丁, 兄戊, 兄己, 兄庚, 兄辛, 兄壬, 兄癸/ 子丁, 子庚, 子癸, 大子, 中子, 小子/ 妣甲, 妣乙, 妣丙, 妣丁, 妣戊, 妣己, 妣辛, 妣壬, 妣癸, 多妣/ 母甲, 母乙, 母丙, 母丁, 母戊, 母己, 母庚, 母辛, 母壬, 母癸, 妣母甲, 中母, 小母, 多母/ 大甲, 大乙, 大丁, 大戊, 大庚/ 中丁/ 小甲, 小辛, 小王, 小臣/ 示壬, 示癸/ 上甲/ 報乙, 報丙, 報丁, 三報 등.

③ 氣候: 小風, 亡凡(=風)/ 小雨, 久雨, 玆雨, 其雨, 征雨, 凡(=風)雨, 亡雨, 不雨

④ 干支: 乙丑, 丙寅, 乙亥, 壬午, 庚寅, 辛卯, 乙未, 庚子, 乙巳, 戊申, 庚戌, 甲寅, 乙卯 등.

⑤ 其他: 生月, 今日, 翌日, 今夕/ 上下, 下上/ 小采/ 不用/ 不疾

한편, 殷·周代 金文에서도 이와 유사한 사례들이 다수 발견된다.

〈표 2〉에서 보듯이 殷代 금문의 합문 사례는 결합 방향이나 자수 및 방식에서 甲骨文과의 차이가 크지 않은 듯하다. 다만, '亞+X'型의 합문[4](505·9852번)이 크게 증가한 점, '北單戈', '婦好'와 같은 예가 새롭게 등장한 점 등을 차이로 꼽을 수 있을 듯하다.

한편, 周代의 金文에서는 약간의 변화가 나타난다. 우선 결합 방식에서 수직형 상하 합문이, 결합 자수에서 2자형 합문이 주종을 이루는 것이 그것이다. 다음으로 重文號(')가 새롭게 등장하였음도 특기할 만한 변화다. 937번에서의 "子'孫=子子孫", 751·10173번에서의 "子'孫'=子子孫孫"의 사례처럼 周代에 이르러 同一字 반복을 피하기 위한 重文號가 발달하기 시작하였기 때문이다. 이는 아마도 금속이라는 서사 재료와 제한된 서사 공간에서 비롯된 것으로 판단된다.

---

4) 이 유형을 합문 사례로 볼 것인지에 대한 판단은 필자의 것임을 밝혀둔다.
   그 주요한 근거는 '亞+X'型을 다음과 같이 上下 二字로 새긴 예들도 찾아지기 때문이다. ▓("亞羌", 『殷周金文集成』 6: 41, 九八五四 참조)

〈표 2〉殷·周代 金文 [中國社會科學院考古研究所(編)(2001)에서 선별 편집]

殷	時代: 殷 字數: 四 母亞狀 亞狀母乙鬲 五〇五	亞義 九八五二 亞義方彝	父庚_9867	北單戈_9868	婦好_793
周	武王既受殷邦 王四方達萬史烈 有政上帝降懿大塞匍 日古文王初盩穌于 二五一 痶鐘	鄭大師小子 侯父作寶 寶子子孫永 甗用 九三七 鄭大師小子甗			
周	子子孫孫其萬年 眉壽其萬年 皇且考用自乙 乘組用父其旅 仲枏父匜 唯六月初吉 七五一 仲枏父匜 字數: 三七(又重文二) 合文二 時代: 西周中期 現藏: 武功縣文化館	唯十又二年正月初吉丁亥虢季子 白作寶盤 丕顯子白 經維四方 搏伐玁狁 于洛之陽 折首五百 執訊五十 是以先行 王格周廟宣榭 爰鄉 王曰白父 孔顯有光 王賜乘馬 是用左王 賜用弓彤矢其央 賜用戉用政蠻方 子子孫孫萬年無疆 一〇一七三 虢季子白盤 字數: 一〇六(又重文四·合文一) 時代: 西周晚期 清道光年間(一八四〇) 出土: 陝西寶雞虢川司 現藏: 中國歷史博物館			

2. 戰國時代

〈표 3〉 戰國時代 合文 [何琳儀(1998)에서 선별 편집]

之家 ... **之月** ... **之日**	**大夫** ... **公孫** ... **句車** / **玉珥** / **玉琥** / **玉珧** ... **夫足** / **夫夫**

〈표 3〉에서 보듯이 戰國時代의 합문 사례는 결합 방향이나 자수에서 상하 합문 및 2자 합문이 우세한 周代 금문의 특징들을 계승하는 가운데 몇 가지 변화도 나타난다. 우선 주대 금문에서의 重文號가 合文號로도 이용되면서 합문호 표시형이 대폭 증가한 점이 첫 번째의 차이점으로 꼽을 수 있다. 다음으로 (2)의 합문 용례에서 보듯이 地名·人名·官名 및 이들에서 유래된 複姓例들이 새롭게 등장하였을 뿐만 아니라, '又+X', '之+X', '中+X', '小+X', '玉+X', '私+X'의 상용 어구를 비롯하여 'X+車', 'X+鼎', 'X+牛', 'X+馬', 'X+犬' 등의 일상 어휘들도 새롭게 등장하는 대신, 갑골문에서의 기후·간지어 용례가 자취를 감추었음이 두 번째의 차이점으로 꼽을 수 있겠다.

1) 戰國時代 合文 用例[5]

① 數量: 一十, 十一, 十二, 十三, 十四, 十五, 十六, 十七, 十八, 十九, 二十, 廿一, 廿二, 廿三, 廿四, 廿五, 廿六, 廿七, 廿八, 廿九, 三十, 卅一, 卅二, 卅三, 卅四, 卅五, 卅六, 卅七, 卅八, 卅九, 四十, 卌一, 卌三, 卌四, 卌五, 卌七, 卌八, 五十, 五一, 五二, 五三, 五十五, 五十八, 五十九, 六十, 六十一, 六十四, 六十五, 七十, 八十, 一百, 八百, 二千, 二万, 六万, 七万, 八万, 百萬/ 一夫, 一耳, 一月, 一刀, 一車, 一觕/ 二日/ 三耳, 厽(=三)枏, 厽匀(=旬), 厽分/ 四人, 四分, 五日, 五月, 五鹿/ 六馬, 六刀/ 七日, 七月/ 八月/ 十月, 十七年

② 地名: 北平, 中易(=陽), 高安, 句丘, 句瀆, 盧氏, 夫疋, 白羊(=象), 行易(=陽), 上各(=洛), 易(=陽)曲, 陽邑, 左邑, 貝它(=地)

③ 人名: 寶刀, 高上, 黃茸, 車右, 睪(=釋)之, 馬重(=童), 向子, 相女(=如), 宅人, 山武, 鬼月, 豕褱(=韋), 內明, 君子

④ 官名: 司工(=空), 司寇, 公乘, 工帀(=師), 冢子, 大夫

⑤ 複姓: 丌毋, 司徒, 北宮, 乘馬, 匋叔, 柔多, 少曲, 公孫, 空侗, 東谷, 下沱, 者余(=諸禦), 疋于, 馬帝(=適), 馬帀(=師), 上官, 臧馬, 敦(=淳)于, 文是(=氏), 甘丹(=邯鄲)

⑥ 其他: 又(=有)日, 又二, 又五, 又六/ 之首, 之色, 之所, 之日, 之月, 之歲, 之市, 之宅, 之冢(=重)/ 中月, 中昌/ 小人, 小大, 小魚, 小具/ 玉琥, 玉環/ ム(=私)官, ム庫, ム尒(=璽)// 乘車, 輕(=廣)車, 卑車, 外車, 韋車/ 容鼎, 縈鼎, 𩜋(=飯)鼎// 㪍牛, 直(=植)牛/ 馬䯅馬, 驪馬, 匹馬, 駟馬/ 白犬/ 大狐 // 寡人, 公子, 大父, 子孫, 司(=嗣)子, 臤(=賢)子, 孝孫, 匋攻(=陶工), 窮身, 余子, 女曷 // 見日, 備(=佩)玉, 革靳, 服工, 彤周, 到于, 至于, 下庫, 弩弓, 㝵月, 釿月, 上下, 靑中, 垂冶, 祭豆, 日月, 疾首, 疾巳, 公區, 韋彡, 絇組, 金夫, 枼林 등

또한 李守奎(編)(2003)을 통하여 위의 용례들 외에 "一堣, 纞月, 之志, 之心, 大古, 戈易, 土堕, 兄弟,

5) 何琳儀(1998), 「合文」篇(pp.1476—1508)을 재정리함.

艸茅, 竹篋, 里社, 視日, 聖人, 他人, 魯人, 小韋, 冢豕, 猪豕, 騂馬, 馬鹿, 商之, 先之, 淺澤, 顔色, 敎學, 妻女, 厚奉, 竝立, 孼子, 害割" 등을 楚의 사례로 추가할 수 있다.[6] 또 하나 戰國時代의 새로운 특징으로는 "重(=童), 女(=如), 工(=空), 是(=氏), 又(=有), 冢(=重), 厶(=私), 贪(=飯), 直(=犆), 司(=嗣), 孼(=賢)" 등의 異文(=異表記)의 발달을 꼽아도 좋을 것이다.

3. 秦·漢代

〈표 4〉 秦代 合文 [張守中(撰)(1994), 袁仲一·劉鈺(編)(2009)에서 전체 옮김]

簡牘	大夫	之志	此崤	裘衣	事吏	旅衣	貨貝	婆女	牽牛
	偽爲	營室	驀馬						
陶文	493 廿	1773 廿三	500 卅	505 卅一					
	1135 卌五	536 八十	633 □□六斔	640 左司空					

---

6) 張光裕(主編)(1993)에 따르면 郭店楚簡의 合文例로는 "淸靜, 林経"의 예도 추가할 수 있다.

〈표 5〉 漢代 合文 [佐野光一(編)(1985), 駢宇騫(編)(2001), 陳松長(編)(2001)에서 옮김]

簡牘								
居延圖192 6·15 十七	居延圖59 334·36 卅六	居延圖574 128·71 五十	居延圖156 57·23 七十	居延圖108 395·14 正月	居延圖574 128·64 三月	居延圖573 128·60 壬午	居延圖100 15·8 令史	居延圖216 145·7B 尉史
銀雀山 240 大夫								

帛書								
春 ○○七 燕大夫子□衙〈率〉市 (師)以衙〈御〉晉人	遣三 八隸室各二	陰乙 七星寅 ○四一	陰甲 □矛〈卯〉七星 ○一八	戰 五百七十 一四七	二 ○一○ 出田七月不歸	六十五 養 ○三一	星 一三二 余五十二	陰甲 一○八 小月浴於川溪
五 二一七 孔子之闆輕者之鼓								
堂 二 星 ○九二 與營室晨出東方	韋 二 星 一一七 與牽牛晨出東方	州 □日東井 星 ○三○	星 一八 [撈]提格以正月與營室 晨出東方	陰甲 一九四 此觜觿參皆	星 ○八八 與娶女晨出東方			

〈표 4·5〉에서 보듯이 秦·漢代에 이르면 합문이 급격히 감소하는 추세를 보인다. 상하 합문이 주류를 이루고 있고, 용례에 있어서도 새로운 유형이 보이지 않을 뿐만 아니라, 漢代 자료에서는 합문호의 소멸 경향마저 나타나고 있다. 실제 합문 사례는 漢代 이후 '卅[人執切], 卅[悉盍切], 卌[先立切]' 등 字音 變化 型을 제외하고는 예를 찾기 어려운 듯하다.

III. 한·일의 합문 사례

1. 한국

〈표 6-1〉 新羅 金石文 [성균관대 박물관(편)(2008), 국립경주박물관(편)(2002) 편집]

數量	十一 명활_1·7 551	十一 무술오_1 578	十一 보림사北_1·3 870	十二 무술오_8 578	廿 냉수리_前3 503	廿 명활_8 551	廿 임신_4 552?
	廿 무술오_7 578	廿 남산1_1 591	廿 남산2_2 591	廿 남산3_1·3 591	廿 남산7_1 591	廿 남산9_1 591	卅? 병진명_3 536
數量	量卅 명활_8 551	卅 창녕비_4 561	卅 정원명_7 798	卅 묘길상4_6 895	卌 정원명_7 798	卌 묘길상4_6 895	
	一尺 관문1_3 722?	二人 임신_1 552?	三寸 명활_6 551	五尺 명활_4 551			
官職名	一伐 명활B_4 551?	一伐 무술오_4·5·6 578	一伐 남산4_7 591?	一尺 남산4_8 591?	上人 남산3_5 591	上人 남산4_9·10 591?	上人 남산5_5 591

官職名					
上干 남산2_7·8 591	上干 남산4_6 591?	大舍 남산3_4 591	大舍 계유左_2·3 673	小舍 남산3_5 591	小舍 조로2년명 680
干支 명활B_2·3 551?	大工尺 명활B_2 551?	大干 대간명토기 6C 이후	大干 대간명토기 6C 이후	乃末 정원명_10·11 798	功夫 정원명_7 798

其他		待考字				
畨 창녕비_6 561	城上 남산4_7 591?		貝? 무술_1 578?	畓? 남산4_9 591?	外? 남산4_9 591?	回? 남산4_10 591?

〈표 6-2〉 新羅 木簡·古文書 [국립경주박물관(편)(2002), 국립창원문화재연구소(편)(2006)]

數量						
十二 이성_118 548?	卄 함안_06w40 6-7C	卄 신라장적 695?	卅 신라장적 695?	卌 신라장적 695?	六十 신라장적 695?	八十 신라장적 695?

數量						
一石 함안_7 6-7C	一石 함안_11 6-7C	一石 함안_16 6-7C	一石 함안_29 6-7C	一石 함안_31 6-7C	一石 함안_32 6-7C	一石 제2신라문서 8C 중엽?

官職名	一伐 함안_4 6-7C	一伐 함안_14 6-7C	一尺 함안_29 6-7C	上干 함안_23 6-7C	韓舍 안압지_184 8C	乃末 제2신라문서 8C 중엽?	大舍 제2신라문서 8C 중엽?
	奴人 함안_5 6-7C	主人? 함안_53 6-7C	女子 신라장적 695?				
其他	古刀 함안_30 6-7C	一古 함안_07w33 6-7C	比尸 함안_39 6-7C	尺乙 함안_68 6-7C	於內? 제2신라문서 8C 중엽?	畓 신라장적 695?	大豆 제2신라문서 8C 중엽?

韓國의 합문 사례는 新羅[7]의 金石文·木簡·古文書 등의 출토 자료들에서 散見된다.

〈표 6-1·2〉에서 보듯이 수사 '卄, 卅, 卌'을 제하면, 2자 상하 합문이 절대 다수를 차지하고 있고, 합문호의 흔적은 전혀 찾아지지 않는 특징을 보이고 있다. 또한 '大舍, 小舍' 등 자형 상의 공통 요소를 지니는 글자들끼리의 합문 사례도 보인다. 합문 용례로는 수량사, 관직명류가 주류를 이루는데, '畓, 奴人, 主人, 女子, 大豆' 등의 일상 어휘들뿐만 아니라, '古刀, 一古, 比尸, 尺乙, 於內' 등 지명 또는 인명의 일부도 합문에 근접한 표기 방식을 보이기까지 한다.[8]

---

7) 高句麗나 百濟의 출토 자료에서는 합문 사례를 찾기 어려운 듯하다. 예를 들어, 신라에서 일찍부터 합문 사례로 나타나는 '畓'의 경우는 ▨ / ▨〈부여 궁남지_295, 7C / 나주 복암리_5, 7C〉에서 보듯이, 아직 '水田'에 가깝게 서사되어 있기 때문이다.

8) 이용현(2007: 126~127)에서는 '比尸, 尺乙, 古刀'를 받침어의 예로 들어 후대의 '乭'과 같은 표기의 선행형으로서의 의의를 찾고 있다. 한편, '大豆'가 '太'로 변모한 사례는 고려시대의 고문서 『佛國寺无垢淨光塔重修記』(1024)에서 찾을 수 있다. ▨大豆_68, ▨太_58.

2. 일본

〈표 7〉 日本 木簡 [奈良文化財研究所 木簡DB⁹⁾ 및 奈良文化財研究所(編)(2013)에서 편집]

數量	十一 平城宮 1-404	十二 平城宮 2-2328	五十 城34-14 上	六十 城34-14 上	八十 城34-14 上	二合 平城宮 3-4617	三人 平城宮 2-2757
	廿	廿	廿	卅	卅	卌	卌
	藤京00982	藤京01305	平宮00478	平宮00461	平宮00469	平宮00198	平宮06864
年號／干支	和銅	養老	天平	景雲	乙未	丁丑	己亥
	平京00185	平宮02892	平京04537	平宮02819	藤宮00184	藤京00193	藤宮00183
地名	志摩	遠江	丹波	丹波	丹波	但馬	香川
	藤宮01153	平宮11956	平宮02901	平宮11306	平宮12646	平宮07903	平宮12665
人名	日置	日下部	日下部	丹人部	物部	物部	麻呂
	平宮02234	平宮00330	平宮02726	平京11312	平宮03076	平宮04786	平京00065

9) 奈文研 木簡字典 DB의 간단 검색창(http://jiten-kr.nabunken.go.jp/easy/index.php)에서 일부 예를 검색한 후 화면을 캡처한 것인데(수량 용례 첫 줄에 해당), 좀 더 체계적으로 검색한다면 실제 사례는 이보다 훨씬 많을 것임을 밝혀둔다.

	末呂	万呂	万呂	万呂	万呂		
人名	 平京00341	 平京04535	 平京04626	 平京04606	 平京04835		
	書吏	官人	戸主	戸口	年魚		
其他	 平京00286	 平宮03754	 平宮00325	 平京04888	 平宮02866		

日本의 합문 사례는 목간 자료 중심으로 수집한 것이라 한계는 있을 것이나, 〈표 7〉에서 보듯이 新羅의 예들과 크게 다르지 않은 특징을 찾을 수 있다. 수사 '卄, 卅, 卌'을 제외하면, 2자 상하 합문이 절대 다수를 차지하고 있으면서 합문호의 흔적은 역시 전혀 찾아지지 않음이 공통적인데, 年號의 용례가 새롭게 등장한 것이 큰 차이점이라 할 수 있을 정도이다.

IV. 고대 동아시아 합문의 異同과 그 意義

1. 각국 합문의 異同 정리

```
<C1=殷>        ⇒        <C2=周>        ⇒        <C3=戰國>        ⇒        <C4=秦·漢>
==============================================================================
▪方向: ‖~⇆~‖+⇆        ↓(~⇆?)                ↓(~⇆)                ↓(~⇆)
▪字數: 2~3             2                     2                     2
▪字形: 保存~省略        保存~省略              保存~省略              保存~省略
▪符號: 合文號×          合文號×(重文號○)        重文號→合文號○         合文號○~×
▪字音: 維持            維持                  維持                  維持
▪用例: 數量>人名>干支    [No Data]            數量>固有名詞類          數量~官名~其他


<K=新羅>        ⇒        <J=日本>
==============================================
▪方向: ↓(~⇆)           ↓(~⇆)
▪字數: 2~3             2
▪字形: 保存(~省略)       保存(~省略)
▪符號: 合文號×          合文號×
▪字音: 維持(~變化)       維持
▪用例: 數量>官名>其他     數量~年號~地名~人名~干支
```

2. 漢字文化史上의 意義

이제 위에서 정리된 동양 삼국의 합문의 異同을 중심으로 한자문화사적으로 지니는 의의를 略述하는 것으로 본고를 마무리하고자 한다.

첫째, 한자문화의 전파에 대한 설명 기제로서의 "선택적 수용과 변용"을 實證한다는 점이다. 아래에서 보듯이 이는 중국의 내·외부 모두 적용될 수 있음이 특징적이다.

ⓐ 殷⇒周: 殷代의 합문 유형들 중에서 주로 上下 2字 合文型을 계승하되〈선택적 수용〉, 重文號를 새롭게 導入〈변용〉

ⓑ 周⇒戰國: 周代의 특징들을 대부분 계승하되〈수용〉, 重文號를 合文號로도 사용하였을 뿐만 아니라 용례 면에서 일상어가 증가〈변용〉

ⓒ 戰國⇒秦·漢: 戰國時代의 특징들을 대부분 계승하되〈수용〉, 合文號 省略型이 등장하였을 뿐만 아니라 용례 면에서 급격한 감소〈변용〉

ⓓ 中國⇒韓國: 중국 역대(특히 秦·漢代)의 다양한 합문 유형 중에서 주로 上下 2~3字 合文型을 계승하되〈선택적 수용〉, 合文號 省略型으로 통일시켰으며, 字音 變化(또는 訓讀)型이 새롭게 등장〈변용〉

ⓔ 中·韓⇒日本: 中·韓의 다양한 합문 유형 중에서 주로 上下 2字 合文型을 계승하되〈선택적 수용〉, 용례 면에서 年號가 새롭게 등장〈변용〉

둘째, 주로 上下 2~3字 合文型을 선택적으로 수용한 경험은 韓·日에서 각기 고유한 한자들[國字](한국: 畓, 太, 垈 등, 일본: 麿, 畠 등)를 만들어낼 수 있었던 기반의 하나로 작용하였을 가능성을 말할 수 있을 듯하다.

셋째, 甲骨文에서의 "凡(=風)", 戰國時代 자료들에서의 "重(=童), 女(=如), 工(=空), 是(=氏), 又(=有), 冢(=重), 厶(=私), 貧(=飯), 直(=犆), 司(=嗣), 臤(=賢)" 등의 異文例들은 漢語 上古音 연구의 새로운 자료원으로서의 가치를 말할 수 있다는 점이다. 예를 들어, "凡(=風)"의 사례는 「風」자의 상고음 운미를 -m으로 재구함에 가장 직접적인 傍證이 될 수 있고, "女녀(=如 ㎙)"의 사례는 章炳麟의 "古音娘日二紐歸泥說"(상고음의 娘母와 日母는 泥母로 귀납된다는 설)을 뒷받침하는 증거가 되며, "又(=有)"의 사례는 『論語』 學而篇에서의 "有子曰 信近於義 言可復也 ……" 구절을 "又 子曰 信近於義 言可復也"로 새롭게 해석하려는 논의에 보탬이 될 것이기 때문이다.

넷째, 新羅 "夫"銘高杯新羅 "夫"銘高杯(상주 청리고분군 출토)에서의 명문 "夫"를 "大夫"로 해석할 수 있는 가능성이 있다는 점이다.

'夫'銘高杯
신라 상주 청리
높이 6.0cm

국립대구박물관
Mounted Dish with inscription H. 6.0cm

49. '대부'·'정' 새김단지 '大夫'·'井'銘土器
백제 서울 풍납토성 현높이(右) 19.3㎝ 한신대학교박물관
Jars with inscription H(R). 19.3㎝

위의 그림 자료들에서 보듯이 신라의 "夫"銘高杯는 백제의 풍납토성에서 출토된 "大夫"·"井"銘土器와 그 성격이 비슷하다는 점에서 "夫=大夫"의 가능성을 말할 수 있다. 둘 다 首長級의 묘역에서 출토된 유물이라는 점에서 비슷한 성격의 銘文으로 판단되기 때문이다. 여기에 더하여 앞서 Ⅱ장 3절에서 살펴본 秦·漢代의 합문들에서 "大夫=夫₌"의 사례가 존재할 뿐만 아니라(戰國時代 자료들에서도 있음), 이러한 합문의 전통을 수용한 신라에서는 합문호(₌)를 생략하는 변용을 보였다는 점에서 보면 "夫=大夫"의 가능성이 그만큼 더 높아진다고 할 수 있기 때문이다.

투고일: 2015. 4. 22.   심사개시일: 2015. 4. 29.   심사완료일: 2015. 5. 18.

1) 資料集

국립경주박물관(편), 2002,『문자로 본 신라』, 예맥출판사.

국립부여박물관(편), 2008,『백제 목간』, 학연문화사.

국립부여박물관·국립가야문화재연구소(편), 2009,『나무 속 암호 목간』, 예맥출판사.

국립중앙박물관·대한불교조계종, 2009,『불국사 석가탑 유물 02 重修文書』, ㈜시티파트너.

국립창원문화재연구소(편), 2006,『개정판 한국의 고대목간』, 예맥출판사.

성균관대학교 박물관(편), 2008,『신라 금석문 탁본전』, 성균관대학교출판부.

高明(編), 1986,『古文字類編』, 台北: 大通書局.

奈良文化財硏究所(編), 2013,『改訂新版 日本古代木簡字典』, 東京: 八木書店.

駢宇騫(編), 2001,『銀雀山漢簡文字編』, 北京: 文物出版社.

袁仲一·劉鈺(編), 2009,『秦陶文新編 下編 圖版』, 北京: 文物出版社.

陸錫興(編), 1989,『漢代簡牘草字編』, 上海: 上海書畫出版社.

李守奎(編), 2003,『楚文字編』, 上海: 華東師範大學出版社.

張光裕(主編), 1993,『郭店楚簡硏究 第一卷 文字編』, 台北: 藝文印書館.

張守中(撰), 1994,『睡虎地秦簡文字編』, 北京: 文物出版社.

佐野光一(編), 1985,『木簡字典』, 東京: 雄山閣(서울: 雲林筆房 影印).

中國社會科學院考古硏究所(編), 2001,『殷周金文集成釋文 1~6』, 香港: 中文大學中國文化硏究所.

陳松長(編), 2001,『馬王堆簡帛文字編』, 北京: 文物出版社.

何琳儀, 1998,『戰國古文字典-戰國文字聲系』, 北京: 中華書局.

2) 論著類

권인한, 2013,「한문 어법의 선택적 수용과 변용」,『학문장과 동아시아』, 성균관대학교출판부, pp.131-160.

金永旭, 2011,「목간에 보이는 고대국어 표기법」,『구결연구』26, 구결학회, pp.167-193.

윤선태, 2008,「신라의 문자자료에 보이는 부호와 공격」,『구결연구』21, 구결학회, pp.277-308.

李成市, 2012,「목간·죽간을 통해서 본 동아시아의 세계」,『지하의 논어, 지상의 논어』, 성균관대학교출판부, pp.143-165.

이용현, 2007,「목간으로 본 신라의 문자·언어 생활」,『구결연구』18, 구결학회, pp.105-139.

하일식, 2009,「무술오작비 추가 조사 및 판독 교정」,『목간과 문자』3, 한국목간학회, pp.139-156.

管錫華, 2002, 『中國古代標點符號發展史』, 成都: 巴蜀書社出版社.

大西克也, 2009, 「屈原の書いた漢字」, 『アジアと漢字文化』, 東京: 放送大學敎育振興會, p.99.

周祖謨, 1988, 「合文」, 『中國大百科全書·語言 文字』, 北京·上海: 中國大百科全書出版社, p.210.

〈Abstract〉

A Study on the Sinographic Ligature in Ancient East Asia

Kwon, In−han

As this paper is a case study on the interaction of Sinographic Culture in ancient East Asia, it focused on the data of Korean, Chinese, and Japanese 'Ligature'. 'Ligature' means a way of writing a Chinese character to combine two or more sequent Chinese characters in the text vertically or horizontally.

'Ligature' was originally begun in China. It was found in various written texts throughout the ages such as "oracle bone scripts(甲骨文)" in the Shang Dynasty(=the Yin Dynasty), "bronze scripts(金文)" in the Zhou Dynasty and the warrior states period and "bamboo or wooden slip scripts(簡牘文)" in the Han Dynasty. The various forms of 'Ligature' co−existed in "oracle bone scripts". That is to say that two characters were combined downward, upward, leftward or rightward. It is found that the forms of 'Ligature' were changed when reviewed 'Ligature' in "bronze scripts" and "bamboo or wooden slips scripts". Gradually the form of combining two characters downward increased and ligative marking(合文號) got disappeared. In addition, the combination of two characters that have the shape of character in common, increased when investigating "bamboo or wooden slips scripts" in the Qin and Han Dynasty.

The examples of 'Ligature' that were used in the Korean Peninsula are commonly found in epigraphs, wooden tablets, and ancient manuscripts in the Silla Dynasty. In these examples, the form that two characters combined downward got an absolute majority and it is distinctive that any trace of ligative marking was not found. In addition, partially the combination of two characters that have the shape of character in common, is found in some examples. These examples are regarded as similar cases of the form of 'Ligature' found in "bamboo or wooden slips scripts" in the Qin and Han Dynasty. As a result, the development of the 'Ligature' in the Silla Dynasty can be summarized as followings: among various forms of Chinese 'Ligature', the form that two characters combined downward without a ligative marker(e.g., 水+田→畓) was firstly accepted and then whole or part of the character of the lower part was simplified as a dot (丶) (e.g., 大豆→查→太). Thus, it can be said that 'Ligature' used in the Silla Dynasty developed from simply using a form of Chinese 'Ligature' into creating a distinctive type of 'Ligature'.

Meanwhile, the examples of 'Ligature' in Japan are mostly found in "wooden tablets(木簡)". They are not much different from the forms of 'Ligature' in the Silla Dynasty. Later some unique forms of 'Ligature' that combined a katakana(片仮名) and a Chinese character(e.g., ト+云→㑒) were used but the examples of this form cannot be found many.

As examining the data of 'Ligature' in ancient East Asia, this paper can reconfirm the fact that China, Korean and Japan carried out Sinograpic cultural exchange. People in the Korean Peninsula played roles of both recipients and messengers. In particular, "they selectively accepted Sinograpic culture of China and transformed them, and then delivered them to people in the Japanese Archipelago".

▶ Key words: Sinographic Ligature, oracle bone scripts(甲骨文), bronze scripts(金文), bamboo or wooden slip scripts(簡牘文), selective acception and transformation in Sinograpic culture of China

慶州 出土 高麗時代 "院"銘 기와의 檢討

柳煥星[*]

Ⅰ. 머리말
Ⅱ. 경주 출토 "院"銘 기와의 현황
Ⅲ. "院"銘 기와의 특징 및 편년
Ⅳ. "院"銘 기와의 출토위치에 대한 검토
Ⅴ. 경주 출토 고려시대 "院"銘 기와의 의의
Ⅵ. 맺음말

〈국문초록〉

원(院)은 주요 교통로상에 위치하고 있으면서, 행려(行旅)들에게 숙식을 제공하고 우마(牛馬)에게 먹이를 공급하는 기능을 가지고 있다. 원은 고려시대 불교계와 밀접한 관련을 맺으면서 인적·물적 교류를 관장하는 장소로서 주목되는 곳이다. 사실『高麗史』,『新增東國輿地勝覽』과 그밖에 다른 문헌에서 원은 일부 언급되어 있고, 당대의 명문기와 등 실제자료에서도 원이 확인되고 있는 실정이다. 그 가운데 경주에서 출토된 "院"명 기와는 다연원(茶淵院), 미륵원(彌勒院), 대로원(大櫓院) 등 모두 3종류이며 5곳에서 출토되었다.

본고는 경주에서 출토된 3종류의 "院"명 기와에 대한 현황을 명문의 속성(명문의 시문형태, 방곽유무, 명문내용)과 기와의 속성(기와두께, 타날판의 길이, 타날방향, 타날문양)을 통해 살펴보고, 그 특징과 편년을 검토하였다. 그 결과, 3종류의 "院"명 기와를 명문의 속성, 기와의 속성, 비교유물 등을 통하여 "茶淵院"명 기와(10세기 말~11세기 말), "彌勒院"명 기와(11세기~13세기), "大櫓院"명 기와(1291) 순으로 편년을 살펴볼 수 있었다. 즉, 이 3종류의 "院"명 기와는 10세기 말에서 13세기 말까지의 고려시대 기와인 것이다.

이러한 기와의 출토지와 편년으로 볼 때, 조선시대 원의 위치가 표기된『新增東國輿地勝覽』의 내용과

---

* (재)서라벌문화재연구원 선임연구원

달랐음을 알 수 있다. 다연원의 경우, 『新增東國輿地勝覽』에 언급이 없고, 미륵원의 경우 그 위치가 불분명하였다. 그리고 대로원의 경우, 명문기와의 출토량, 김생과 창림사와의 연관성, 창림사지의 입지와 경관을 통하여, 대로원이 조선시대에는 오릉의 숭덕전일 가능성이 높지만, 고려시대에는 창림사지 주변일 가능성도 제기하였다. 이러한 것을 토대로 3곳의 원에 대하여 나름의 의의를 부여하였다. 다연원의 경우 조선 초기 원이 정비되면서 어떠한 변화로 사라졌을 가능성이 있다는 점, 미륵원의 경우 원 내에 기와가마를 번조했을 만큼의 경제력이 있었다는 점, 대로원의 경우 『高麗史』와 『東都歷世諸子記』의 내용, 명문의 관직 명칭과 내용으로 볼 때, 국가가 관여했을 만큼 경주지역 내 명망있는 원이었다는 점이다. 그리고 "大櫓院"명 기와에 확인되는 이계제는 성종 6년(1475)에 편찬된 『東都歷世諸子記』에 언급되어 있는 것도 확인하였다. 마지막으로 3종류의 "院"명 기와의 내용을 통하여 경주지역 내 원의 조와(造瓦) 시스템에 대한 변화 가능성이 있다는 점도 언급하였다.

이러한 일련의 작업은 3종류이긴 하지만, 흩어져 있는 경주지역 내 고려시대 "院"명 기와를 통하여 원의 존재여부 및 위치, 더 나아가 원의 조성주체와 기능을 파악하는데 기초자료가 될 것으로 기대한다.

▶ 핵심어 : 경주, 고려시대, 원(院), "院"명 기와, 다연원, 미륵원, 대로원, 창림사, 오릉 숭덕전, 신증동국여지승람, 동도역세제자기, 이계제, 관직, 조와시스템

I. 머리말

원(院)은 주요 교통로상에 위치하고 있으면서, 행려(行旅)들에게 숙식을 제공하고 우마(牛馬)에게 먹이를 공급하는 기능을 가지고 있다. 원을 통하여 인적·물적 이동과 교류를 파악할 수 있는데, 역(驛)과 유사한 기능을 가지고 있다. 대부분 역은 중앙관청의 공문을 지방관청에 전달하며 외국 사신의 왕래와 관리의 여행 또는 부임 때 마필을 공급했던 곳이고, 원은 숙식 및 편의를 제공하던 공공 여관으로 이해하고 있다. 다만 고려시대의 원은 불교계와 밀접한 관련을 맺으면서 건립하여, 인적·물적 교류를 관장하는 장소로서 주목되는 곳이다. 고려시기 불교계는 사회 경제적으로 상당한 지위를 차지하고 있으므로, 원이 차지하는 비중은 클 수밖에 없다.[1]

지금까지 원에 대한 연구는 주로 문헌이나 문집 속에 입전된 원의 조성·운영·기능·지리적 특징 및 역을 통한 교통로을 다루면서 단편적으로 이루어졌다.[2] 한편 경주 지역으로 공간을 한정시킨 역원 연구도

---

1) 李炳熙, 2009, 『高麗時期 寺院經濟 硏究』, 景仁文化社, pp.455-457.
2) 金相鉉, 1981, 「麗末鮮初 佛敎界의 院 經營」, 『第24回全國歷史學大會發表要旨』; 崔永俊, 1990, 『嶺南大路』, 高麗大民族文化硏究所; 韓嬉淑, 1992, 「朝鮮初期의 院主」, 『西巖趙恒來敎授華甲紀念韓國史學論叢』; 崔孝軾, 1997, 「朝鮮初期의 院 經營에 관한

이루어졌는데, 명문기와와 입지 및 『新增東國輿地勝覽』의 기록을 근거로 당시 경주지역 내 역과 원의 위치를 파악했다는 점에서 괄목할 만하다.[3] 본고 역시 이러한 기존 성과를 염두에 두면서, 경주지역에서 새롭게 확인된 "院"명 기와를 중심으로 그것이 가지는 역사적 의미를 추구해 보고자 한다.

우선 본고의 구성은 다음과 같다. Ⅱ장에서는 경주에서 출토된 "院"명 기와의 현황을 살펴보고, 이어 Ⅲ장에서는 "院"명 기와의 비교를 통하여 그 기와의 편년을 설정하고자 한다. 이렇게 편년을 설정한 "院"명 기와를 통하여 Ⅳ장에서는 출토지 검토를 한 후, Ⅴ장에서는 경주 출토 "院"명 기와에 대한 의의를 살펴보고자 한다. 마지막으로 Ⅵ장에서는 논의한 내용을 정리하고 향후 과제를 살피는 것으로 해서 글을 마무리하고자 한다.

Ⅱ. 경주 출토 "院"銘 기와의 현황

『新增東國輿地勝覽』에서는 경주부에 원이 36개소 있다고 기록되어 있다.[4] 문헌에서는 경주에 원이 다수 확인되지만, 실제 고고자료로 확인된 사례는 미륵원과 대로원뿐이다. 그리고 문헌에서 보이지 않는 다연원도 새롭게 확인되었다. 이렇게 확인된 것은 3종류의 명문기와가 전부이며, 경주지역의 여러 곳에서 분산되어 출토되었다. 우선 본 장에서는 경주에서 출토된 3종류의 "院"명 기와의 현황에 대하여 살펴보고자 한다.

1. "茶淵院"명 기와 (그림5)

"茶淵院"명 기와는 창림사지와 부산성에서 출토되었다. 창림사지는 경주 내 남쪽의 배동의 동남산 자락에 있고, 부산성은 경주 내 서쪽 건천읍 송선리에 위치하고 있는데, 이 두 유적지 간의 거리는 대략 15㎞ 정도로 다소 떨어져 있다. 현재 2점이 보고되어 있다.[5]

창림사지의 경우 최근 1차 시굴조사와 1차 발굴조사를 통하여 별도의 가람과 건물지 등이 확인되었

考察」, 『竹堂李炫熙教授華甲紀念韓國史學論叢』; 李炳熙, 1998, 「高麗時期 院의 造成과 機能」, 『靑藍史學』 第二輯; 鄭枖根, 2008, 『高麗·朝鮮初의 驛路網과 驛制 硏究』, 서울대박사학위논문.

3) 강봉원, 2010, 「구어역'(仇於驛)의 위치에 관한 고찰: 불국사 경내 출토 '仇於馹'(구어일) 명문기와와 관련하여」, 『大邱史學』 第98輯.
   朴方龍, 2013, 『新羅都城』, 학연문화사.

4) 『新增東國輿地勝覽』 21卷 慶尙道 慶州府 驛院條에서는 36개소의 원이 있는데 다음과 같다. "甫伊院, 東院, 龍頭院, 長嶺院, 惠利院, 毛火村院, 要光院, 利見院, 典洞村院, 南院, **大櫓院**, 天龍院, 仇沙院, 回源村院, 仇良火村院, 大悲院, 金藏院, **彌勒院**, 高院, 永慶院, 果雙院, 甘助村院, 楓井村院, 新院, 天恩院, 館院, 花山村院, 廣濟院, 所也院, 閑甫院, 礪院, 仁多院, 多叱院, 竹洞院, 待候院, 多文村院"

5) 國立慶州博物館, 慶州世界文化엑스포組織委員會, 2000, 『新羅瓦塼』, p.374, NO.1228.
   國立慶州博物館, 慶州世界文化엑스포組織委員會, 앞의 책, p.370, NO.1205.
   國立慶州博物館, 2002, 『文字로 본 新羅』, p.108, NO. 210.

다.[6] 이러한 조사를 통해서 후술할 "大櫨院"명 기와가 다수 출토되었지만 "茶淵院"명 기와는 출토되지 않는 점이 흥미롭다. 발굴보고에서는 구체적으로 원(院)과 관련한 언급은 없었다. 부산성은 1978년 경주박물관에서 목장개설로 인하여 유적조사를 실시하였다.[7] 그 결과 탐색조사로 인하여 자세한 유구 범위 및 성의 규모는 알 수 없었지만, 다수 출토된 와전류 가운데 서편 봉수대 밑 암문지에서 "茶淵院"명 기와가 출토되었다. 부산성 역시 "茶淵院"명 기와와 관련한 유구 및 시설물에 대한 언급은 없다.

2점 가운데 비교적 잘 남아있는 창림사지 출토 "茶淵院"명 기와를 살펴보면 다음과 같다. 표면은 암청색을 띠고 있으며, 잔존너비 12.5㎝, 잔존길이 11.7㎝, 두께 2.2㎝이다. 외면에는 장판타날된 선문 내 세장방형의 방곽이 2개가 있다.[8] 우측의 방곽에는 종서로 우서양각된 "茶淵院"이 확인되고, "淵"자의 경우 이체자이다. 명문이 있는 좌측의 방곽에는 "X"로 표기되어 있다.

2점 모두 암기와이며, 명문의 형태, 타날문양 및 기와의 두께로 볼 때, 창림사지 및 부산성 출토의 "茶淵院"명 기와는 같은 것으로 판단된다.

2. "彌勒院"명 기와 (그림6)

"彌勒院"명 기와는 현재 경주 불국사 천왕문 동쪽에 있는 성보박물관부지에서만 출토되었고, 모두 3점이다. 불국사 성보박물관부지는 경주대박물관에서 2004년 발굴조사 결과 고려시대에서 조선시대까지의 기와건물지, 도로유구가 확인되었는데, "彌勒院"명 기와와 관련된 유구는 확인되지 않았다.[9] 그러나 "仇於駈"명 기와가 187점이 출토된 점이 흥미롭다.

3점의 "彌勒院"명 기와를 분석해본 결과[10] "彌勒院造□燔"명이라는 것을 알 수 있는데, "彌"자의 경우 이체자이다. 외면에서 암기와의 와도흔적이 있는 양측면을 기준으로 상하를 놓고 보면, 각각 2자씩 우서양각된 명문을 확인할 수 있다. 그러나 "造"와 "燔" 사이에 기와와 파손되고, 글자가 마모된 탓에 어떠한 명문인지 확인할 수 없지만 "瓦"일 가능성이 클 것으로 추정된다. 그렇다면 명문의 내용은 "미륵원에서 기와를 만들어 구웠다"라는 뜻이 된다. 기와의 너비는 30㎝, 두께는 2.9㎝ 정도로 두꺼운 편이다.

기와의 외면은 성형할 때, 명문이 있는 장판타날판으로 6~7번 정도의 타날판 두드림 횟수가 확인되

---

6) (재)계림문화재연구원, 2014, 『경주 배동 경주남산 일원 내 창림사지 유적 1차 발굴조사 전문가검토위원회의자료』.
   박정재·이지혜·백범석, 2014, 「경주 배동 경주남산일원 내 창림사지 유적 1차 발굴조사」, 『최근 기와 출토 유적과 조선시대의 마루기와』제 11회 한국기와학회정기학술대회, 한국기와학회.
   박정재·이지혜·백범석, 2015, 「경주 배동 경주남산일원 내 창림사지 유적」, 『2014 연구조사발표회』, 영남지역문화재조사연구기관협의회, 영남지역문화재조사연구기관협의회.
7) 국립경주박물관·경주사적관리사무소, 1978, 『월성군 부산성내 유적조사 결과보고』.
8) 이와 유사한 방곽형태의 명문기와는 보문사지에서 출토된 "普門寺"명 기와와 창림사지에서 출토된 "昌林寺瓦草"명 기와가 있다.
   國立慶州博物館, 2002, 앞의 책, p.114, NO. 235.
   國立慶州文化財研究所, 2002, 『世界文化遺産 慶州南山』, p.86.
9) 慶州大學校博物館, 2006, 『慶州佛國寺境內聖寶博物館建立豫定敷地發掘調查報告書』.
10) 慶州大學校博物館, 2006, 위의 보고서, pp.97-99, 도면45-2·3·4, 도판76-6·7·8.

고, 이를 근거로 타날판의 너비가 5.5~6㎝라는 것을 알 수 있었다. 내면은 포목흔적과 함께 사절흔적이 확인된다. 양쪽 측면에는 내면에서 외면으로 향한 와도흔적이 있다.

3. "大櫓院"명 기와 (그림 7~10)

"大櫓院"명 기와는 최근 창림사지 시굴조사와 1차 발굴조사에서 다수 확인되었다.[11] 창림사지에서 출토된 명문기와 가운데 가장 많은 수량을 차지하고 있다. 이전에도 선방사로 추정되는 경주 남산 배리 삼존 석불 주변[12]과 흥륜사지로 추정되는 경주공고 내 부지에도 출토[13]되었지만, 명문의 전문을 알 수 없는 잔편인 상태로 출토되었다. 그러나 창림사지 시굴조사와 1차 발굴조사 때, 완형은 아니지만 다수의 명문이 확인되는 "大櫓院"명 기와가 출토되었다. 경주 공고 부지에서 출토된 "大櫓院"명 기와의 경우, "大櫓院"이라고 표기된 기와는 없지만, 창림사지에서 출토된 "大櫓院"명 기와와 같은 명문이 확인되어, 최종적으로 같은 명문기와라는 사실을 알 수 있었다. 그리고 경주 남산 배리삼존 석불 주변에서 출토된 "大櫓院"명 기와는 다른 두 곳과 달리, 암키와가 아닌 수키와가 출토되었다는 점이 특기할 만하다.[14]

"大櫓院"명 기와는 "院"명 명문기와 가운데 경주 지역 내에서 가장 많은 수량이 확인되는데, 그 출토지도 창림사지, 경주공고, 경주 남산 배리삼존석불 주변 등으로 분산되어 있다. 그러나 직접적으로 대로원과 관련한 유구는 이 3곳에서 확인되지 않았고, 발굴보고에서도 언급조차 없는 상황이다.

여기서는 그나마 완형에 가깝거나, 명문이 다수 확인되는 "大櫓院"명 기와 3점을 선정하여, 이 명문기와에 나타나는 공통된 제작 속성을 살펴보았다. 기와의 표면은 암청색을 띠고 있으며, 최대잔존너비 19.8㎝, 최대잔존길이 32㎝, 최대두께 2.3㎝이다. 기와의 내면에서는 기와 성형에 의하여 생긴 포목흔적과 사절흔적이 확인되고, 측면에는 내면에서 외면으로 향한 와도흔적이 있다. 기와의 외면에서는 구획된 종선 안에 3문장의 명문이 새겨져 있고, 명문이 시문된 장판타날판으로 외면을 타날하였다. 그 과정에서

---

11) (재)계림문화재연구원, 2014, 『경주 배동 경주남산 일원 내 창림사지 유적 1차 발굴조사 전문가검토위원회의자료』, p.34.
박정재·이지혜·백범석, 2014, 앞의 논문, p.41.
박정재·이지혜·백범석, 2015, 앞의 보고서, pp.121-139.

12) 慶州文化財研究所, 1992, 「배리석불입상 주변 발굴조사」, 『文化遺蹟發掘調査報告書-緊急發掘調査報告書 1冊』, p.39·70, 사진 84.
國立慶州博物館, 慶州世界文化엑스포組織委員會, 2000, 위의 책, p.374, NO.1231.

13) 朴洪國, 1982, 「암막새(平瓦當)의 형태변화」, 『始林』第2輯, 동국대학교 경주대학교지편집위원회, p.133, 圖 18.
國立慶州博物館, 慶州世界文化엑스포組織委員會, 2000, 위의 책, p.374, NO.1229~1231.
朴洪國, 2002, 「瓦博資料를 통한 靈廟寺址와 興輪寺址의 位置 比定」, 『新羅文化』第20輯, 東國大學校 新羅文化研究所, pp.221-222, 〈탁본9〉.
國立慶州博物館, 2011, 『慶州工業高等學校內遺構收拾調査』國立慶州博物館 學術調査報告 第23冊, pp.71-75, 圖面28~30, 사진66~69.

14) 大櫓院의 첫 글자인 "大"자라는 원(院)명에 대하여, 『新增東國輿地勝覽』과 명문기와에서는 "大"자를 사용한 반면, 『東京雜記』와 조선시대 문집에서는 "太"자를 사용하였다. 어떠한 의미에서 "大"자가 "太"자로 바뀌었는지 모르겠지만, 한자의 뜻으로 볼 때 모두 같은 의미이다. 그러나 당대의 실자료인 명문기와를 보면 "大櫓院"으로 표기되어 있기 때문에, 본고에서는 이를 따르도록 하겠다.

명문을 잘 드러나 보이기 위하여, 타날판을 타날한 후 눌렀을 가능성이 높다. 이는 기와를 지붕에 올리기 전, 최종 검수과정에서 명문에 새겨진 대로원 기와의 후원자들을 선명하게 표기하기 위한 의미가 숨어 있을 것으로 본다. 그러나 기와에 보이는 명문은 타날판의 겹침현상으로 인하여 명문이 중첩되어 있어 판독하기에 어려움이 있었고, 더구나 기와의 하부에도 횡방향 물손질 흔적에 의하여 명문의 하단 부분이 지워져 있다. 따라서 명문 기와의 하단부는 명문의 일부만 확인되는 상황이다.

3곳의 출토지에서 확인된 "大櫓院"명 기와를 모두 살펴보면, 완형이 아닌 관계로 전문을 파악하기는 어렵다. 다만 기와 성형 시 타날판의 겹침현상과 제작상 흔적만 확인되는 상황이다. 그리고 명문에서 주목되는 부분은 횡선으로 문단이 구분되어 있다는 점이다. 현재까지 확인 가능한 부분을 중심으로 문장을 복원해 보면 3문장 정도이며, 명문은 우서양각된 종서로 이루어져 있다. 우선 이 명문기와에 대하여 예전에 부분 판독한 사례를 확인한 다음, 창림사지 출토 명문기와를 판독하고자 한다.

〈표 1〉 "大櫓院"명 기와 판독표

박방룡 판독안[15]	① …年一月日太櫓院瓦棟梁…
경주박물관 판독안[16]	①…日大福(?)完瓦棟樑道人性三○… ②…○願副晋守摠郞李挂財別色金柱…
박홍국 판독안[17]	①…道人性… ②…李挂財別色金柱○…
판독안[18]	① **至元二十八年**二月日大櫓院瓦棟梁道人性**丘** – 지원이십팔년(1291) 2월 일에 대로원의 기와, 동량은 도인 성구 ② **同**願副**留**守摠郞李桂財/別色金柱**李椿**○**札金**○ – 함께 발원한 이는 부유수총랑 이계재/ 별색 김주, 이춘, ○비, 김○ ③ **判官金司永法曹玉**/**長三**○○○… – 판관 김사영, 법조 옥…/장삼○○○…

기와의 명문은 '至元二十八年'(1291년: 충렬왕 17년) 2월에 대로원의 기와를 불교계 인물이자 담당 책임자(棟梁)인 道人(도인) 性丘(성구)와 함께 부유수총랑(副留守摠郞)인 이계재(李桂財), 별색(別色)인 김주(金柱), 이춘(李椿), ○비(○札), 김○(金○), 판관(判官)인 김사영(金司永), 법조(法曹)인 옥~(玉~) 등이 후원했다는 내용이다. 명문 가운데 "留"자의 경우 이체자이며, "判"자는 끝 획만 확인된다. 요약하면

---

15) 朴方龍, 2013, 위의 책, 학연문화사, p.290.

16) 國立慶州博物館, 2011, 위의 책, pp.71~75, 圖面28~30, 사진66~69.

17) 朴洪國, 2002, 위의 논문, 東國大學校 新羅文化硏究所, p.221.

18) 짙은색으로 표시한 부분이 이번에 새롭게 확인된 명문이다.

至元二十八年'(1291년: 충렬왕 17년) 2월에 대로원의 기와를 제작하는데 책임자인 도인 성구와 그것을 재정적으로 뒷받침한 지방관 인물들의 명단을 열거하고 있다.

이 "大櫓院"명 기와는 앞서 이전에 언급한 명문기와와 달리 많은 정보를 담고 있다. 특히 기와의 제작시기를 알 수 있는 연호(1291년)가 있고, 대로원의 조성과 관련된 건축 부재의 조달양상과 재정적 후원자들의 관직, 인명 등을 통해 13세기 말 대로원을 운영하는 일면을 읽을 수 있다. 따라서 이 명문기와의 가치는 경주에서 출토된 다른 것에 비해 원의 조성과정을 입체적으로 살펴 볼 수 있는 좋은 자료이다.

III. "院"銘 기와의 특징 및 편년

1. "院"명 기와의 특징

명문기와는 문헌이나 유적 발굴에서 알 수 없는 제작연대, 제작처, 제작동기 등 역사적 사실의 단면을 제공함으로서, 유적·유물에 대한 편년설정의 기준이 되는 중요한 단서를 알게 해준다. 본고에서도 "大櫓院"명 기와의 명문 가운데 "至元二十八年(1291)"이라는 원나라 세조의 연호가 확인되어, 이 기와의 시기를 알 수 있다. 다만 이 기와를 제외하면, "茶淵院"명 기와 및 "彌勒院"명 기와의 경우, 기와의 제작속성을 분석해서 기와의 편년을 판단할 수밖에 없다.

따라서 여기서는 3종류의 "院"명 기와의 특징을 명문으로 본 속성과 기와제작으로 본 속성으로 구분해서 살펴봄으로써, 공통점과 차이점을 파악하고자 한다. 우선 명문으로 본 속성은 명문의 시문형태, 명문 주변의 방곽유무, 명문표기내용으로 살펴보고, 기와제작으로 본 속성은 기와의 두께, 타날판의 길이, 타날방향, 명문 주변의 타날문양을 중심으로 정리해 보았다. 세부적인 속성을 표로 정리하면 다음의 〈표 2〉와 같다.

〈표 2〉 경주 출토 "院"명 기와 속성표

"院"명기	그림참고	출토지	기와종류	명문으로 본 속성			기와제작으로 본 속성			
				명문시문형태	방곽유무	명문내용	기와두께(cm)	타날판길이	타날방향	명문주변타날문양
"茶淵院"	5	창림사지, 부산성	암키와	우서양각	○	원명	2.2	장판	횡방향	선문
"彌勒院"	6	불국사	암키와	우서양각	×	원명+a	2.9	장판	횡방향	무문
"大櫓院"	7~10	창림사지, 경주공고, 배리삼존석불 주변	암키와, 수키와	우서양각	×	원명+a	2.3	장판	횡방향	무문

"院"명 기와의 특징을 살펴보는데 있어, 4개의 공통점이 확인되는데 다음과 같다. 첫째, 명문의 시문형

태가 우서 양각이다. 역으로 명문이 새겨져 있는 타날판에서는 명문이 반대로 좌서를 해서 음각되었음을 알 수 있다. 둘째, 기와의 두께가 모두 2㎝ 이상으로 확인되는데, 기와가 성형 전에 대체로 두꺼운 점토를 와통에 둘러 소지(素地)로 사용했음을 알 수 있다. 셋째, 타날판의 길이가 모두 장판이다. 타날판은 와통에 감긴 점토를 두드릴 때 사용하는 도구로서, 태토 내 공기를 빼고 밀도를 높이는 기능을 가지고 있다. 대체로 기와 길이 정도의 크기를 가지면 타날판의 길이가 장판(長板)에 가깝다. 넷째, 타날방향이 모두 횡방향이다. 이는 타날판의 길이와 관련되기도 하는데, 타날판의 길이가 장판이라면, 대부분 타날판의 너비와 길이 때문에 타날방향이 횡방향으로 된다.

반면에 "院"명 기와의 특징 가운데 차이점도 3가지가 확인된다. 첫째, 명문 주변의 방곽유무에 있어서, 세장방형의 "茶淵院"명 기와를 제외하면 명문 주변에 종선 혹은 횡선의 명문구획선이 있다. 둘째, 명문내용에 있어서, "院"명만 표기되어 있는 "茶淵院"명 기와를 제외하면, 연호, 인명, 관직명 등 부가적인 내용이 표기되어 있고, 명문의 수가 많아진다. 셋째, 첫째와 둘째와 마찬가지로 "茶淵院"명 기와에서만, 명문 주변에 타날문양이 선문으로 확인되고, 다른 "院"명 기와에서는 문양이 확인되지 않는다.

2. "院"명 기와의 편년

앞서 언급한 "院"명 기와의 특징 가운데, 시기를 파악할 수 있는 속성 및 비교유물을 통해서 3종류의 "院"명 기와에 대한 편년을 살펴보도록 하겠다. "大櫓院"명 기와의 경우, '至元二十八年'(1291년)이라는 편년을 알 수 있는 연호가 있지만, 다른 2개의 "院"명 기와는 그렇지 않기 때문에 기와의 제작 속성과 명문의 속성으로 시기를 파악해야 한다. 아울러 "院"명 기와의 편년을 판단하는데 있어, 유용한 자료를 비교유물로 삼아 3종류의 "院"명 기와에 대한 편년을 살펴보고자 한다.

"院"명 기와의 공통적인 특징은 기와제작 속성을 기준으로 보면 기와의 두께, 타날판의 길이, 타날방향이다. 기와 두께의 경우, "院"명 기와 모두 2㎝ 이상이다. 청송 대전사 관음전 건립부지 유적에서 시기를 달리하여 각 층위별로 출토된 기와를 분석한 사례가 있는데, 통일신라시대 문화층에서 출토된 평기와는 평균 1.8㎝인 반면, 고려시대 및 조선시대 문화층에서 출토된 평기와는 평균 2.3㎝였다.[19] 그리고 통일신라시대 유구와 유물만 확인된 경주 동천동 826-7번지 유적의 평기와 두께를 보면 대부분 2㎝ 이하로 확인된다.[20] 이러한 사례로 볼 때, 약간의 오차가 있겠지만 2㎝ 이상의 두께를 가지는 기와들은 대부분 고려시대 기와임을 알 수 있다.

"院"명 기와의 타날판 길이는 모두 장판이다. 현재 기와 편년연구에 있어 주된 속성 중의 하나가 바로 타날판의 길이다. 현재 선학들의 연구성과로 볼 때, 약간의 견해 차이가 있지만 단판→중판→장판으로

---

19) 계림문화재연구원, 2012, 「청송 대전사 주변정비사업부지 내 유적 −관음전 건립부지−」, 『대구·경북지역 소규모 발굴조사 보고서』 계림문화재연구원 학술조사보고서 제3책, pp.143-148.

20) 계림문화재연구원, 2012, 「경주 동천동 826-7번지 유적 −다가구주택 건립부지−」 『경주지역 소규모 발굴조사 보고서Ⅰ』 계림문화재연구원 학술조사보고서 제1책, pp.165-217.

변화한다는 것에 대해서 이견이 없는 것 같다. 다만 지역적으로 장판 타날판의 등장시기에 대하여 여러 가지 견해가 있다. 경주지역의 경우, 장판타날판의 등장시기를 고려시대로 본 견해[21]와 통일신라시대로 본 견해[22]가 있다. 그러나 경주지역 사찰명 명문기와의 분석[23]과 경주 출토 고려시대 연호명 기와의 상대편년[24]을 통해서 본다면, 경주 지역에서는 타날판 길이가 주로 장판을 사용했던 시기가 고려시대 이후로 판단된다.

타날방향의 경우, 앞서 언급한 바와 같이 타날판의 길이와 관련되어 있다. 타날판의 길이가 단판이나 중판일 때, 와통에 부착된 점토에 사방향 혹은 횡방향으로 치는 것이 모두 가능하다. 대부분 통일신라시대 기와에서 이러한 흔적이 확인되고, 이와 관련하여 월성, 안압지, 나정 출토의 "儀鳳四年皆土"명 기와 (679년)가 좋은 사례로 꼽힌다. 그러나 타날판 길이가 장판이 됨으로서, 와통에 감긴 점토를 칠 때 대부분 횡방향으로 칠 수밖에 없고, 이는 장판 타날판이 성행하는 고려시대와 맞물린다.

기와 제작속성으로만 볼 때, 3종류의 "院"명 기와는 모두 고려시대이다. 그러나 "大櫓院"명 기와를 제외하고, 세부적으로 언제쯤의 기와인지 정확하게 가늠하기 힘들다. 이러한 문제를 해결하기 위해서 "院"명 기와와 유사한 기와와 명문의 속성을 검토함으로써, 나머지 2종류의 "院"명 기와의 시기를 살펴보고자 한다.

그림 1. "茶淵院"명 기와①, "昌林寺瓦草"명 기와②

21) 趙成允, 2003, 「新羅 長板 打捺紋樣 평기와의 慶州 製作與否에 대하여」, 『梨花史學研究』 第30輯, 梨花史學研究所, p.73.
   柳煥星, 2010, 「慶州 출토 羅末麗初 寺刹銘 평기와의 변천과정」, 『新羅史學報』 19, 新羅史學會, p.158.
22) 이인숙, 2012, 「경주지역 출토 통일신라시대 수막새 편년」, 『한국고고학보』 第85輯, 한국고고학회, p.144.
23) 柳煥星, 2010, 앞의 논문, 新羅史學會, pp.159-161.
24) 경주지역에서 확인된 고려시대 연호명 기와로는 갑산사지 출토 "太康六年庚申八月日 岬山寺屬造"명 기와(1080년), 남산 용장사지 및 지암곡 제3사지 출토 "元統二年甲戌三月日茸長寺"명 기와(1334년), 그리고 본 글에서 언급하고 있는 "至元二十八年二月日太櫓院~"명 기와(1291년) 등 총 3개인데, 모두 장판타날된 기와이다.

"茶淵院"명 기와는 위에서 언급했다시피 고려시대 기와이다. 그러나 세부적인 시기를 살펴보기 위해서는 창림사지 출토의 "昌林寺瓦草"명 기와와 비교하면 그 유사점을 찾아 볼 수가 있다. 이 명문기와의 외면을 보면, 선문의 타날문양과 선문 내 세장방형 이중 방곽의 유사함으로 볼 때, 명문의 내용만 다를 뿐이지 거의 흡사하다는 것을 알 수 있다. 또한 2개의 명문기와 모두 창림사지에서 출토하였고 타날문양이 선문의 단독문양이기 때문에, 고려 초임을 알 수 있다.[25] 그러나 그것보다 시기를 편년하는데 있어 중요한 명문이 있는데, 바로 "瓦草"이다. "瓦草"은 기와를 뜻하며, 주로 10세기에서 11세기까지 사지, 산성, 건물지 유적에서 전국적으로 출토되고 있다. 명문에 "瓦草"명이 있는 기와는 대부분 10세기에서 11세기까지 주로 성행했던 것으로 판단된다.[26] 또 세장방형의 방곽을 가지는 명문기와는 주로 10세기 말에서 11세기 말까지로 본다.[27] 따라서 "茶淵院"명 기와의 시기는 10세기 말에서 11세기 말 정도로 판단된다.

"彌勒院"명 기와의 경우, 명문의 수가 "茶淵院"명 기와 보다 많고 "大櫓院"명 기와보다는 적다. 이 명문기와의 내용을 보면 "茶淵院"명 기와에서 보이는 "院"이름만 표기된 것이 아니라, 미륵원에서 만들어 구웠다는 구체적인 내용까지 확인된다. 즉, 원이름과 동시에 제작처의 정보가 들어 있다. 그러나 "大櫓院"명 기와와 비교해 볼 때, 명문 정보의 양은 많지 않다. 이는 경주지역에서 출토된 고려시대의 명문기와 전체적인 경향으로 볼 때, 명문의 수가 시기가 흘러갈수록 점점 많아지는 경향을 확인할 수 있다. 이

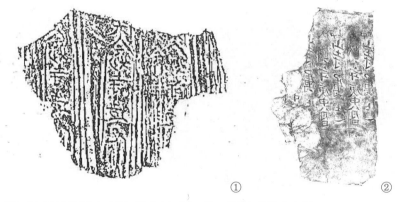

그림 2. "大令妙寺造瓦"명 기와①, "太康六年庚申八月日 岬山寺屬造"명 기와②

25) 단독문의 타날문양의 하한시기를 13세기 초로 보고 있다. 崔晶惠, 1996, 『高麗時代 평기와의 編年研究 −文樣形態를 中心으로−』, 慶星大學校大學院 碩士學位論文, p.52.

26) 松井忠春 編, 1994, 「韓國 慶州地域寺院所用瓦の研究」, 『青丘學術論叢』 4, 韓國文化研究振興財團, p.41.
　　柳煥星, 2010, 위의 논문, 新羅史學會, pp.151-152.
　　이동주, 2013, 「경산 중산동 고려시대 건물지의 성격 −문자기와의 분석을 통해서」, 『古文化』 82, (사)한국대학박물관협회, p.98.

27) 경주 출토 사찰명 명문기와에서 세장방형의 방곽을 가지는 명문기와는 Ⅲ유형에 속하며, 그 시기를 10세기 말에서 11세기 말까지로 보고 있다. 柳煥星, 2010, 위의 논문, 新羅史學會, p.154.

와 유사한 명문기와가 영묘사지 출토 "大令妙寺造瓦"명 기와와 갑산사지 출토 "太康六年庚申八月日 岬山寺屬造"명 기와이다.[28] 이 2점의 명문기와는 명문의 제작처 및 방곽이 없는 명문의 형태가 "彌勒院"명 기와와 많이 닮아 있다. 이러한 형태의 명문기와를 경주지역에서는 주로 10세기 말에서 13세기 초로 보고 있다.[29] 더욱이 갑산사지 출토 명문기와에서는 太康六年(1080)이라는 연호가 확인되기 때문에 "彌勒院"명 기와를 이 시기쯤으로 판단할 수 있다. 실제로 "彌勒院"명 기와가 출토된 경주 불국사 성보박물관 부지의 가구역에서는 11~13세기대의 청자편, 토기편, 기와편 등이 이 명문기와와 같이 출토되었다.[30] 따라서 이러한 상황을 종합적으로 볼 때, "彌勒院"명 기와는 11~13세기 즈음의 기와로 판단된다.

"大櫓院"명 기와의 경우, 명문의 내용 가운데 至元二十八年(1291)이라는 연호가 있어 기와의 편년을 파악하는데, 큰 무리가 없다. 또한 상한연대를 알 수 있는 자료가 나오는데, 『新增東國輿地勝覽』을 보면 김생이 쓴 "大櫓院"이라는 석자의 큰 글씨가 있다고 하였다.[31] 김생은 통일신라시대 서예가로 잘 알려져 있는데, 원성왕 7년(791)에 세상을 떠났으니, 大櫓院의 글씨는 적어도 8세기 말 이전에 쓰여졌을 것으로 본다. 따라서 8세기 말에 대로원이 존재하고 있었다는 말이 된다. 그리고 조선시대인 선조 13년(1580)의 홍성민이 쓴 『鷄林錄』이라는 기행문에 大櫓院의 위치, 숙종 4년(1678) 허순(許珣)의 서첩 내용 가운데 大櫓院에서 김생의 편액을 보았다는 내용과 경주 충효동에 위치한 금산재 관련 기록 가운데, 철종원년(1850)에 금산재 화재 때 大櫓院에서 원답 6두락의 곡식을 우선지원하고, 이듬해 추가로 지원했다는 내용에 大櫓院이 언급 되어 있다. 이를 종합해 볼 때, 대로원은 통일신라시대 8세기 말에서 조선시대인 1850년까지 장기간 존속하였을 것으로 판단된다.

어떻든 간에 이와 같은 양상을 종합적으로 볼 때, 경주에서 출토된 3종류의 "院"명 기와에 대한 시기별 상대서열을 살펴보면, "茶淵院"명 기와(10세기 말~11세기 말), "彌勒院"명 기와(11세기~13세기), "大櫓院"명 기와(1291) 순으로 살펴볼 수 있다. 즉, 이 3종류의 "院"명 기와는 10세기 말에서 13세기 말까지의 고려시대 기와로 정리할 수 있다.

IV. "院"銘 기와의 출토위치에 대한 검토

앞에서 언급한 바와 같이, 3종류의 "院"명 기와는 출토지가 여러 곳으로 분산되어 있다. "彌勒院"명 기와를 제외하고, "茶淵院"명 기와는 창림사지, 부산성에서 출토되었고, "大櫓院"명 기와는 창림사지, 경주 공고(흥륜사지), 경주 남산 배리삼존석불(선방사지)에서 출토되었다. 그러나 아래의 도면을 보면 같은

---

28) 柳煥星, 2010, 위의 논문, 新羅史學會, p164.
29) 경주 출토 사찰명 명문기와에서 방곽 없이 명문만 있는 형태의 명문기와는 IV유형에 속하며, 그 시기를 10세기 말에서 13세기 초까지로 보고 있다. 柳煥星, 2010, 위의 논문, 新羅史學會, p.154.
30) 慶州大學校博物館, 2006, 위의 책, pp.88-338.
31) 『新增東國輿地勝覽』慶州府 驛院條.

"院"명 기와라 하더라도 출토지의 거리가 제법 떨어져 있음을 알 수 있다.

"院"명 기와의 출토지가 당시 "院"의 위치라는 것에 대해서는 쉽게 단정할 수 없다. 〈그림 3〉에서 보는 바와 같이 같은 "院"명 기와라 하더라도, 그 출토지가 분산되어 있기 때문이다. 그러나 후대의 조선시대 자료인『新增東國輿地勝覽』慶州府 驛院條에서는 "茶淵院"명 기와를 제외하고 나머지 "彌勒院", "大櫓院"에 대한 위치가 언급되어 있다. 상세한 내용을 보면 다음과 같다.

사료1. 彌勒院: 在府西三十里 – 경주부 서쪽 30리에 있다.

사료2. 大櫓院: 在府南六理, 有新羅金生大櫓院三大字

– 경주부 남쪽 6리에 있으며, 신라시대 김생이 쓴 "대로원"이라 석자의 큰 글씨가 있다.

미륵원의 경우, 사료1에서 보면 경주부 서쪽 30리에 있다. 경주읍성의 서쪽을 기준으로 서쪽 30리 정도 떨어진 지점은 건천IC 북서쪽 인근 지점에 해당한다. 만약 이 곳이 미륵원이라면 "彌勒院"명 기와가 출토된 불국사 성보박물관부지까지의 직선거리가 약 24km 정도인데, 대략 60리 정도 떨어져 있다. "彌勒院"명 기와가 출토된 불국사 성보박물관부지는 아직 논란의 여지는 있지만 "仇於馹"명 기와가 184점이 출토되었기 때문에 미륵원일 가능성이 희박하다. 그리고 기

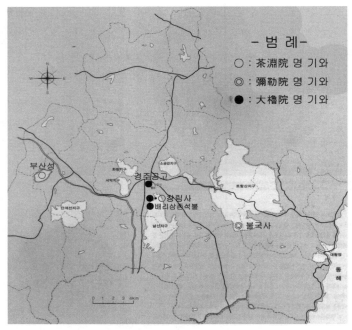

그림 3. 경주 지역 내 "院" 명 기와 출토 현황

와 명문의 내용을 보면 "미륵원에서 기와를 만들어 구웠다"라는 내용으로 볼 때, 미륵원 산하 기와가마에서 불국사성보박물관부지로 이 명문 기와를 공급했을 가능성도 있다. 만약에 그렇지 않다고 하더라도『新增東國輿地勝覽』에서 지칭하는 지점과 "彌勒院"명 기와라는 실물자료가 출토된 지점까지는 너무 멀다. 기와의 경우, 예외적인 사례도 있지만, 대체로 공급처와 소비처는 가까운 거리에 존재한다. 이는 공

급처는 알 수 없지만, "大櫨院"명 기와의 출토사례를 보면 어느 정도 기와의 출토지점이 밀집되어 있다는 것을 알 수 있다. 이러한 상황으로 볼 때, 『新增東國輿地勝覽』이 조선시대 중종25년(1530)에 편찬된 자료이기 때문에 고려시대 기와(11~13세기)인 "彌勒院"명 기와와는 대략 200~400년 정도 차이가 난다. 따라서 고려시대의 미륵원과 조선시대의 미륵원은 위치가 달랐을 가능성이 감지된다. 아마도 이 기간 내에 원과 관련하여 어떠한 모종의 변화상이 있었을 것으로 추정된다.

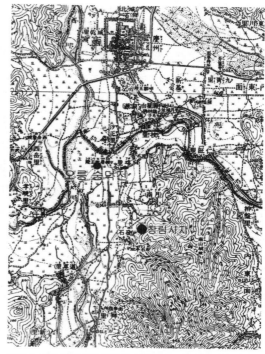

그림 4. 오릉 숭덕전 및 창림사지 주변 1918년 지형도(축척부동)

대로원의 경우, 사료2에서 보면 경주부 남쪽 6리에 있다. 경주부에서 남쪽 6리는 현재 경주 오릉의 남동편에 숭덕전이 위치해 있다. 예전의 연구성과에서도 이곳을 대로원으로 지칭하고 있다.[32] 물론 조선시대의 대로원의 위치는 오릉의 남동편인 숭덕전일 가능성이 높다. 이와 관련하여 조선시대인 선조 13년(1580년)에 홍성민이 관찰사로 경주에 왔을 때 『鷄林錄』이라는 기행문 내용 가운데, "우리는 성 남쪽으로 나와서 수리(數里)쯤 걸어가다 보니 태로원(太櫨院)이 있었다. 명필 김생(金生)이 썼다는 편액을 바라보자 나의 어두운 눈이 새삼 밝아 오는 것 같았다. 또 수리쯤 가니 포석정(鮑石亭)이 있었다."는 내용이 있다. 이 내용을 근거로 해서 보면 대로원은 지금의 숭덕전 위치가 높을 가능성을 뒷받침해주고 있다.

그러나 출토지로 볼 때, 이 명문기와가 출토된 지점이 창림사지, 배리삼존석불(선방사지), 경주공고(흥륜사지)가 모두 절터라는 것이다. 물론 숭덕전 주변으로 발굴조사가 이루어지면 명확하게 알 수 있겠지만, 고려시대 당시 사찰과 원의 관계로 볼 때, 대로원은 현재 절터 주변일 가능성 이 크고, 그중에서도 창림사지 주변일 가능성도 완전히 배제할 수는 없을 것 같다.

이와 관련하여 『高麗史』에서는 현종 12년(1021) 5월에 상서좌승(尙書左丞) 이가도에게 명하여 경주 고선사에 있는 금라가사(金羅袈裟)와 부처의 정수리 뼈, 창림사에 봉안되어 있는 부처의 어금니를 가져와 내전에 안치하였다는 내용이 있다.[33] 그리고 "大櫨院"의 편액을 쓴 김생이 창림사비를 썼다는 내용[34]의

32) 柳㼅佑, 1971, 『慶州市誌』, 慶州市, p.452.
  朴方龍, 2013, 위의 책, 학연문화사, pp.289-291.
33) 『高麗史』 卷四 世家 顯宗 十二年 條

상관관계를 아울러서 정리해 보면 다음과 같이 추론할 수 있다. 창림사는 고려 왕실에 금니를 봉양할 만큼 사격이 높은 사찰이었으며, 김생의 글씨가 창림사비와 함께 대로원에 쓰여졌다는 것은 대로원이 창림사와 밀접한 관련이 있음을 알 수 있다. 그렇다면 대로원의 위치가 현재 오릉의 숭덕전일 수도 있지만, 통일신라말에서 고려시대에는 창림사 주변일 가능성도 있다는 것이다. 앞서 언급한 고려시대 "彌勒院"명 기와의 출토지와 조선시대의 편찬된『新增東國輿地勝覽』의 미륵원 위치와 너무 다르다는 점이 이러한 가능성을 뒷받침해주고 있다. 그러나 분명한 점은 원이 대부분 교통로상에 위치해 있는 점으로 볼 때, 언양-경주 간 도로변에 있는 오릉의 숭덕전 혹은 창림사 주변이 대로원일 가능성이 높다는 것이다.

한편 다연원의 경우,『新增東國輿地勝覽』慶州府 驛院條를 보면 36개소의 원에 언급되어 있지 않다. 쉽게 말해서『新增東國輿地勝覽』의 편찬시기인 16세기 초기에는 다연원이 없을 가능성도 있다는 것이다. 명문기와의 편년으로 볼 때, 10세기 말에서 11세기 말에는 다연원이 존속했지만, 어느 시기에 어떠한 이유로 사라져서『新增東國輿地勝覽』에 언급되어 있지 않는지 알 수 없다. 그리고 "茶淵院"명 기와 출토지에서도 창림사지와 부산성으로 분산되어 있기 때문에 대략 어디에 있는지 가늠하기도 어려운 상황이다.

V. 경주 출토 고려시대 "院"銘 기와의 의의

여기서는 경주에서 출토된 "大櫓院"명 기와, "彌勒院"명 기와, "茶淵院"명 기와에 대한 의의와 함께 경주 출토 고려시대 "院"명 기와의 의의를 살펴보고자 한다.

고려시대의 원은 여행객들에게 편의와 숙식을 제공하는 본연의 기능을 가지고 있지만, 당대의 국교인 불교를 통하여 사찰의 사회적 교류와 촉진 및 재해, 재난과 같은 구휼의 기능을 하였다. 승려나 혹은 개인이 원을 조성한 사례도 있지만 그보다 고려시대 원은 국가적 차원에서 조성이나 수리를 지원했을 것으로 보인다. 고려 태조대의 신중원(神衆院), 외제석원(外帝釋院), 현종대 광통연화원(廣通緣化院), 인종대 숭복원(崇福院)이 이러한 사례에 속한다.[35]

이러한 일련의 모습은 위에서 언급한 "大櫓院"명 기와의 명문내용에서도 확인된다. 명문의 내용 가운데 부유수총랑(副留守摠郞), 별색(別色), 판관(判官), 법조(法曹) 등 당대의 지방관과 관련한 명칭이 다수 확인된다. 경주는 고려의 삼경 가운데 하나인 동경(東京)으로서 성종 13년(994) 혹은 14년(995)에 안동대도호부(安東大都護府)가 동경유수관(東京留守官)으로 개편되었다. 고려시대 외관(外官)의 구성과 관련하

---

34)『新增東國輿地勝覽』慶州府 古蹟 條, "金鰲山麓有新羅時宮殿有基後人卽其地建此寺今廢有古碑無字 元學士趙子昻昌林寺碑跋云右唐新羅僧金生所書其國昌林寺碑字畫深有典刑雖唐人名刻無以遠過之也古語云何"

35)『高麗史』卷一 世家1 太祖七年 條
　　崔冲, 「奉先弘慶寺記」, 『東文選』卷64.
　　『高麗史』卷十五 世家15 仁宗二年 六月.

여 『高麗史』 百官志에 나타난 동경유수관의 직제(職制)를 보면 아래의 표와 같다.[36]

〈표 3〉 동경유수관의 직제 구성표

관직명	품계	인원	관직명	품계	인원
留守使	3품이상	1	掌書記	7품 이상	1
副留守使	4품이상	1	法曹	8품 이상	1
判官	6품이상	1	醫師	9품 이상	1
司錄·參軍事	7품이상	1	文師	9품 이상	1

동경유수사의 경우, 고려 전기에 주로 정2품의 좌복사(左僕射)로부터 정3품의 호부상서(戶部尙書)에 이르기까지 고위문관이 역임하였다. 그러나 충렬왕 34년(1308)에 동경유수관이 계림부(鷄林府)로 개편되자 부윤(府尹), 판관(判官), 사록(史錄), 법조(法曹) 만을 두고 나머지는 혁파되었다고 한다. "大櫨院"명 기와에서는 동경유수관의 관직이 혁파되기 전이기는 하지만, 부유수, 판관, 법조 등의 관직명이 확인되고, 새롭게 별색(別色)이라는 관직명도 확인된다. 별색은 당대의 자료는 아니지만 『朝鮮王朝實錄』 성종 13년(1482)에 언급되어 있다.[37]

또 한가지 흥미로운 점은 명문기와에서 확인되는 부유수총랑 이계재라는 사람이 조선시대 성종 6년(1475)에 편찬된 『東都歷世諸子記』에 언급되어 있다는 점이다. 『東都歷世諸子記』에는 동경의 역대 관직자를 기술한 것 중에 지관(知官) 때와 유수관부동(留守官不動) 때로 구분하였는데, 지관은 동경유수사(東京留守使), 유수관부동은 유수관 부재 시의 시대로 상서(尙書)인 부유수가 통치하였다는 것을 뜻한다. 여기서 지관은 5명이고, 유수관부동은 37명으로서, 이 37명 가운데, "大櫨院"명 기와에서 확인되는 부유수총랑 이계재(李桂財)는 28번째의 이계재(李桂才)로 확인된다. 그리고 이계재는 1289년 부유수에 임명되었다는 내용도 아울러 확인된다. 즉 당대의 실자료인 명문기와에서 이계재는 부유수에 임명된 3년차에 대로원 기와를 발원했다는 행적을 말해주고 있다.

어떻든 간에 부유수총랑 이계재를 필두로 별색, 판관, 법조 등 다른 관직명의 사람들과 함께 대로원의 기와를 조성하는데 있어 일정부분 지원 및 관여를 하였다. 그리고 앞서 언급했다시피, 1291년 이전 시기에도 현종 12년(1021) 창림사에 봉안되어 있는 부처의 어금니를 가져와 내전에 안치했다는 『高麗史』의 내용으로 볼 때, 대로원이 당시 원 가운데 어떠한 위치를 가지고 있음을 짐작할 수 있다.[38]

원은 건물을 유지하고, 그 기능을 지속적으로 수행하기 위해서 상당한 재력을 갖추지 않으면 안되었

---

36) 慶州郡史編纂委員會, 1992, 『慶州郡史』, p.265.
37) 『朝鮮王朝實錄』 成宗 13年 8月 1日條, "…守護官 5人, 別色, 戶長, 記官, 庫直 各 1人…"
38) 문헌상에서는 대로원이 숙박 기능을 가진 최초의 원을 대로원이라고 보는 견해도 있다. 李炳熙, 2009, 위의 책, 景仁文化社, p.462.

다. 그 원에서 생활하고 있는 이들을 부양할 때와 목조건물을 중수·중창할 때는 모두 재정지출을 필요로 하였다. 이러한 모습을 단편적으로 짐작할 수 있는 것이 "彌勒院"명 기와의 명문내용이다. 그 내용을 살펴보면 "미륵원에서 기와를 만들어 구웠다."는 내용이다. 미륵원이 현재 불국사성보박물관 부지가 아니라면, 미륵원에서 기와를 만들어 구워서 이곳으로 공급했을 가능성이 있다. 이는 "大櫓院"명 기와도 창림사지에서만 출토되는 것이 아니라 경주공고, 남산 배리삼존석불 주변에서 확인되는 것과 일맥상통한다. 따라서 고려시대의 원은 자체적으로 기와가마를 운영하여 다른 곳에 공급함으로써, 어느 정도의 상업적 이익을 획득했을 가능성이 있다고 본다. 그러나 그 상업적 이익이 "茶淵院"명 기와(10세기 말~11세기 말), "彌勒院"명 기와(11세기~13세기)의 시기에는 사찰 위주의 시스템이지만, "大櫓院"명 기와(1291)의 시기에는 명문의 내용에서도 알 수 있듯이 원이 지방관들의 후원을 어느 정도 받았던 것으로 판단된다. 이는 고려시대 조와(造瓦) 시스템의 변화를 감지할 수 있고, 이는 15세기 초에 명문암막새의 내용(연호, 공사내용, 시주자)을 통해서 더욱 구체화된다는 것을 알 수 있다.[39]

『新增東國輿地勝覽』에는 1,300여 개의 원이 기재되어 있고, 경주에는 36개소의 원이 있다. 그러나 "茶淵院"과 관련된 언급이 없다. "茶淵院"명 기와는 고려 초기의 것이고, 『新增東國輿地勝覽』은 조선시대의 문헌이다 보니, 그 사이에 원이 없어졌거나 어떠한 변화가 있었을 것으로 추정된다. 아마도 고려시대를 지나 조선 초기가 되면서 원에 대한 정비가 그 주된 요인이 아닌가 싶다. 사실 고려시대의 원은 사찰과 밀접하게 연계되어 있어, 불교의 역할이 절대적이었다. 그러나 조선시대에는 국가가 불교계를 대신해 원의 정비와 운영을 맡았기 때문에 원에 대한 정비가 필수적이라고 본다. 이러한 과도기적인 시기를 茶淵院이 겪었을 것이라 생각된다. 직접적인 관련은 없겠지만, 경주지역의 원에서도 당시 사찰명이었던 천룡사[40], 영경사[41], 천은사[42]가 『新增東國輿地勝覽』에서는 천룡원, 영경원, 천은원으로 표기되어 있다. 이러한 정황을 종합해 본다면, 조선시대 경주지역에서도 원에 대한 정비가 이루어졌다는 것이다.

VI. 맺음말

이상과 같이 경주에서 출토된 고려시대의 "院"명 기와(3종류-茶淵院, 彌勒院, 大櫓院)의 현황을 명문

---

39) 서창호, 2010, 「고려말 조선시대 암막새의 변천과정」, 『고고학 제9-1호』, 서울·경기 고고학회, p.175.

40) 『東京雜記』에 "천룡사는 부 남쪽 25리 거리에 있는 고위산에 있다."라는 기사를 통하여 내남면 용장리 고위산 중턱에 있는 절터로 추정하고 있다. 大阪金太郎, 1931, 「新羅廢寺址の寺名推定に尤てて」, 『朝鮮』10月號 第 197號.

41) 大正6年(1917)판 만분의 일 경주 지도에는 이 절터를 경주면 山崔趾 북쪽에 있는 석탑 1기가 남아있는 절터로 추정하고 있다. 『東京雜記』에는 "태종무열왕릉은 영경사 북쪽에 있다"고 하지만 원래 이 왕릉을 중심으로 하는 이 서악리에는 오늘날까지 분명한 절터는 세 군데라고 하였다. 大阪金太郎, 1931, 앞의 논문.

42) 경주 남산 내남면 탑리 장창곡에 있는 절터로 추정하고 있다. 여기서 "天恩"명 기와가 출토되었고, 『三國遺事』의 기록가 일치하기 때문에 이 절터를 천은사지로 보고 있다. 大阪金太郎, 1931, 앞의 논문.

의 속성(명문의 시문형태, 방곽유무, 명문내용)과 기와의 속성(기와두께, 타날판의 길이, 타날방향, 타날
문양)을 통해 살펴보고, 그 특징과 편년을 검토하였다. 그 결과, 3종류의 "院"명 기와를 명문의 속성, 기
와의 속성, 비교유물 등을 통하여 "茶淵院"명 기와(10세기 말~11세기 말), "彌勒院"명 기와(11세기~13세
기), "大櫚院"명 기와(1291) 순으로 살펴볼 수 있었다. 즉, 이 3종류의 "院"명 기와는 10세기 말에서 13세
기 말까지의 고려시대 기와인 것이다.

이러한 기와의 출토지와 편년으로 볼 때, 조선시대 원의 위치가 표기된 『新增東國興地勝覽』의 내용과
달랐음을 알 수 있다. 다연원의 경우, 『新增東國興地勝覽』에 언급이 없고, 미륵원의 경우 그 위치가 불분
명하였다. 그리고 대로원의 경우, 명문기와의 출토량, 김생과 창림사와의 연관성, 창림사지의 입지와 경
관을 통하여, 대로원이 조선시대에는 오릉의 숭덕전일 가능성이 높지만, 고려시대에는 창림사 주변일 가
능성도 제기하였다. 이러한 것을 토대로 3곳의 원에 대하여, 다연원의 경우 조선 초기 원이 정비되면서
어떠한 변화로 사라졌을 가능성이 있다는 점, 미륵원의 경우 원 내에 기와가마를 번조했을 만큼의 경제
력이 있었다는 점, 대로원의 경우 『高麗史』 내용, 명문의 관직 명칭과 내용으로 볼 때, 국가가 관여했을
만큼 경주지역 내 명망있는 원이었다는 점, 그리고 3종류의 원명 명문기와의 내용을 통하여 경주지역 내
원의 조와(造瓦) 시스템 변화 가능성이 있다는 점 등 네 가지 정도로 그 의의로 찾을 수 있지 않을까 생각
된다.

향후 경주 지역 내 문화재조사가 이루어진다면, 『新增東國興地勝覽』 慶州府 驛院條의 36개소 원과 관
련한 명문기와가 확인될 가능성이 있다. 하지만, 현재 문헌의 2개소(미륵원, 대로원)만 실자료로 확인되
었기 때문에 나머지 34개소 모두 다 확인하기 어렵다는 것은 두 말할 필요가 없다. 그러나 이러한 부분을
차치하더라도, 또 다른 "院"명 기와가 확인된다면, 원의 존재여부 및 위치, 더 나아가 원의 조성주체와 기
능을 파악하는데 기초자료가 될 것이다. 본고는 이러한 관점에서 비록 3종류이긴 하지만, 흩어져 있는 경
주지역 내 고려시대 "院"명 기와를 검토하였고, 그 과정 안에서 논리적인 비약이 많다고 본다. 본고는 앞
으로의 연구에 일련의 자료라고 판단하고, 관련 연구를 진행하는데 있어, 조금이나마 디딤돌이 되었으면
한다.

투고일: 2015. 4. 21.   심사개시일: 2015. 4. 29.   심사완료일: 2015. 5. 26.

그림 5. "茶淵院"명 기와 (① 창림사지 출토 ②부산성 출토)

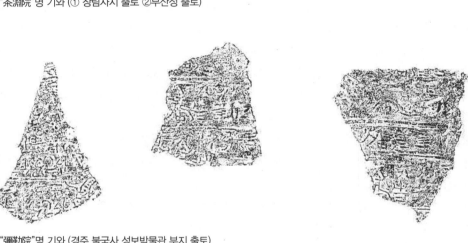

그림 6. "彌靭院"명 기와 (경주 불국사 성보박물관 부지 출토)

그림 7. "大櫓院"명 기와(①:남산 배리삼존석불 주변출토 ②:출토지미상 ③④⑤: 경주공고

그림 8. 창림사지 출토 "大櫓院"명 기와①

그림 9. 창림사지 출토 "大櫓院" 명 기와②

그림 10. 창림사지 출토 "大櫓院"명 기와③

1. 문헌, 보고서, 도록

『鷄林錄』,『高麗史』,『東京雜記』,『東文選』,『新增東國輿地勝覽』,『東都歷世諸子記』,
『朝鮮王朝實錄』.

慶州郡史編纂委員會, 1992,『慶州郡史』.

慶州大學校博物館, 2006,『慶州佛國寺境內聖寶博物館建立豫定敷地發掘調査報告書』.

慶州文化財研究所, 1992,「배리석불입상 주변 발굴조사」,『文化遺蹟發掘調査報告書−緊急發掘調査報
　　告書 1冊』.

계림문화재연구원, 2012,「경주 동천동 826−7번지 유적 −다가구주택 건립부지−」,『경주지역 소규
　　모 발굴조사 보고서 I』계림문화재연구원 학술조사보고서 제1책.

계림문화재연구원, 2012,「청송 대전사 주변정비사업부지 내 유적 −관음전 건립부지−」,『대구·경
　　북지역 소규모 발굴조사보고서』계림문화재연구원 학술조사보고서 제3책.

계림문화재연구원, 2014,『경주 배동 경주남산 일원 내 창림사지 유적 1차 발굴조사 전문가검토위원
　　회의자료』.

國立慶州文化財研究所, 2002,『世界文化遺産 慶州南山』.

국립경주박물관·경주사적관리사무소, 1978,『월성군 부산성내 유적조사 결과보고』.

國立慶州博物館, 慶州世界文化엑스포組織委員會, 2000,『新羅瓦塼』.

國立慶州博物館, 慶州世界文化엑스포組織委員會, 2002,『文字로 본 新羅』.

國立慶州博物館, 慶州世界文化엑스포組織委員會, 2011,『慶州工業高等學校內遺構收拾調査』國立慶州博
　　物館 學術調査報告 第23冊.

柳奭佑, 1971,『慶州市誌』, 慶州市.

2. 논문

강봉원, 2010,「'구어역'(仇於驛)의 위치에 관한 고찰: 불국사 경내 출토 '仇於馹'(구어일) 명문기와와
　　관련하여」,『大邱史學』第98輯.

金相鉉, 1981,「麗末鮮初 佛敎界의 院 經營」,『第24回全國歷史學大會發表要旨』.

노명호 외, 2004,『韓國古代中世 地方制度의 諸問題』, 집문당.

大阪金太郎, 1931,「新羅廢寺址의 寺名推定에 尤てて」,『朝鮮』10月號 第 197號.

柳煥星, 2010,「慶州 출토 羅末麗初 寺刹銘 평기와의 변천과정」,『新羅史學報』19, 新羅史學會.

朴方龍, 2013,『新羅都城』, 학연문화사.

朴洪國, 1982,「암막새(平瓦當)의 형태변화」,『始林』第2輯, 동국대학교 경주대학교지편집위원회.

朴洪國, 2002,「瓦塼資料를 통한 靈廟寺址와 興輪寺址의 位置 比定」,『新羅文化』第20輯, 東國大學

校 新羅文化研究所.

박정재·이지혜·백범석, 2014, 「경주 배동 경주남산일원 내 창림사지 유적 1차 발굴조사」, 『최근 기와 출토 유적과 조선시대의 마루기와』 제11회 한국기와학회정기학술대회, 한국기와학회.

박정재·이지혜·백범석, 2015, 「경주 배동 경주남산일원 내 창림사지 유적」, 『2014 연구조사발표회』, 영남지역문화재조사연구기관협의회, 영남지역문화재조사연구기관협의회.

邊太燮, 1989, 『高麗政治制度史研究』, 一潮閣.

서창호, 2010, 「고려말 조선시대 암막새의 변천과정」, 『고고학 제9-1호』, 서울·경기 고고학회.

松井忠春 編, 1994, 「韓國 慶州地域寺院所用瓦の研究」, 『靑丘學術論叢』 4, 韓國文化研究振興財團.

이동주, 2013, 「경산 중산동 고려시대 건물지의 성격 -문자기와의 분석을 통해서」, 『古文化』 82, (사)한국대학박물관협회.

李炳熙, 1998, 「高麗時期 院의 造成과 機能」, 『靑藍史學』 第二輯.

李炳熙, 2009, 『高麗時期 寺院經濟 研究』, 景仁文化社.

이인숙, 2012, 「경주지역 출토 통일신라시대 수막새 편년」, 『한국고고학보』 第85輯, 한국고고학회.

鄭枖根, 2008, 『高麗·朝鮮初의 驛路網과 驛制 研究』, 서울대박사학위논문.

趙成允, 2003, 「新羅 長板 打捺紋樣 평기와의 慶州 製作與否에 대하여」, 『梨花史學研究』 第30輯, 梨花史學研究所.

崔永俊, 1990, 『嶺南大路』, 高麗大民族文化研究所.

崔晶惠, 1996, 「高麗時代 평기와의 編年研究-文樣形態를 中心으로-」, 慶星大學校大學院 碩士學位論文.

崔孝軾, 1997, 「朝鮮初期의 院 經營에 관한 考察」, 『竹堂李炫熙敎授華甲紀念韓國史學論叢』.

韓嬉淑, 1992, 「朝鮮初期의 院主」, 『西巖趙恒來敎授華甲紀念韓國史學論叢』.

〈日文要約〉

慶州出土 高麗時代「院」銘瓦の検討

柳煥星

　　院は、主な交通路上に設けられ、旅人に宿や食を提供し、牛馬にエサを供給する機能を持ってい
る。院は高麗時代の仏教界と密接な関係があり、人的・物的交流を管掌する場所として注目される場
所だ。事実、「高麗史」や「新増東図興地勝覧」、その他の文献でも院の存在は一部言及されているが、
当代の銘文瓦などの実際の資料からも院は確認されているのが実情だ。その中でも、慶州で出土さ
れた「院」銘瓦は、茶淵院、弥勒院、大櫓院など、全部で三種類が五か所から出土された。

　　本稿では、慶州で出土された三種類の「院」銘瓦の現況を銘文の属性(銘文の施文形態、方廓の有無、
銘文の内容)と瓦の属性(瓦の厚み、打捺板の長さ、打捺の方向、打捺の模様)から観察し、その特徴
と編年を検討した。その結果、三種類の「院」銘瓦を銘文の属性、瓦の属性、比較遺物などを通じ、「茶
淵院」銘瓦(10世紀末から11世紀末)、「弥勒院」銘瓦(11世紀から13世紀)、「大櫓院」銘瓦(1291)の順に編年
が観察できた。つまり、この三種類の「院」銘瓦は10世紀末から13世紀末までの高麗時代の瓦である。

　　これら瓦の出土地と編年をみると、朝鮮時代の院の位置が表記された「新増東図興地勝覧」の内容
が異なっていることが分かる。茶淵院の場合は「新増東図興地勝覧」に言及されておらず、弥勒院の場
合はその位置がはっきりしていない。それから大櫓院の場合、銘文瓦の出土量、金生と昌林寺との
関連性、昌林寺跡の立地と景観から、大櫓院が朝鮮時代には五陵の崇徳殿である可能性が高いが、
高麗時代には昌林寺跡周辺である可能性も提議された。これらを土台に三か所の院について私なり
の意義を付与した。茶淵院の場合、朝鮮初期に院が整備されつつ、ある変化によって消滅した可能
性があるという点、弥勒院の場合、院内に瓦窯をつくるほど経済力があったという点、大櫓院の場
合、「高麗史」と「東都暦世諸子記」の内容、銘文の官職名称と内容から、国家が関与したほど慶州地域
内で名望ある院であったという点だ。それから、三種類の「院」銘瓦の内容を通じ、慶州地域内に院の
造瓦システムに関する変化があった可能性があった点も言及した。

　　こうした一連の作業は、三種類ではあるが、散らばっていた慶州地域内における高麗時代の
「院」銘瓦を通じ、院の存在及び位置、さらには院の造成主体と機能を把握するにおける基礎資料
となることが期待される。

▶ キーワード：慶州、高麗時代、院、「院」銘瓦、茶淵院、弥勒院、大櫓院、昌林寺、五陵の崇徳殿、新増
　　　　　　東図興地勝覧、東都歴世諸子記、李桂財、官職、造瓦システム

신/출/토 문/자/자/료

公山城 新出土 銘文資料
함안 성산산성 출토 목간 신자료
일본 출토 고대 문자자료

公山城 新出土 銘文資料

이현숙[*]

Ⅰ. 머리말
Ⅱ. 공산성 명문출토유적
Ⅲ. 옻칠갑옷에서 확인된 명문
Ⅳ. 銘文에서 확인되는 옻칠갑옷의 存在意味
Ⅴ. 맺음말

〈국문초록〉

본고는 2014년 사적 제12호 공산성 내 백제왕궁부속시설에서 새로이 확인된 옻칠갑옷의 명문을 중심으로 출토 현황과 의미를 정리하고자 하였다. 공산성 내 왕궁부속시설에서 출토된 옻칠갑옷과 명문은 백제멸망기의 정황에 대하여 흥미로운 해석을 유발한다. 즉 문헌에 기록이 남아있으나 이를 입증할 수 있는 구체적인 증거가 없는 상태에서, 貞觀19年銘 옻칠갑옷의 존재와 명문은 문헌과 고고학 유물의 의미를 적극적으로 검토할 수 있을 뿐만 아니라, 당대의 수많은 정보를 제공하게 되었다.

옻칠갑옷에서 확인된 명문에서, 官職名과 人名, 地名, 年號 등을 통하여 정관19년(645)년의 역사적 정황에 대한 이해가 가능하다. 우선 관직명의 경우 2011년 조사에서 長史, 護軍, 司馬, 2014년 조사에서 參軍事, 大夫, 陪戎副○로 확인되었는데, 이는 외교와 군사의 업무에 관계된 직명이 주를 이룬다. 그리고 '益州'로 판독된 지명은『신당서(新唐書)』에 기록된 62주(州) 가운데 하나인 '蓋州'의 다른 표기로,『三國史記』高句麗本紀와『舊唐書』東夷列傳 高句麗條, 그리고 '唐 劉仁願紀功碑'에 기록된 정관19년 4월 당 태종의 요동정벌 당시 蓋牟城을 공격하여 빼앗아 설치한 蓋州로 이해할 수 있다. 나아가 명문이 확인된 갑옷의 존재는 정관19년 5월 백제가 당태종에게 바친 금칠갑옷과 철제갑옷의 존재와 함께 검토될 수 있는 자료로 살필 수 있을 것으로 판단된다.

요컨대 공산성 내 저수시설에서 출토된 명문 옻칠갑옷은 정관 19년(645) 4월 백제의 대당관계에서 제

---

[*] 공주대학교박물관 학예연구사

작된 산물로서, 갑옷의 제작과 관련된 당시의 역사적 상황을 구체적으로 기록한 기념비적 유물로 이해할 수 있다.

▶ 핵심어 : 공산성, 백제왕궁, 옻칠갑옷, 정관19년(645 AD), 대당관계

I. 머리말

문헌자료가 영세한 한국 고대사 연구에서 고려 인종 23년(1145)에 저술된 『삼국사기』와 고려 충렬왕대인 1280년대에 저술된 『삼국유사』는 歷史像을 만드는 기본 사서가 되어 왔다. 따라서 두 권의 사서는 한국 고대사를 이해하는데 큰 지침서로 자리하고 있는 반면에, 다양한 고대의 역사와 문화상을 구체적으로 설명하기에는 제한된 역사상의 테두리를 만드는 벽으로서 자리하고 있음도 부정할 수 없다. 더불어 최근 지속적인 발굴조사를 통하여 확인되는 고고학 자료, 즉 무령왕릉 출토 지석이나, 부여 능사출토 석조사리감, 왕흥사지 출토 사리감, 익산 미륵사지 출토 사리봉안기 등은 백제시대 역사 현장의 기록으로서 당시의 문화를 이해하는 중요한 자료가 되고 있다.

물론 불특정 지역에서 부분적으로 확인되는 고고학 자료가 많은 과거의 사실 가운데 부분적인 단편만을 전하고 있다는 한계가 있지만, 최근에는 이러한 고고학 자료의 연구를 바탕으로 기록에서 확인되지 않는 백제의 중앙과 지방의 관계, 혹은 동일한 유적에 대한 새로운 관점에서의 이해 등에 구체적인 자료로 활용되고 있기도 하다. 따라서 지속적으로 발굴조사되는 연관성 있는 동시기의 고고학 자료는 조각난 역사적 사실을 씨줄과 날줄로 엮어서 이해하는 중요한 기초자료로 활용될 것으로 판단된다. 즉 고고학적 자료에서 확인되는 사실을 통하여 당시의 문화적 상황과 분위기를 구체적으로 살펴볼 수 있을 뿐만 아니라, 이러한 이해를 통하여 사료가 절대적으로 부족한 한국 고대의 역사를 구체화할 수 있을 것으로 판단된다.

그러나 모두 알고 있듯이 현장에서의 발굴조사 이후 진행되는 실내에서의 유물정리와 검토를 통하여 새로운 내용을 해석해 낼 수 있는 고고학 자료의 특징을 감안할 경우, 유적에서 출토된 명문이라고 하더라도 함께 조사된 유구와 유물에 대한 분석이 동반될 때 논리적인 이해가 가능할 것이다.

본고는 2014년 사적 제12호 공산성 내 백제왕궁부속시설에 대한 발굴조사에서 새로이 확인된 옻칠갑옷의 명문을 중심으로 출토 현황과 의미를 정리하고자 한다. 옻칠갑옷에 기록된 명문은 현장성을 갖춘 당대의 역사적 기록으로서 문자자료를 함께 살필 수 있다는데 우선적인 의미를 두고자 한다. 따라서 본고에서는 새로이 확인된 기초사료를 정리한다는 입장에서, 공산성 출토 명문출토 유적과 공반유물을 검토한 후 확인된 명문자료의 존재의미를 살펴보고자 한다.

II. 공산성 명문출토유적

1. 명문이 출토된 왕궁부속시설

공주 공산성은 사적 12호(1963. 01. 21)로 지정된 백제시대의 웅진성이다. 행정구역상 공주시 금성동과 산성동에 걸쳐 있는 公山에 축조된 백제시대 城으로, 금강 南岸의 해발 110m인 산 전체가 성곽과 그의 관련 시설로 이루어져 있다. 성곽의 전체 길이는 2,660m이며, 이 중에 1,770m는 석성으로 남아있고 나머지는 토성이다. 현재 남겨진 성곽은 그것이 석성이든 토성이든 간에 모두 조선시대 수축된 것으로, 반복적인 개축과 보축이 이루어진 것임을 알 수 있다.

공산성 성안마을 내에서 확인된 백제 왕궁 부속시설이 위치한 곳은 공산성의 북문인 공북루가 위치한 저지대로, 공산성 내에서도 가장 넓은 평탄대지를 이루고 있는 谷部에 해당하는 곳이다. 일찍부터 마을이 들어서 있는 관계로 지명에서도 '성안마을'이라 불리고 있으나, 1872년 공주목 지도에 보면 공북루에서 진남루를 연결하는 '남북대로'가 곡부를 가로질러 나있는 등 주요공간으로 활용되었음을 알 수 있다.

이 지역에 대한 발굴조사는 2005년 시굴조사 이후, 2008년부터 연차적으로 진행되었다. 우선 상층에 조성되어 있는 조선시대 문화층에 대하여 3차(2008~2010년)에 걸친 발굴조사를 통해 전체 현황을 파악한 후, 백제시대 문화층에 대한 발굴조사는 2011년에 이루어진 제4차 조사에서 2014년 제7차 발굴조사에 이르기까지 단계적으로 진행하고 있다. 즉 2011년 제4차 조사는 拱北樓 앞 광장을 중심으로, 2012년 제5차 조사는 성안마을 남서쪽의 곡부를 포함하는 지역에 대하여, 그리고 2013년의 제6차 조사는 공북루와 진남루를 연결하는 '남북대로'가 있는 남동쪽의 곡부를 포함하는 지역을 대상으로 하였다. 2014년의 제7차 조사는 2011년 조사구간의 서쪽에 해당하는 성안마을의 중앙부 저지대에 대한 조사를 진행하였다.[1]

즉 단계적인 발굴조사를 통하여 2011년의 제4차 조사에서는 백제가 웅진으로 천도한 직후 조영한 굴립주 건물지부터 백제멸망기 웅진성의 현황을 알 수 있는 대단위 화재 폐기층에 이르기까지의 단계적인 변화·발전과정을 파악할 수 있는 유적을 확인하였다. 특히 건물지 내 저수시설에서는 645년(의자왕 5년)을 가리키는 '정관 19년명(貞觀 十九年銘)'이 있는 화려한 옻칠 갑옷과 마갑, 규도도 등을 비롯하여 다양한 유물이 출토되어, 백제의 선진적인 공예기술을 살필 수 있게 되었다.[2]

2012년에 진행되는 5차 발굴조사는 2011년 조사지역과 연결되는 성안마을 남서쪽을 중심으로 조사를 진행한 결과, 벽주건물지와 축대, 계단지, 와적층과 배수로 등 다양한 유구가 확인되었다. 조사를 통하여

---

1) ① 공주대학교박물관, 2006, 『공산성』 시굴조사보고서.

　② 공주대학교박물관, 2011, 「공산성 내 성안마을 제4차 발굴조사 약보고서」.

　③ 이남석, 2012, 「공산성출토 백제 칠찰갑의 명문」, 『목간과 문자』 9호, 한국목간학회.

　④ 공주대학교박물관, 2012, 「공산성 내 성안마을 제5차 발굴조사 약보고서」.

　⑤ 공주대학교박물관, 2013, 「공산성 내 성안마을 제6차 발굴조사 약보고서」.

　⑥ 공주대학교박물관, 2014, 「공산성 내 성안마을 제7차 발굴조사 약보고서」.

2) 이남석, 2012, 앞의 논문.

공산성 성안마을 조사 현황도

〈도면 1〉 공산성 내 왕궁부속시설 발굴현황(4~7차)

웅진·사비기 공산성 내 백제시대 공간구획과 활용에 대한 중요자료를 확보하게 되었다. 특히 출토유물 가운데 '大通寺'명 벼루와 다양한 철제유물의 존재 등이 확인되었다.

2013년에 진행된 제6차 발굴조사는 2011년 조사된 지역을 중심으로 남동쪽으로 연결되는 골짜기를 포함하는 지역에 대하여 진행하였는데, 왕궁지로 연결되는 백제시대 도로와 대규모 축대와 문지, 그리고 벽주건물지 등이 확인되었고, 통일신라시대 건물지와 진단구도 확인하였다.

2014년에 진행된 제7차 발굴조사를 통하여 확인된 유적은 백제시대 건물지 7동과 대규모 도로, 그리고 저수시설과 목곽고, 축대, 배수로로 구분된다. 이 지역은 2011년 발굴조사된 백제시대 건물지의 서북쪽에 해당하는 곳으로, 당시 '貞觀19年(645)銘 옻칠 갑옷이 출토된 저수시설의 나머지 부분에 대한 조사를 함께 마무리하게 되었다. 따라서 조사를 진행함에 있어서 우선 2011년 조사된 건물지군과의 연계성과 더불어 당시 조사가 마무리되지 않았던 저수시설, 그리고 북쪽의 성벽과 연결되는 대지의 조성현황 등에 대하여 주목하였다.

이와 같이 공산성 성안마을 내 백제시대 문화층에 대한 4차례의 발굴조사를 통하여 건물지 29동, 대규모 축대 2지점과 출입시설, 건물지군별로 구획된 배수로와 도로, 저수시설 1기, 목곽고 1기 등이 확인되었다. 더불어 유적에서 출토된 유물도 옻칠갑옷을 비롯하여 각종 무기류가 있으며, 10여 점이 넘는 벼루가 출토되기도 하였다. 그동안 사찰유적을 제외하고 백제 중앙의 생활유적 관련 건물지군이 집중되어 발굴조사된 자료는 그 사례를 찾기 어려울 정도로 많지 않다. 나아가 공산성 성안마을에서 확인된 백제왕궁부속시설은 발굴조사된 건물지의 구조와 성격을 기초로 기능과 위계에 따라 공간구획이 가능하여, 백제시대의 생활공간 활용현황을 살필 수 있게 되었다. 이 가운데 명문이 출토된 유적은 저수시설과 목곽고가 있다.

2. 명문출토 유구, 저수시설과 목곽고

1) 저수시설

저수시설은 2014년 전체 조사범위의 동쪽에 치우쳐 있는 곳에서 확인되었는데, 2011년 조사당시 저수시설의 동쪽 짧은 변이 확인된 바 있다. 특히 2011년 발굴 당시 저수시설에서는 '정관19년(貞觀十九年)'이 적힌 옻칠의 갑옷과 말갑옷, 마면주, 대도와 규도도 등의 무장갖춤새가 출토되어 주목을 끈 바 있다. 이에 2014년 발굴조사 과정에서 저수시설을 전체적으로 확인할 수 있게 되었다.

발굴조사를 통하여 확인된 저수시설은 평면 말각 세장방형이며, 단면은 바닥으로 갈수록 경사를 이루며 좁아지다가 바닥에서 약 80㎝ 정도 높이까지는 수직에 가깝게 조성되었다. 전체 규모는 동서 길이 1100㎝, 남북 너비 970㎝이고, 깊이는 330㎝이다. 저수시설의 바닥도 동서방향으로 세장한 형태인데, 바닥면은 점토다짐을 하여 마무리한 것으로 확인된다. 저수시설의 호안은 나무말목을 박은 후 그 사이를 잔가지로 촘촘히 엮어 성토층의 유실을 방지하였다.

저수시설 내부에서는 각종 토기류와 철기류, 그리고 목기와 목공구가 확인되었으며, 탄화미, 밤, 조개

껍데기 등 다수의 유기물이 출토되었다. 유물은 저수시설의 중앙에서 약간 서쪽으로 치우친 지역에서 완형의 철제 갑옷, 옻칠의 馬甲, 철제 馬面胄, 馬鐸과 함께 大刀, 裝飾刀, 다량의 화살촉, 鐵牟, 깃대꽂이(旗柱), 각종 철판 등이 출토되었다. 그리고 철제 깃대꽂이는 약 60㎝의 크기로 S자 모양(巳行)으로 구부러져 있는데, 삼국시대 깃대꽂이는 가야는 합천의 옥전고분에서 실물이 발견되었으며, 고구려는 쌍령총과 삼실총 벽화를 통해서 확인할 수 있었다. 하지만 백제 깃대꽂이는 서산 여미리 출토 토기 문양에서 확인된 사례와 부여 쌍북리 154-10번지 사비 공방 구유적에서 출토된 예가 있다. 이번 공산성 발굴조사를 통해서 안정된 층위에서 깃대꽂이가 발굴됨으로써 백제 騎乘文化의 실상을 구체적으로 입증할 수 있는 귀중한 자료를 확보하게 되었다.

그리고 2014년 저수시설 발굴조사에서도 명문이 적힌 옻칠 갑옷이 출토되었다. 명문은 '○○○衆軍事' '○作陪戎副○' '○○七人二行左' '近趙○○○○' '○○○○大夫' '益州○○○' 등을 확인했다. 이로서 2011년에 조사된 '정관19년(645)'명 관련 명문과 더불어 공산성에서 발견된 옻칠갑옷 명문은 현재까지 약 60여자에 이른다. 명문에 대한 정확한 판독이 완료되면 저수시설에서 출토된 유물의 역사적 성격이 보다 명확해질 것으로 기대하고 있다.

〈도면 2〉 저수시설 전경과 토층현황

2) 목곽고

2014년 제7차 발굴조사 유구 중 주목되는 유구 가운데 하나는 건물지군 북단의 대형 木槨庫다. 규모는 가로 320㎝, 세로 350㎝, 깊이 260㎝이며, 너비 20~30㎝ 내외의 판재를 기둥에 맞춤하여 정교하게 조성하였다. 바닥면에서 벽체 상부까지 조성 당시의 구조가 잘 남아 있다. 특히 기둥 상부에는 긴 촉을 내어 테두리보 상부까지 솟아나 있고, 내부에서 기와편이 다수 출토된 점 등으로 보아 상부에 별도의 지붕 구조가 존재했을 가능성이 큰 것으로 보인다.

목곽고의 벽체는 네 모서리의 원주를 중심으로 바깥쪽은 평평하게 치목하여 벽면 판재를 결구하였으며, 기둥의 상하면에 낸 긴 촉은 상원하방의 형태를 이룬다. 목재는 재사용한 것으로 판단되는데, 일부 홈이 파여져 있고 홈에는 점토를 이용하여 메꿔서 마무리하였다. 특히 오랜 시간이 경과한 이후에도 점토가 잘 남아있는 것으로 보아 역청과 같은 첨가물을 넣어서 의도적으로 습기에도 강하게 시설하였을 가능성을 배제할 수 없다. 목곽고의 벽체는 이중으로 구성되어 있는데, 안쪽에 덧대었던 목재의 일부에서 '上瓦(?)木'이라는 刀刻記錄된 명문이 확인된다. 구체적인 의미는 알 수 없으나, 목재가 재사용되기 이전에 표기하였던 것으로 판단된다.

내부에서는 복숭아씨와 박씨가 다량 출토되었다. 이와 함께 무게를 계량하는 석제 추와 생활용품인 칠기, 목제 망치 등의 공구도 수습되었다. 석제 추는 원형으로, 중앙에 고리가 만들어져 있으며, 무게는 36g이다. 칠기는 목제를 가공하여 만든 것으로, 표면에 옻칠이 정교하게 이루어져 있다. 또한 나무 망치를 비롯하여 목제 공이와 손잡이, 목제 가공품 등이 수습되었다.

목곽고의 용도에 대해서는 저장시설 또는 우물 두 가지 가능성을 검토할 수 있다. 내부 벽면에 물이 스며들지 않도록 목재의 틈새를 점토로 메우고, 바깥쪽에 일정한 간격으로 발을 덮은 후 점토다짐한 것으

〈도면 3〉 목곽고 전경과 근경

〈도면 4〉 목곽고 내 목재의 명문 '上瓦(?)木'

로 볼 때 저장시설일 가능성이 매우 높다. 그러나 목곽고가 저지대에 물이 많이 모이는 지역에 입지하는 위치를 통해 볼 때 우물일 가능성도 배제할 수 없다.

그동안 백제유적에서 확인된 목곽고는 대전 월평동 산성, 부여 사비도성 내에서도 발굴되었다. 하지만 대부분 심하게 훼손되어서, 하단의 바닥과 50㎝ 내외 높이의 벽면만 일부 확인할 수 있었다. 그러나 공산성 목곽고는 벽체의 상부까지 확인할 수 있는 최초의 목조 건축물이라는데 큰 의미를 가지고 있으며, 당시의 목재 가공 기술을 실증적으로 보여주고 있어 백제 시대 건물 복원과 연구 등에 구체적인 자료를 제공할 수 있을 것으로 판단된다.

III. 옻칠갑옷에서 확인된 명문

2014년 저수시설 발굴조사에서도 명문이 적힌 옻칠 갑옷이 출토되었다. 옻칠갑옷은 2011년에 조사된 것과 같이 가죽을 바탕으로 하여 10~14차례의 반복된 옻칠을 한 것이다. 2011년 조사 당시 저수시설의 1/3 정도만 조사가 이루어졌는데, 당시 지표면에서 600~700㎝ 내외의 깊이에 해당하는 조사지역을 확대하기 어려운 상태여서 추후 조사를 기약한 것이었다. 따라서 2014년 조사에서 확인된 명문 옻칠갑옷은 2011년 출토 유물과 함께 검토해야되는 것이다.

찰갑편의 명문은 옻칠된 표면에 주사안료를 사용하여 기록한 것으로, 일부 찰갑편을 제외하면 대부분 흩어진 상태로 확인되었다. 2014년 발굴조사를 통하여 확인된 옻칠갑옷 내 명문편은 모두 7편이다. 이 가운데 2편만 찰갑의 전면에 2줄 종서로 명문이 있고, 나머지 5편은 찰갑의 좌측에만 명문이 종서되어 있다. 조사를 통하여 확인된 명문은 '○○○祭軍事' '○作陪戎副○' '○○七人二行左' '近趙○○○○' '○○○○大夫' '益州○○○' 등이다. 이로서 2011년에 조사된 '정관19년(645)'명 관련 명문과 더불어 공산성에서 발견된 옻칠갑옷 명문은 현재까지 약 60여자에 이른다. 명문에 대하여 정확한 판독이 완료되면 저수시설에서 출토된 유물의 역사적 성격이 보다 명확해질 것으로 기대하고 있다. 이 장에서는 2014년에 확인된 명문에 대한 검토와 더불어, 2011년 조사된 명문자료를 함께 검토하고자 한다.

2011년 조사에서 확인된 바와 같이 명문은 약 13㎝ 내외 길이에 너비 3.2㎝의 찰갑에서 확인되는 것으로, 상하의 혁철공이 위치한 범위를 제외하면 약 7㎝ 내외 너비에 기록이 가능하다. 혁철공은 명문 상단에 1.8~1.9㎝ 내외의 간격으로 2개의 구멍이 0.8㎝ 간격으로 2열을 이루어 배치되어 있다. 그리고 하단에도 2열의 혁철공이 있고, 그 아래쪽으로 2㎝ 정도 떨어진 곳에 1㎝간격으로 좁아진 혁철공이 2개 확인된다.

따라서 명문의 위치가 찰갑의 왼쪽에 치우친 상태로 배치되어 있을 뿐만 아니라, 2011년 조사된 '정관19년명' 찰갑의 출토상태로 미루어 볼 때, 명문은 왼쪽에서부터 오른쪽으로 겹쳐서 제작된 찰갑의 왼쪽 노출된 공간에 기록한 것으로 확인된다. 즉 명문의 위치와 기록된 형태로 미루어 볼 때, 옻칠갑옷을 제작한 후 마지막 단계에 기록한 것으로 판단된다. 2014년에 확인된 옻칠찰갑편의 명문자료를 살펴보면 다음과 같다.

1. '○○○叅軍事'

잔존 길이 4.1cm, 너비 3.2cm의 옻칠찰갑편의 왼쪽에서 명문이 확인된다. 아래쪽에 혁철공이 좌우에 2개씩 있는 것으로 미루어 볼 때, 명문 위쪽으로 3자는 유실된 것으로 판단된다. 전후 문맥을 알 수 없으나, 확인된 글자를 기준할 때 '○○○叅軍事'로 읽을 수 있다.[3]

2. '○作陪戎副○'

명문이 있는 부분만 일부 남아있는 것으로, 남아있는 길이 3.5cm, 너비 2.2cm이다. 명문의 위쪽에 아랫변이 '皿'의 형태를 보이는 글자가 있으나 정확하지 않다. 그리고 하단의 '副'자도 일부가 파손되어 아래쪽의 글자는 확인하기 어렵다. 다만 함께 출토된 명문찰갑편 내 글자배치가 주로 6~7자로 되어 있는 것으로 미루어 볼 때, 판독되는 글자는 '○作 陪戎副○' 혹은 '○○作 陪戎副'로 읽을 수 있다.

3. '○○七人二行左'

길이 4.6cm, 너비 3.2cm만 남아있는 것으로, 찰갑편의 왼쪽에 치우쳐서 명문이 확인된다. 글자의 배치상 하단의 문자에서 0.5cm아래에서 혁철공이 확인되는 것으로 보아 명문의 위쪽이 훼손된 상태로, '○○七人二行左'로 볼 수 있다. 특히 숫자가 포함된 명문찰갑의 경우 '九年四月卄一日'에서와 같이 조밀하게 기록하고 있는 것에 기초할 때, 찰갑편 상면의 '七人'은 거의 맞닿아 있어 '착辶', '攴'자와 혼동되기도 하지만, 적외선촬영에 기초할 경우 '○○七人二行左'로 확인된다.

4. '近趙良(?)○○○'

확인된 명문찰갑의 잔존 길이 4.8cm, 너비 3cm의 규모이다. 상면에 혁철공이 있는 것으로 보아 아래쪽의 명문이 훼손된 것으로 판단된다. 정확하게 확인되는 문자는 '近趙'이고 아래쪽에 일부 문자의 상단부가 일부 남아있는데, 아래로 내린 획의 길이로 미루어 '良'자로 추정된다. 현재 남아있는 명문으로는 '近趙良(?)○○○'로 판단된다.

5. '○○○○大夫'

매우 작게 남아있는 잔편일 뿐만 아니라, 명문의 일부가 파손되어 있는 상태이다. 잔존 길이 2.2cm 너비 2.7cm로, 찰갑편의 오른쪽 단변이 훼손되어 있으나 함께 확인된 명문찰갑편과 같이 약 3cm 내외의 너비였을 것으로 판단된다. 명문의 아래쪽에 매우 인접하여 혁철공이 확인되는데, 혁철공에 의해서 명문이 훼손되거나 영향을 받지는 않은 상태이다. 명문의 중앙부가 일부 파손되었으나 남아있는 문자의 획과 필

---

3) '叅, 참여할 참'자가 얼핏 '忝, 더럽힐 첨'으로도 읽힐 수 있는데, 문자 상단에 확인되는 필적이 '忝'으로 이해하기 어렵다.

〈도면 5〉 명문찰갑편

체로 미루어, 위아래 문자가 매우 유사하게 사획이 확인되는 '○○○○大夫'로 판단된다.

6. '益州○○者○ 宍(가?)○○○○'

공산성 왕궁부속시설유적에서 확인된 명문찰갑편 중에 유일하게 2줄로 종서된 명문찰갑편이다. 이미 앞에서 지적한 바와 같이 명문은 왼쪽에서부터 오른쪽으로 겹쳐서 제작된 찰갑의 왼쪽 노출된 공간에 기록한 것으로 확인된다. 그러나 '益州○○存○'명 찰갑편은 2열로 명문이 기록되어 있다. 파손된 2개의 편이 접합되지는 않으나, 동일한 지역에서 함께 출토된 것으로 보아 동일 편으로 추정된다. 그동안 출토된 명문찰갑편 중에서 가장 중요한 시작부위로 판단되나, 애석하게도 명문의 잔존상태가 가장 열악하다.

찰갑편의 규모는 ① 잔존 길이 1.6㎝ 너비 3.1㎝, ② 잔존 길이 0.9㎝, 잔존 너비 2.5㎝이다. ①번 명문찰갑편의 왼쪽 상단에 희미하게 혁철공이 남아있는 것으로 미루어 볼 때 명문의 시작은 ①번 찰갑부터인 것으로 판단되나, ②번 찰갑편은 오른쪽 측면도 파손되어 있다. 확인되는 명문은 오른쪽에 '益州○○者○' 왼쪽에 '宍(가?)○○○○○'라고 기록되어 있다. 구체적인 명문의 판독은 어렵지만 그동안 저수시설에서 출토된 옻칠갑옷의 명문이 주로 왼쪽에 치우쳐 기록되어 있던 것에 비하여, 이 ①②의 명문찰갑편은 2

줄 종서로 되어 있는 것으로 미루어볼 때, 명문의 시작부위에 해당하는 것으로 볼 수 있다.

7. 2011년 출토 명문찰갑의 기록

2014년에 확인된 명문찰갑의 이해를 위해서는 2011년 출토된 명문찰갑을 함께 검토할 필요가 있다. 이에 대해서는 이미 발표된 바 있어[4] 명문의 내용만 정리하면 다음과 같다. '○○馬李○銀', '史護軍○○○', '○○○○○緒', '王武監大口典' '○○行貞觀十' '九年四月卄一日'인데, 이 가운데 '○○行貞觀十' '九年四月卄一日'의 명문은 서로 연결되는 것으로, 문장의 중간에 정관명 연호가 있으면서 앞의 문장 '○○行'과 연결되는 점에 주목하였다. 따라서 당시 이들 명문은 단순하게 갑옷의 소유자나 제작자를 적기보다는, 갑옷의 제작 동기라던가 그와 관련된 사건, 아니면 대중국 외교사실을 적은 것으로 보고된 바 있다.[5]

〈도면 6〉 2011년 명문찰갑 출토 근경

---

4) 이남석, 2012, 앞의 논문.

5) 이남석, 2012, 앞의 논문, pp.171-188.

Ⅳ. 銘文에서 확인되는 옻칠갑옷의 存在意味

공산성 내 왕궁부속시설에서 출토된 명문 옻칠갑옷은 명문의 존재뿐만 아니라, 옻칠갑옷의 존재 자체만으로도 백제사연구에 중요한 물적자료를 제공하고 있는 중요한 자료이다. 특히 웅진기 이후 중앙의 횡혈식석실묘가 지방사회까지 파급되면서 무덤에 무기부장이 이루어지지 않아,[6] 백제의 무장체제를 살필 수 있는 물적자료가 매우 부족한 백제사 연구에 있어서 시사하는 자료적 가치는 명문 이상의 의미를 갖추고 있다고 해도 과언이 아닐 것이다. 그런데 여기에 더하여 명문까지 함께 기록되어 있으니, 그 의미는 연구자들의 끊임없는 논리적 상상력을 자극하기에 부족함이 없다.

옻칠갑옷에 기록된 명문이 목간은 아니지만 편찬사료와는 달리 작성당시를 알려주는 당대의 역사적 기록이다.[7] 그리고 일반적인 목간의 경우 흘림체를 많이 사용하여 흑화가 약간만 진행되어도 판독상 어려움이 따르는데 반하여, 옻칠갑옷의 명문은 단정한 구양순체로 기록하였다. 출토된 층위도 매우 안정된 상태이므로 조사된 유구와 공반 유물의 검토를 통하여 당시의 상황을 구체화할 수 있을 것이므로, 명문 옻칠갑옷과 함께 출토된 공반유물의 현황을 간략하게 파악하고자 한다. 즉 새로이 확인된 기초사료를 정리한다는 입장에서, 공산성 출토 명문출토 유적과 공반유물을 검토한 후 명문에서 확인되는 옻칠갑옷의 존재의미를 살펴보고자 한다.

명문 옻칠갑옷은 공산성 왕궁부속시설 내 저수시설에서 출토되었다. 이 저수시설은 계곡을 포함하는 저지대를 성토하여 조성한 대지의 일부에 조성된 것이다. 옻칠갑옷이 부장되기 이전 저수시설 내에 퇴적된 유물은 약간의 기와편과 바구니 정도로 매우 제한되어 있으며, 주변의 지형조건상 단순한 조경이나 식수공급용이라기보다는 대지 안정화를 위한 기능을 의도한 시설이었을 것으로 판단된다.

저수시설 내 퇴적상황은 매우 안정된 층위를 보이는데, 2011년 저수시설 동쪽부분에 대한 조사 당시 출토유물은 아래쪽에서 부터 옻칠 마갑 −대도와 규도도, 마면주 등의 철제유물− 명문 옻칠갑옷의 순으로 확인된다. 특히 옻칠갑옷의 상면에는 볏짚을 이용하여 약 100㎝이상 두껍게 퇴적된 단일층이 확인되는데, 이는 갑옷의 은닉이나 매몰을 위한 의도적인 행위로 추정된다. 저수시설의 습한 환경과 더불어 볏짚 퇴적층의 밀폐로 인하여 유물의 보존환경이 양호했을 것으로도 판단된다.

이와같은 퇴적상황은 2014년 조사된 저수시설의 서쪽부분에서도 동일하게 확인되었다. 다만 서쪽에서는 옻칠 마갑이 서쪽 단벽에 치우쳐서 비스듬히 놓여져 있고, 그 옆에 대도와 장식도, 마주와 철제 깃대꽂이 등의 철제유물, 그리고 그 아래쪽에 철제 갑옷이 1벌 놓여진 상태로 확인되었다. 이 유물의 상면에도 저수시설 동쪽에서와 같이 약 100㎝ 이상 두껍게 퇴적된 볏짚층이 확인되었다. 이와 같이 2011년과

---

6) 이현숙, 2014, 「한성기 백제횡혈식석실묘 연구」, 『백제학보』 10, 백제학회.

7) 그동안 공산성 내 왕궁부속시설에 대한 발굴조사를 진행하면서 다수의 벼루가 출토되어, 목간과 같은 관련 문자기록이 존재할 가능성을 염두하여, 저수시설 내 조사를 진행하는 과정에서 목간을 찾고자 조사단이 많은 노력을 하였음에도 불구하고 확인하지 못하였다.

2014년 조사된 퇴즉층에서 주목되는 것은 볏짚퇴적층의 상면에서 화재로 폐기된 기와층과 화살촉과 같은 유물이 산발적으로 포함되어 있는 것이다. 즉 저수시설 내 갑옷이 매립된 이후 상면에 유구의 화재층이 확인되고 있어, 부속시설 내 유구의 폐기 직전에 의도적으로 매립되었음을 살필 수 있다.

공반유물의 검토에서 특히 주목되는 것은 저수시설 내에서 출토된 유물의 갖춤새이다. 즉 사람과 말의 완전한 무장갖춤을 할 수 있는 사람의 갑옷과 마갑, 마주, 대도와 장식도가 각각 2벌씩 들어있을 뿐만 아니라, 유물의 배치도 아래에서부터 말 갖춤새 −무기− 사람의 갖춤새로 순서를 이루고 있으며 상면을 볏짚으로 은폐하였다는 점이다. 이는 우연한 폐기나 매몰의 행위에 의한 흔적이 아니라, 의도적인 행위에 의한 매장의 가능성을 살필 수 있는 것이다. 따라서 백제 멸망기 직전에 이루어진 2벌의 무장 갖춤새를 의도적으로 매납한 행위의 의미에 대한 적극적인 검토가 필요하다.

발굴조사를 통하여 확인된 명문은 전체 문장을 일관되게 해석할 수는 없으나, 관직명과 인명, 그리고 지명과 연호의 순으로 하여 살필 수 있다. 명문의 해석을 위하여 2011년 자료와 2014년 출토 명문자료를 함께 검토하고자 한다.

우선 관직명의 경우 2011년 조사에서 장사, 호군, 사마, 2014년 조사에서 참군사, 대부, 배융부○로 확인되었다. 이 가운데 장사와 사마는 '○○馬李○銀', '史護軍○○○'의 명문에서 보이는데, 인명이 함께 확인된다. 長史는 백제 시대 외관직의 하나로 외교사절의 임무를 띤 것으로 보이며,[8] 424년(구이신왕 5)에 長史 張威를 劉宋에 파견한 기록이 있는 것을 볼 때[9] 늦어도 구이신왕대에는 설치되었다고 보기도 한다. 司馬는 軍事의 일을 맡은 벼슬로[10] 개로왕대 기록에서 확인된다.[11] 특히 대사마는 군사 관련 업무를 맡은 최고수장으로 알려져 있다. 2014년 조사된 관직명 가운데 叅軍事는 중국 후한 때 등장하는데, 군무를 보좌하던 관직명과 같은 의미로 이해할 수 있는 자료인데, 장사·사마와 더불어 확인된다.[12]

그리고 大夫라는 명칭이 확인되었다. '대부'는 중국의 주나라 때 봉건제 하에 시행된 제후의 작명에 최초로 등장하는데, 열국의 제후들에게 적용된 '상대부경' '하대부' 등이 그것이다. 그러나 한 대 이후 관료제가 체계적으로 확립되는 과정에서 대부의 성격도 변화되었는데, 한 대의 대부는 궁내관의 역할을 하고 있었다. 일본에서의 대부는 관료제도의 발전과 더불어 설치되는데, 대부의 직무는 천황의 어전에서 대신

---

8) 長史의 출현은 중국의 남북조시대와 일치하며, 그 임무 역시 외교사절에 국한된 것이 특징이다. 『東史綱目』에 424년(구이신왕 5)에 장사 張威를 劉宋에 파견한 기록과 『三國史記』권제25, 百濟 蓋鹵王, 十八年 遺使朝魏上表曰…謹遺私署冠軍將軍駙馬都尉弗斯侯長史餘禮 龍驤將軍帶方太守司馬張茂等… 의 기록 등이 확인된다.

9) 『東史綱目』 제2하, 甲子年.

10) 日中民族科學研究所編, 1980, 『中國歷代職官辭典』, p.24, 國書刊行會.

11) 司馬는 周나라 때 六卿의 하나이고, 漢나라 때 三公의 하나이며, 조선시대 때는 兵曹判書의 별칭이기도 하였다. 개로왕 18년(472) 위나라에 조공하고 올린 표의 내용 '謹遺私署冠軍將軍 駙馬都尉 弗斯侯長史 餘禮 龍驤將軍帶方太守司馬 張茂…'에서도 확인된다.

12) 『南齊書』에는, 〈百濟王〉〈牟太〉遺使上表, 遺謁僕射孫副策命, 知上此表在 永明八年正月也. 臣所遺行建威將軍·廣陽太守·兼長史臣 高達, 行建威將軍·朝鮮太守·兼司馬臣 楊茂, 行宣威將軍·兼參軍臣 會邁 等三人, 志行淸亮, 忠款夙著.라는 기록에 장사, 사마, 참군의 관직명이 함께 확인된다.

과 함께 국정을 의논하고 諸臣의 상주를 천황에게 전하는 것이다.[13] 고구려의 경우 『삼국사기』 열전 乙巴素條에 나오는 '中畏大夫'가 있으며, 백제와 관련해서는 백제 멸방 이후 의자왕이 당에서 병사한 후 '금자광록대부위위경 金紫光祿大夫衛尉卿'에 추증된 것이 대부의 유일한 용례로 알려져 있다. 따라서 '대부'명을 하나의 관직으로 볼 수 있는지에 대한 논의가 있다.[14] 백제에서 '대부'명이 확인된 예로는 풍납토성 경당지구 9호 유구 출토 '대부'명 직구단경호가 있다. 공반유물의 출토양상으로 미루어 5세기 중후반대로 편년되는 것으로 미루어 개로왕대에 처음 '대부'명이 사용되었을 것으로 이해하고 있다. 즉 개로왕이 왕족 중심으로 체제정비를 단행하면서 제관료에 대한 작호의 성격을 띤 왕·후제를 실시하고 있는 것에 근거하여 대부는 왕족중심의 왕·후제가 시행되면서 특정한 직무를 맡은 자에게 붙여준 것으로 이해하면서, 경당지구 9호 유구에서 다량의 운모가 출토되는 등[15] 제의와 관련된 공간인 점을 감안하여 제의관련 직무의 가능성을 추론하였다.[16] 따라서 공산성 명문 옻칠갑옷에서 확인된 '大夫'명은 전후의 문자가 확인되지 않으나, 관직명으로 이해하는 것도 가능할 것으로 판단된다.

다음은 '○作陪戎副○'의 명문에서 확인되는 '陪戎副尉' 관직의 존재이다. 일반적으로 995년 고려 성종14의 기록에서 구체적으로 확인되나, 당육전이나 당대의 관제에서는 武散階 31계 가운데 제31계의 下階이다.[17] 일반적으로 산계는 이름만 있고 실제로 직무가 없는 벼슬의 품계를 가리킨다고 하는데, 당대의 직명이 공산성 옻칠갑옷에서 확인되고 있는 점이 주목된다.

인명은 구체적으로 살피기 어려우나 2011년 조사 당시 '○○馬李○銀'에서 확인되는 李○銀과 '近趙良(?)○○○'의 존재에서 추론할 수 있으나 구체화하기는 어렵다.

지명과 관련된 기록으로는 명문의 시작부위로 판단되는 2열 종서로 기록된 명문찰갑편에서 확인된다. 즉 '益州○○者○ 突(가?)○○○○'에서 보이는 익주의 기록에 주목할 수 있다. 익주와 관련된 지명은 고대 한반도에서 구체적으로 찾기 어려우나, 중국의 경우 益州는 蓋州의 다른 표기 지명으로 알려져 있다. 『新唐書』에 기록된 62주(州) 가운데 하나인데, '개주'와 관련된 기록은 『三國史記』卷第二十一 高句麗本紀第九 보장왕 四年 夏四月 당군이 고구려의 성을 공격할 당시 이세적과 강하왕 도종이 蓋牟城을 공격하여 빼앗아, 1만 인을 사로잡고 양곡 10만 석을 얻어 그 땅을 개주(蓋州)로 삼았다는 기록과 百濟 地域 出土金石文인 '唐 劉仁願紀功碑'의 기록에서 '貞觀 19년 태종이 친히 六軍을 거느리고서······ 遼東·蓋牟·□□ 등 10城을 □하고 □□·新城·安地 등 3城에 주둔하여 그 대장 延壽·惠眞을 사로잡고 그 군사 16만

---

13) 문동석, 2002, 「풍납토성 출토 '大夫'銘에 대하여」, 『백제연구』 36, pp.49~62.

14) ① 문동석, 2002, 앞의 논문.

② 신희권, 2014, 「백제의 문자 생활과 관직, 풍납토성에서 발견된 문자와 부호」, 『금석문으로 백제를 읽다』.

15) 신희권, 2014, 앞의 논문, p.29. 운모는 중국의 도교, 신선사상에서 영원불멸을 위한 선약으로 인식되었고, 삼국시대 고분에서도 신라 적석목곽분의 출토 예가 소개된 바 있다. 무덤에 운모를 넣은 이유는 이를 불로장생과 경신승선의 선약으로 인식하였고, 시신 방부의 효과가 있는 광물로 인식하였기 때문이라고 한다.

16) 문동석, 2002, 앞의 논문.

17) 陳茂同, 1988, 『歷代職官沿革史』, p.312, 华東師範大學出版社.

〈도면 7〉 '大夫', '益州'銘 찰갑편 적외선촬영

을 포로로 잡았다'는 기록에서도 확인된다. 더불어 『舊唐書』 東夷列傳 高句麗條에서도 '貞觀 19년(645) 여름 4월에 李勣의 군대가 遼河를 건너서 蓋牟城 으로 진격하여 城을 빼앗고, 포로 2만 명을 생포하였다. 그 城에 蓋州를 설치하였다.'는 기록이 있다.

다음으로 명문찰갑에서 확인되는 정관19년 연호와 관련하여 살펴볼 수 있다. 백제의 기년 표기 방식은 『한원』의 기록이나 무령왕릉의 지석(癸卯年523, 乙巳年525, 丙午年526, 己酉年 529), 부여 능사출토 석조사리감(丁亥年567), 왕흥사지 출토 사리감(丁酉年, 위덕왕 20, 577), 사택지적비(甲寅年654 의자왕 14), 부여 쌍북리 출토 좌관대식기 목간(戊寅年618, 무왕17)에서와 같이 간지로 표기하는 것이 일반적이었다. 그러나 간지 표기가 일반적이었다고 해서 백제에서 연호를 이용해서 표기하는 방법이 없었다고 단정 지을 수는 없다.

우선 많은 논란이 있는 칠지도의 경우 백제와 왜의 관계에서 제작된 국제적 유물에 동진의 연호로 판단되는 태화(4년, 369)라는 연호를 사용하고 있다. 그리고 동성왕 때 남제에 보낸 표문에는 영명8년이라는 연호가 사용되고 있다.[18] 더불어 공산성 출토 명문찰갑에서도 貞觀 19년(645)에서와 같이 당 태종의 연호가 사용되어 있는 것으로 확인된다. 특히 공산성 출토 옻칠갑옷에서 확인된 명문의 경우 앞에서 살펴본 바와 같이 지명과 더불어 다수의 관직명이 확인되는 것으로 미루어 백제의 대중국 외교와 관련하여 특정 행위에 관한 기록일 가능성을 배제할 수 없다. 따라서 연호의 사용에 관해서는 대체적으로 백제 내부에서 출토된 유물의 경우 간지가 사용되는 것이 일반적이나, 동아시아 국제질서에 포함되어 있는 국제

---

18) 남조 양나라 때인 537년에 소자현이 편찬한 것으로 전하는 『南齊書』에는, '〈百濟王〉〈牟太〉遣使上表, 遣謁僕射孫副策命, 知上此表在 永明八年正月也. 臣所遣行建威將軍·廣陽太守·兼長史臣 高達, 行建威將軍·朝鮮太守·兼司馬臣 楊茂, 行宣威將軍·兼參軍臣 會邁 等三人, 志行淸亮, 忠款夙著.'라는 기록에 영명이라는 연호를 사용하고 있다.

적인 관계에서는 연호가 사용되고 있음을 살필 수 있는 적극적인 자료로 판단된다.

이러한 명문의 검토와 함께 살필 수 있는 역사적인 상황에 대한 문제는 결국 貞觀19年(645)에 귀결된다고 할 수 있다. 645년은 당 태종이 고구려의 요동정벌에 나설 즈음이고 백제가 당나라에 사행하면서 갑옷을 전한 사실이 있다. 따라서 645년의 기사를 정리하면 다음과 같다.

> ① 『三國史記』 卷第二十一 高句麗本紀 第九 寶藏王 四年 春三月(645년 03월(음)) 당 태종과 이세적이 요동정벌을 위하여 출정하다
>
> ② 『三國史記』 卷第二十一 高句麗本紀 第九 寶藏王 四年 夏四月(645년 04월(음)) 당 이세적과 강하왕 도종이 蓋牟城을 공격하여 빼앗아, 1만 인을 사로잡고 양곡 10만 석을 얻어 그 땅을 蓋州로 삼았다.
>
> ③ 『三國史記』 卷第二十一 高句麗本紀 第九 寶藏王 四年 夏五月(645년 05월(음)) 당군이 요동성을 공격하여 함락시켰으며, '이때 백제가 금색 칠을 한 갑옷(金髹鎧)을 바치고, 또 검은 쇠로 무늬를 놓은 갑옷(文鎧)을 만들어 바치니, 군사들이 입고 따랐으며, 황제와 이세적이 만났는데 갑옷의 광채가 태양에 빛났다'고 기록되어 있다.
>
> ④ 『三國史記』 卷第二十一 高句麗本紀 第九 寶藏王 四年 고구려 군대와 말갈 병력이 당 태종의 군대와 싸워 패하다 (645년 (음))
>
> ⑤ 『三國史記』 卷第二十一 高句麗本紀 第九 寶藏王 四年 당군이 안시성 전투에서 패하여 돌아가다(645년 (음))
>
> ⑥ 『舊唐書』 東夷列傳 高句麗條 의 기록에도 貞觀 19年(645) 여름 4월에 李勣의 군대가 遼河를 건너서 蓋牟城으로 진격하여 城을 빼앗고 포로 2만 명을 생포한 후, 그 城에 蓋州를 설치한 내용이 확인된다.

즉 당태종은 고구려의 요동정벌에 전력하고 있을 뿐만 아니라 645년 4월에는 '개모성'을 빼앗고 '蓋州'로 삼았다. 이후 645년 5월에 백제가 금색 칠은 한 갑옷과 검은 쇠로 무늬를 놓은 갑옷을 만들어 바치는 기록이 확인되고 있다. 이는 당시 의자왕 초기 당과의 적극적인 관계형성을 도모한 백제의 모습을 살필 수 있는 자료인데, 이 정관19년의 기록이 주목되는 것은 공산성 출토 옻칠갑옷의 명문 해석과 적극적인 연관이 있는 역사적 기록으로 볼 수 있다는 점이다.

즉 옻칠갑옷의 명문에서 확인되는 개주(익주)와 관련된 지명과 더불어 외교와 군사를 담당했던 다양한 관직명을 기초로 할 때, 645년 4월 21일을 기점으로 백제는 갑옷을 매개로 한 당과의 외교적 행위에 관한 기록물로서 이를 남긴 것으로 추론할 수 있다. 결국 공산성에서 출토된 명문옻칠갑옷의 기록은 『三國史記』와 『舊唐書』에 기록된 역사적 상황을 구체화하는 고고학적 물적자료로서 정리될 수 있다.[19]

---

19) 이는 그동안 왕흥사 출토 사리감이나 미륵사지 사리봉안기에서와 같이 편찬자의 의도가 반영된 문헌과 당대의 상황을 전하

요컨대 공산성 내 저수시설에서 출토된 명문 옻칠갑옷은 정관 19년(645) 4월 백제의 대당관계에서 제작된 산물로서, 갑옷의 제작과 관련된 당시의 역사적 상황을 구체적으로 기록한 기념비적 유물로 이해할 수 있다. 그리고 이 기념비적인 유물이 저수시설에 매납되어 있는 이유에 관해서는 발굴조사 당시의 퇴적상황과 출토정황을 기준으로 판단할 수 있는데, 사람과 말의 무장갖춤새 2벌이 정연하게 의도적으로 안치된 후 매납되어 있는 정황으로 미루어 볼 때 儀禮에 의해 이루어진 인위적인 폐기상황을 추론할 수 있다. 즉 660년을 전후한 백제 멸망직전의 급박한 정황 속에서도 공산성 내에서는 대중국관계의 기념비적 기록물인 갑옷과 무장갖춤새를 매납하면서, 결전의 의례와 같은 제의가 이루어졌을 가능성을 조심스럽게 추론해보고자 한다.

V. 맺음말

공산성 내 왕궁부속시설에서 출토된 옻칠갑옷의 명문은 백제멸망기의 정황에 대하여 흥미로운 해석을 유발한다. 즉 문헌에 기록이 남아있으나 이를 입증할 수 있는 구체적인 증거가 없는 상태에서 정관19년 명 옻칠갑옷의 존재와 명문은 문헌과 고고학적 유물의 의미를 적극적으로 검토할 수 있을 뿐만 아니라, 예기치 못한 당대의 수많은 정보를 제공하게 되었다.

옻칠갑옷에서 확인된 명문에서, 官職名과 人名, 地名, 年號 등을 통하여 정관19년(645)년의 역사적 정황에 대한 이해가 가능하다. 우선 관직명의 경우 2011년 조사에서 長史, 護軍, 司馬, 2014년 조사에서 參軍事, 大夫, 陪戎副○로 확인되었는데, 이는 외교와 군사의 업무에 관계된 직명이 주를 이룬다. 그리고 '益州'로 판독된 지명은 정관19년 4월 당 태종의 요동정벌 당시 설치한 '蓋州'의 다른 표기로 이해되며, 나아가 명문이 확인된 갑옷의 존재는 정관19년 5월 백제가 당태종에게 바친 금칠갑옷과 철제갑옷의 존재와 함께 검토될 수 있는 자료로 살필 수 있을 것으로 판단된다.

요컨대 공산성 내 저수시설에서 출토된 명문 옻칠갑옷은 정관 19년(645) 4월 백제의 대당관계에서 제작된 산물로서, 갑옷의 제작과 관련된 당시의 역사적 상황을 구체적으로 기록한 기념비적 유물로 이해할 수 있다. 그리고 이 기념비적인 유물이 저수시설에 埋納되어 있는 이유에 관해서는 발굴조사 당시의 퇴적상황과 출토정황을 기준으로 판단할 수 있는데, 사람과 말의 무장갖춤새 2벌이 정연하게 의도적으로 안치된 후 매납되어 있는 정황으로 미루어 볼 때 儀禮와 관련된 인위적인 폐기상황을 추론할 수 있다. 즉 660년을 전후한 백제 멸망직전의 급박한 정황 속에서도 공산성 내에서는 對中國關係의 기념비적 기록물인 갑옷과 무장갖춤새를 매납하면서, 결전의 의례와 같은 제의가 이루어졌을 가능성을 조심스럽게 추론해보고자 한다.

문헌자료가 매우 영세한 한국 고대사 연구에 있어 풍부한 상상력은 큰 도움을 주지만, 그 상상력이 너

는 고고학자료의 불일치가 많이 확인되었던 것과는 대비되는 상황이다.

무 지나치면 사료에 기록된 분명한 사실까지 덮어버릴 수 있다는 한계가 있다. 본고에서는 옻칠갑옷에서 확인된 명문을 기초로 그 존재의미를 검토해 보았다. 단편적인 자료를 근거로 하여 너무 적극적으로 해석하지 않았나 하는 걱정이 앞서지만, 이에 대해서는 앞으로 유물의 분석을 진행하면서 신중하게 수정하고자 한다.

투고일: 2015. 3. 29.   심사개시일: 2015. 4. 3.   심사완료일: 2015. 4. 27.

참/고/문/헌

『三國史記』
『舊唐書』
『南齊書』
『東史綱目』

안승주, 1982, 『公山城』, 공주사범대학 백제문화연구소.

안승주·이남석, 1992, 『公山城 建物址』, 공주대학교 박물관.

문동석, 2002, 「풍납토성 출토 '大夫'銘에 대하여」, 『백제연구』 36, 충남대학교 백제연구소.

권오영 외, 2004, 『풍납토성Ⅳ-경당지구 9호 유구에 대한 발굴보고-』, 한신대학교박물관.

노중국, 2005, 「백제의 도량형과 그 운용-척도의 변화를 중심으로」, 『한국고대사연구』 40.

이남석·이현숙, 2008, 『공산성』 시굴조사보고서.

공주대학교박물관, 2011, 「공산성 내 성안마을 제4차 발굴조사 약보고서」.

이남석, 2012, 「공산성출토 백제 칠찰갑의 명문」, 『목간과 문자』 9호, 한국목간학회.

공주대학교박물관, 2012, 「공산성 내 성안마을 제5차 발굴조사 약보고서」.

공주대학교박물관, 2013, 「공산성 내 성안마을 제6차 발굴조사 약보고서」.

공주대학교박물관, 2014, 「공산성 내 성안마을 제7차 발굴조사 약보고서」.

부여문화재연구소, 2008, 『부여 왕흥사지 출토 사리기의 의미』.

신희권, 2014, 「백제의 문자 생활과 관직, 풍납토성에서 발견된 문자와 부호」, 『금석문으로 백제를 읽다』, 학연문화사.

김영심, 2014, 「4세기 동아시아 세계와 백제의 위상, 칠지도」, 『금석문으로 백제를 읽다』, 학연문화사.

日中民族科學研究所編, 1980, 『中國歷代職官辭典』, 國書刊行會.

陳茂同, 1988, 『歷代職官沿革史』, 华東師範大學出版社.

〈Abstract〉

The Written Materials Newly Excavated at Gongsan Fortress

Lee, Hyun-sook

This study aims at exploring a lacquered armor and its meaning excavated from attached facilities of Baekje Palace at Gongsan Fortress focusing on a newly identified inscription on the lacquered armor. The lacquered armor and the inscription on it arouse interesting interpretation on circumstances in the dying days of Baekje. Without concrete evidence to prove the literature record, the lacquered armor with Jeong-gwan 19 years(貞觀十九年) and the inscription provide not only opportunities to review the meaning of literature and archaeological remains actively but also considerable information about the era.

The inscription gives us a tip to understand the historical circumstances in Jeong-gwan 19 years (貞觀十九年, 645 AD) through the names of offices, people, places, and eras.

First of all, the names of offices were identified as Jang-sa(長史), Ho-gun(護軍), and Sa-ma(司馬) in 2011's investigation; Cham-gun-sa(參軍事), Dae-bu(大夫), and Bae-yung-bu-○(陪戎副○) in 2014's investigation. They are mainly the names of offices related to diplomacy and the military. 'Ik-ju(益州)', a name of place, is another name of 'Gae-ju(蓋州)', one of 62 Ju written in 『Shin-dang-seo(新唐書)』. It can be understood as Gae-ju(蓋州), which was built in Gaemo-seong(蓋牟城) conquered during Emperor Taizong of Tang's conquest on Yodong area, recorded in Koguryo-bonki(高句麗本紀) in 『Samguksagi(三國史記)』, Dongi-yeoljeon(東夷列傳) and Koguryo-jo(高句麗條) in 『Gudangseo(舊唐書)』, and an inscription on 'Dang Yu-in-won Kigongbi(唐 劉仁願紀功碑)'. Further, the armor with the inscription can be examined along with a golden armor and an iron armor dedicated to during Emperor Taizong of Tang on May, Jeong-gwan 19 years(貞觀十九年) by Baekje.

In brief, the lacquered armor excavated from the reservoir facilities in Gongsan Fortress was made on April, Jeong-gwan 19 years (貞觀十九年, 645 AD) in the relation between Baekje and Tang and is a monumental relic which bears a concrete record on the historical circumstances related to its production.

▶ Key words : Gongsan Fortress, Baekje palace, Lacquered armor, 貞觀十九年(Jeong-gwan 19 years (645 AD)), Relation between Baekje and Tang

함안 성산산성 출토 목간 신자료

양석진[*]·민경선[**]

Ⅰ. 머리말
Ⅱ. 함안 성산산성 16차 발굴조사 성과 및 목간의 출토 맥락
Ⅲ. 함안 성산산성(16차) 출토 목간 현황과 특성
Ⅳ. 맺음말

〈국문초록〉

함안 성산산성은 경상남도 함안군 가야읍 광정리 조남산(해발 139.4m)의 정상부 능선을 따라 조성된 테뫼식 산성이다. 1991년부터 2012년까지 16차례에 걸친 발굴조사 결과, 신라 석축산성으로 협축식 체성 벽과 동·서·남쪽의 문지 3개소, 축조기법 및 구조, 부엽공법 및 배수시스템 등이 확인되었다. 성산산성 이 입지한 지형은 성벽이 축조된 산 능선의 안쪽으로 완만하게 경사를 이루는 오목한 형태이다. 특히 동 쪽으로는 골짜기가 형성되어 이 일대에 자연적으로 집수가 이루어진다. 이에 대비하여 부엽공법을 이용 한 기초와 체계적인 배수시설을 공고히 조성하였다.

함안 성산산성에서 출토된 목간은 1992년(2차) 동문지 주변 일대 발굴조사 시 6점이 출토된 이래 총 285점이 확인되었다. 이는 현재까지 국내 단일 유적에서 가장 많은 출토 수량이며, 모두 동성벽 내 하부 부엽층에서 다양한 목제품, 유기물 등과 함께 출토되었으며, 맥락상 정형성 없이 산발적으로 확인되었 다. 그중 최근에 소개된 2011~2012년(16차) 동성벽 일대 발굴조사 시 출토된 목간들은 14점이다. 이들 목간의 수종은 소나무가 대부분이고 감나무가 1점이 확인되었으며, 대부분 작은 나뭇가지를 사용하여 제 작하였다. 전반적으로 끝이 파손, 결실되었으나 거의 완형으로 남아 있는 것은 길이가 17~20㎝ 정도이 다. 묵서는 양면 묵서 목간이 7점, 일면 묵서 목간이 5점, 묵서가 확인되지 않은 목간이 2점이다. 판독된 묵서 내용과 구성은 기존에 보고된 성산산성 목간들과 거의 유사하다. '古阤'·'甘文城' 등의 지명, '稗'·

---

*   국립가야문화재연구소
** 국립가야문화재연구소

'麦'과 같은 곡물명과 수량 등의 묵서가 확인되어, 이들 역시 하찰목간의 특징을 보이고 있다. 일부 목간은 묵서의 흔적만 확인되는 경우가 있고, 묵서 중 '本'와 같이 다른 자('本' 또는 '彼')의 가능성도 제기되기도 하였다. 또한 '三月中鐵山下麦十五斗'(3월 중 철산 아래 보리 15두)로 판독된 묵서의 경우, 맥락상 '下'와 '麦'을 분리하여 풀이하였는데, '下麦'이라는 지명으로 풀이되는 경우도 있다.

함안 성산산성의 목간의 내용이 명확하게 판독되지 않은 경우가 많아, 묵서의 서체와 의미 판독 및 분석이 과제로 남아 있다. 현재 함안 성산산성은 제17차 발굴조사가 진행 중이며, 목간이 다수 출토되고 있어 추가 확보된 자료를 통해 아직 풀지 못한 묵서 내용을 해독할 수 있으리라 기대해본다.

▶ 핵심어 : 함안 성산산성, 목간, 묵서

I. 머리말

함안 성산산성(사적 제67호)은 경상남도 함안군 가야읍 광정리 조남산(해발 139.4m)의 정상부에 위치하며, 산 능선을 따라 조성된 테뫼식 산성이다. 이 유적은 1991년부터 2012년까지 국립가야문화재연구소에서 16차례에 걸쳐 발굴조사를 실시하였다.[1] 그 결과, 동·서·남쪽의 성벽 및 문지가 확인되었고, 협축식 성벽과 단면 삼각형의 외벽보강구조물, 이중구조의 내벽, 동쪽 일대의 다양한 배수시설과 후대 저수지 등이 확인되었다.

함안 성산산성에서는 1992년 6점의 목간이 출토되면서부터 지금까지 총 285점이 출토되었다. 이는 국내 단일 유적에서 출토된 목간 중 가장 많은 수량이다. 모두 동성벽 안쪽 하부인 성벽 기초구간인 부엽층에서 출토되었다. 지금까지 성산산성에서 출토된 목간은 대부분이 하물(荷物)의 꼬리표인 하찰목간(荷札木簡)이다. 묵서 중에는 '仇利伐', '古陀', '甘文城', '鄒文' 등의 지명, '內里知', '居助支', '毛利支' 등의 인명, '稗', '麥' 등의 곡물명 등이 확인되었다. 또한 '一伐', '奴人' 등과 같은 신분을 알 수 있는 묵서도 확인되었는데, 이는 연구자에 따라 견해가 달라 향후 추가 연구가 필요한 실정이다.

이러한 성산산성의 목간은 산성의 축조 시기와 성격 규명, 교류관계 및 생활상을 파악하는데 중요한 자료임은 물론, 고대 문자 및 고대사 연구에도 큰 도움을 주고 있다. 이에 최신 자료인 함안 성산산성 제16차 발굴조사 시 출토된 목간 14점에 대한 내용을 소개하고자 한다.

---

1) 2014년 국립가야문화재연구소에서 함안 성산산성 제17차 발굴조사를 착수하여, 2015년 현재 조사가 진행 중이다.

II. 함안 성산산성 16차 발굴조사 성과 및 목간의 출토 맥락

함안 성산산성 16차 발굴조사는 유적 복원·정비사업의 일환으로, 기존에 부분적으로 조사되었던 남성벽·서문지 구간과 함께 동문지 및 성벽 주변 일대에 대한 확장조사가 이루어졌다. 성벽은 기본적으로 암반을 굴착하고 점판암계 할석을 주로 이용하여 협축식으로 석축하였다. 기존 조사에서 확인된 바와 같이, 외벽 기저부에는 단면 삼각형으로 덧댄 외벽보강구조물이 확인되었고 이는 전 구간에서 나타나고 있다. 남성벽과 동성벽에서는 내벽에 축조분기점을 기준으로 이중구조의 성벽이 확인되었고, 남성벽 내부에는 완만한 경사를 이루며 성벽으로 오를 수 있게 성토하였다. 서문지 역시 기존 조사된 동·남문지와 같이 신라 산성에서 주로 보이는 현문(懸門)식 구조로 확인되었다.

한편 산성이 입지한 지형은 중앙이 오목한 형태로 성벽이 축조된 산 능선이 높고 그 안쪽으로는 완만하게 낮아지며, 동쪽으로는 가장 낮은 골짜기로 이루어져 우수를 비롯해 주변에 흐르는 물이 모두 이곳으로 모이게 된다. 이러한 동성벽 구간에서는 y자형 배수로를 비롯해 도수시설, 맹암거시설 등 다양한 배수시설 및 기초공법이 확인되었다. 이는 지형적 취약점을 극복하기 위해 체계적이고 공고하게 조성한 것으로 보인다.

앞서 언급한 바와 같이, 목간이 출토된 지점은 동성벽 안쪽 하부의 부엽층[2]이다. 이는 풀, 나뭇가지,

사진 1. 동성벽 하부 부엽층(목간 출토지)

---

2) 부엽층은 2007년 조사 이전(1992~2006년)에 지칭하였던 '목간집중출토층'인 '개흙층'과 동일한 층위이다.

도면 1. 부엽층 조성 모식도(左: 1차, 右: 2차)

목제품 등을 겹겹이 깔아가며 성토함으로써 성토층의 강도와 흡수율을 높여 이 일대의 집수현상을 완충하는 역할을 하였다. 이러한 부엽층은 크게 두 공정(1·2차)으로 조성하였는데, 1차는 동·서 양 끝에 남북방향으로 울타리를 설치하고 그 사이 공간을 부엽토로 성토하여 낮은 언덕의 형태를 이루고 있다. 그 동편에 덧붙여 2차로 부엽토를 쌓아올려 더 넓고 높게 조성하였다.(사진 1, 도면 1) 이 부엽층은 상당한 양의 물을 흡수하였다가 서서히 배출하는 기능을 하여, 저습지대의 형태를 띠고 있다. 그 덕분에 다양한 유기물과 함께 목간 등의 목제품이 다량 남아 있을 수 있었다. 이러한 부엽층에서 목간은 상층인 2차 부엽층에서 집중적으로 출토되었는데, 목간이 출토된 세부 층위가 일정하지 않으며 평면 범위로도 정형성을 보이진 않고 산

사진 2. 목간 출토 상태

발적으로 출토되었다. 기존 조사에서도 한 개체의 목간이 파손된 편으로 각각 다른 위치에서 발견된 경우도 많이 있었다.

이러한 출토 맥락은 이 부엽공법의 구성 요소와 조성 기술의 특징상 당연한 양상일 것이다. 부엽층은 물로 인해 성토층이 붕괴되는 것을 막아주는 역할로 다량의 식물유기체가 점토와 함께 공고한 지반을 만들어준다. 이에 목간은 성토층 보강재로서 이미 사용 후 폐기된 것들을 모아 성토재로 이용되었을 것이다. 그 사용처 또는 사용집단은 성산산성 운영 세력으로 추정되어 왔는데, 이에 대해서는 명확한 결론이 나지 않아 심화 연구가 필요한 실정이다.

III. 함안 성산산성(16차) 출토 목간 현황과 특성

현재까지 함안 성산산성에서 출토된 목간은 총 285점으로 목간자전과 함안 성산산성 발굴조사 보고서 등에 수록되어 있다. 16차 발굴조사에서 확보된 총 14점의 목간은 전술하였듯이 동성벽 부근 기초 구간인 부엽층(2차)에서 출토되었으며, 그중 묵서가 확인되는 목간이 12점이다. 또한 일반적인 하찰목간의 묵서 형식과 다르게 문서 형식의 묵서 목간이 1점 출토되어, 지금까지 문서 형식의 목간은 총 4점이 되었다. 목간의 수종분석 결과, 주위에서 흔히 찾을 수 있는 소나무로 제작된 것이 대분분이며, 작은 나뭇가지를 주로 사용하여 제작하였다. 16차 발굴조사에서 확인된 목간의 수종과 제원(표 1), 묵서 내용과 형태적 특징은 다음과 같다.

표 1. 함안 성산산성(16차) 출토 목간 현황표

연번	유물번호	유물명	출토위치	수종	제원(가로×세로×두께cm)	비고
1	163	목간	2차 부엽층	소나무	2.2×18.2×0.4	양면 묵서
2	164	목간	2차 부엽층	소나무	2.6×17.3×0.4	양면 묵서
3	165	목간	2차 부엽층	소나무	2.2×19.4×0.6	양면 묵서
4	166	목간	2차 부엽층	소나무	2×20.8×0.6	양면 묵서
5	167	목간	2차 부엽층	소나무	1.8×11×0.4~0.8	양면 묵서
6	168	목간	2차 부엽층	감나무	1.9×7.3×0.6	묵서 없음
7	169	목간	2차 부엽층	소나무	2.4×18.0×0.7	양면 묵서
8	170	목간	2차 부엽층	소나무	2×12×0.5	양면 묵서
9	171	목간	2차 부엽층	소나무	2.3×20.1×0.6	일면 묵서
10	172	목간	2차 부엽층	소나무	1.8×10.7×0.4	일면 묵서
11	173	목간	2차 부엽층	소나무	1.9×10.8×0.8	일면 묵서
12	174	목간	2차 부엽층	소나무	2×6.6×0.9	일면 묵서
13	175	목간	2차 부엽층	소나무	2×9.1×0.5	일면 묵서
14	176	목간	2차 부엽층	소나무	1.5×17.1×0.7	묵서 없음

1) 163번 목간 (사진 3)

양면 묵서 목간으로 완형이다. 작은 나무줄기를 가공하여 제작하였고, 목간의 선단은 삼각형태를 이루도록 다듬었다. 측면에 2~3회의 도자흔이 있고 목간 하부의 양 측면에는 'V'자형으로 묶기홈이 나 있다. 끝부분에 나무를 부러뜨려 분리한 흔적이 확인된다. 묵서는 묶기홈이 아래로 향하도록 쓰였는데, 목간의 표면은 출토 당시부터 검은색을 띠고 있어 육안으로 묵서를 확인하기는 어려웠다. 목간을 적외선 촬영하여 확인한 묵서의 내용은 다음과 같다.

크기(가로×세로×두께) : 2.2×18.2×0.4㎝

「古陁一古利村本波」/「他□只稗發」

2) 164번 목간 (사진 4)

양면 묵서 목간으로 완형이다. 비교적 큰 나무줄기의 바깥부분을 가공하여 제작하였다. 양면에 위에서 아래 방향으로 길게 치목한 흔적이 확인된다. 목간 하부의 양 측면에 'V'자형 묶기홈이 있으며, 끝부분에 설치류의 이빨 자국으로 추정되는 흔적이 있다. 하단에 부러뜨린 흔적이 없고 선단도 둥글게 다듬어 다른 목간에 비해 정교하게 제작된 것으로 보인다. 묵서는 묶기홈이 아래로 향하도록 쓰였다. 성산산성 출토 목간의 대부분이 하찰목간으로 지명, 인명, 물품 등의 묵서가 대분인 반면에 이 목간은 날짜로 시작하여 문서형식으로 추정되는 목간이다.

크기(가로×세로×두께) : 2.6×17.3×0.4㎝

「三月中鐵山下麦十五斗」/「三□□阿礼村波利足」

3) 165번 목간 (사진 5)

양면 묵서 목간으로 묶기홈의 일부가 결실된 상태로 출토되었다. 큰 나무줄기의 바깥부분을 깎아 정면하였으며, 깎은 방향은 위에서 아래로 향하였다. 목간 하부의 양 측면에 'V'자형 묶기홈이 나 있다. 묵서는 묶기홈이 아래로 향하도록 쓰였는데, 목간의 표면은 출토 당시부터 검은색을 띠고 있어 육안으로 묵서를 확인하기는 어려웠다. 목간을 적외선 촬영하여 확인한 묵서의 내용은 다음과 같다.

크기(가로×세로×두께) : 2.2×19.4×0.6㎝

「甘文城下麦十五石甘文」/「本波稗加本斯稗一石□」

4) 166번 목간 (사진 6)

양면 묵서 목간으로 상부가 파손되었으나 완형으로 복원하였다. 직경 2~3㎝ 정도의 작은 가지를 반으로 갈라 가공하였고, 끝부분에 나무를 부러뜨려 분리한 흔적과 치목한 흔적이 확인된다. 목간 하부 양 측면에 'V'자형 묶기홈이 나 있다. 묵서 면만 수피를 제거하였다. 묵서는 묶기홈이 아래를 향하도록 쓰였다. 확인된 묵서는 다음과 같다.

크기(가로×세로×두께) : 2.0×20.8×0.6㎝

「古陁伊未知上干支㫊伐」/「豆□去」

5) 167번 목간 (사진 7)

양면 묵서 목간으로 추정되나 판독이 불가능할 정도로 묵서의 흔적만 남아 있는 상태이다. 상부가 결실되어 전체적인 모습을 알 수 없으나 측면에 2~3회의 치목흔이 확인되고, 일부에 수피가 잔존하는 것으로 보아 약 2㎝의 가지를 가공한 것으로 확인하였다. 끝부분에 나무를 부러뜨려 분리한 흔적이 확인된다. 목간 하부의 양 측면에 'V'자형 묶기홈이 나 있다.

크기(가로×세로×두께) : 1.8×11.0×0.4~0.8㎝

6) 168번 목간 (사진 8)

묵서가 확인되지 않은 목간으로 파손, 결실되어 일부만 잔존한다. 측면에 수피가 남아 있고, 직경 2㎝ 정도의 작은 가지의 양면을 가공하였다. 표면은 잘 다듬어져 있다.

크기(가로×세로×두께) : 1.9×7.3×0.6㎝

7) 169번 목간 (사진 9)

양면 묵서 목간으로 하부의 일부가 결실된 상태이다. 일부에 수피가 남아 있는 것으로 직경 2㎝ 정도의 가지를 가공하여 제작하였고 측면에 치목흔이 확인된다. 목간 상부의 양 측면에 'V'자형 묶기홈이 있고, 끝부분에는 나무를 부러뜨려 분리한 흔적이 확인된다. 묵서는 양면에 다 있는 것으로 확인되나 거의 불분명한 상태이다. 확인된 묵서는 다음과 같다.

크기(가로×세로×두께) : 2.4×18.0×0.7㎝

「…□□□□□稗石 / …□□□□」

8) 170번 목간 (사진 10)

일면 묵서 목간으로 상부가 결실되어 일부만 잔존한다. 양면을 도자로 가공하고 목간 하부의 양 측면에 4~5회 쳐서 'V'자형 묶기홈을 낸 것으로 확인된다. 묵서는 묶기홈이 아래로 향하도록 쓰였다. 확인된 묵서는 다음과 같다.

크기(가로×세로×두께) : 2.0×12.0×0.5㎝

「□稗□五斗 / … 」

9) 171번 목간 (사진 11)

일면 묵서 목간으로 완형이며, 잔존상태가 양호하다. 양면을 안쪽에서 밖으로 치목하였는데, 사방향(斜方向)과 위에서 아래 방향으로 치목한 흔적이 확인된다. 측면에 치목흔과 수피가 확인된다. 직경 2㎝의 가지를 가공하여 제작하였다. 제작 당시 양 끝부분에 나무를 부러뜨려 분리한 흔적이 있고, 양 측면

하부에 'V'자형 묶기홈이 나 있다. 묵서는 묶기홈이 아래를 향하도록 쓰였으며, 목간이 변색되지 않아 육안으로도 묵서를 확인할 수 있을 정도이다. 확인된 묵서는 다음과 같다.

   크기(가로×세로×두께) : 2.3×20.1×0.6㎝

　　「盖山鄒自負稗」

10) 172번 목간 (사진 12)

   일면 묵서 목간으로 직경 2㎝의 가지를 반으로 갈라 묵서면만 가공한 것으로 보인다. 측면에 치목흔이 확인되며, 일부에 수피가 남아 있다. 목간 하부의 양 측면에 'V'자형 묶기홈이 나 있다. 묵서는 묶기홈이 아래로 향하도록 쓰였고, 목간의 변색이 일어나지 않아 육안으로 묵서를 확인 가능할 정도이다. 확인된 묵서는 다음과 같다.

   크기(가로×세로×두께) : 1.8×10.7×0.4㎝

　　「…村虎弥稗石」

11) 173번 목간 (사진 13)

   일면 묵서 목간으로 상부가 결실되어 하부만 남아 있다. 직경 2㎝ 정도의 가지를 반으로 갈라 가공하였다. 묵서면만 치목하였고, 반대쪽 면은 수피가 잔존하는 것으로, 가공 양상이 특이하다. 목간 하부의 양 측면에 'V'자형 묶기홈이 나 있다. 묵서는 묶기홈이 아래로 향하도록 쓰였다. 확인된 묵서 내용은 다음과 같다.

   크기(가로×세로×두께) : 1.9×10.8×0.8㎝

　　「…五日秌口只公」

12) 174번 목간 (사진 14)

   일면 묵서 목간으로 상부와 하부의 일부가 결실되었다. 직경 2㎝ 정도 가지의 양면을 가공하였고, 측면에 수피가 남아 있다. 목간 하부의 양 측면에 'V'자형 묶기홈이 나 있다. 목간의 횡단면에서는 수(髓)가 확인되어 작은 나뭇가지를 이용하여 제작한 것을 알 수 있다. 확인된 묵서는 다음과 같다.

   크기(가로×세로×두께) : 2.0×6.6×0.9㎝

　　「敢師智…」

13) 175번 목간 (사진 15)

일면 묵서 목간이며 상부가 결실되어 일부만 남아 있다. 묵서면만 잘 다듬었고, 측면에도 치목흔이 보인다. 목간 하부의 양 측면에 'V'자형 묶기홈이 나 있다. 묵서는 묶기홈이 아래쪽으로 향하도록 쓰였다. 묵서의 내용은 다음과 같다.

크기(가로×세로×두께) : 2.0×9.1×0.5㎝

「…□那只秒米」

14) 176번 목간 (사진 16)

묵서가 확인되지 않으나, 표면은 잘 다듬어져 있다. 목간 하부의 양 측면에 'V'자형 묶기홈이 나 있다. 1㎝ 정도의 얇은 가지를 가공하였으나 측면은 가공하지 않은 것으로 확인되었다. 이는 제작 후 수피가 떨어져나간 것으로 추정된다.

크기(가로×세로×두께) : 1.5×17.1×0.7㎝

위와 같이 묵서 내용을 정리하였는데, 일부 묵서의 경우는 다른 자일 가능성도 제기되고 있다.(표 2)

표 2. 함안 성산산성(16차) 출토 목간의 내용

연번	유물번호	묵서 판독	기타 의견
1	163	「古阤一古利村本₁波」 「他□₃只稗發」	1. '本'의 이체자 2. '彼'일 가능성 있음 3. '〃' 반복부호일 수 있음
2	164	「三月中鐵山下麦十五斗」 「三□₁₂阿礼₃村□₄利足」	1 '秥' 또는 '禾彡'자일 가능성 있음 2 '山'자가 유력 3 '亥'자일 가능성 있음 4. '波'자로 판독
3	165	「甘文城下麦十五石甘文」 「本波加本斯稗一₁石□」	1. '二'자란 의견
4	166	「古阤伊未知上干支₁兮伐」 「豆□₂去」	1. 가로획이 하나 더 있으나, 맥락상 '支'자로 보임(표기자의 실수일 가능성 있음) 2. '幻' 혹은 '智'일 가능성 있음
5	167	—	글자 판독 불가
6	168	—	글자 판독 불가
7	169	「…□□□□□稗石」 「…□□□□」	—
8	170	「□稗□₁五斗」	1. '甘'자일 가능성 있음

연번	유물번호	묵서 판독	기타 의견
9	171	「盖山鄒自₁負稗」	1. '旬'자일 가능성 있음
10	172	「…村虎弥稗石」	—
11	173	「…五日秇₁口只公」	1. '陽'자의 초서체일 가능성 있음
12	174	「敢師智…」	—
13	175	「…□₁那只稗米」	1. '阿'자의 가능성 있음
14	176	—	—

IV. 맺음말

이번에 발표된 함안 성산산성(16차) 출토 목간은 기존에 공개된 목간과 같이 대부분 하찰목간이다. 묵서는 '古陁', '甘文城' 등의 지명과 '稗', '麦' 등의 곡물명과 수량 등의 묵서가 확인되었다. 그중 164번 목간의 경우, 문서 형식과 같이 일자로 시작되어 일반적인 하찰목간의 지명, 인명 등으로 나열되는 묵서 구성과 다른 특징을 보이고 있다. 또한 이 목간에서 '下麦'이 확인되었는데, 이는 지명으로 풀이되기도 하지만 이 묵서에서는 맥락상 '下'와 '麦'을 분리하여 풀이하는 것이 합당해 보인다. 이외에도 파손 또는 묵서가 흐리거나 지워진 경우가 많아 판독하기 어려우며, 판독된 글자가 다른 자로 볼 수 있는 여지도 있어 향후 과제로 남아 있다.

현재 함안 성산산성은 제17차 발굴조사가 진행 중에 있으며, 역시 목간이 수습되고 있다. 향후 이번 발굴조사에서 추가 확보된 목간에 대한 판독 및 분석과 함안 성산산성 출토 목간에 대한 서체, 내용과 의미, 제작기법, 하물의 이동 경로와 관계 등에 대한 다양한 연구를 진행하고, 이를 토대로 고대 문자 및 사회 연구에 도움이 되기를 기대해본다.

투고일: 2015. 3. 23.   심사개시일: 2015. 3. 25.   심사완료일: 2015. 4. 24.

사진 3. 163번 목간

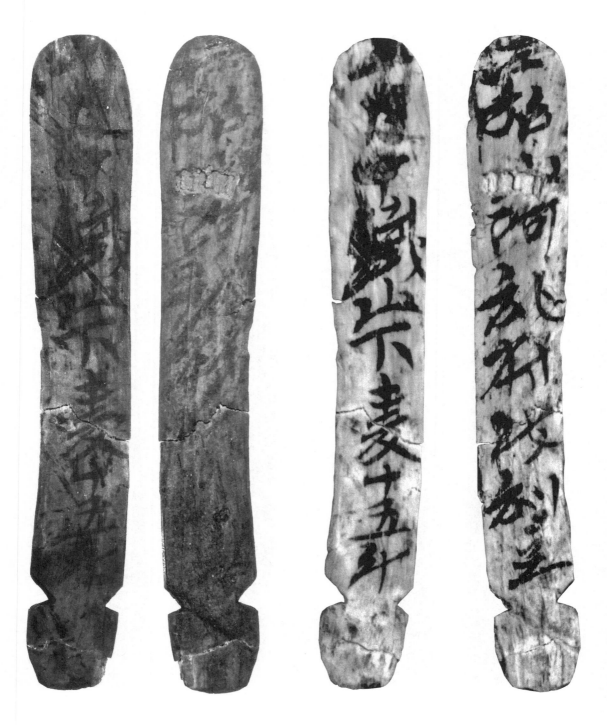

사진 4. 164번 목간

사진 5. 165번 목간

사진 6. 166번 목간

사진 7. 167번 목간

사진 8. 168번 목간

사진 9. 169번 목간

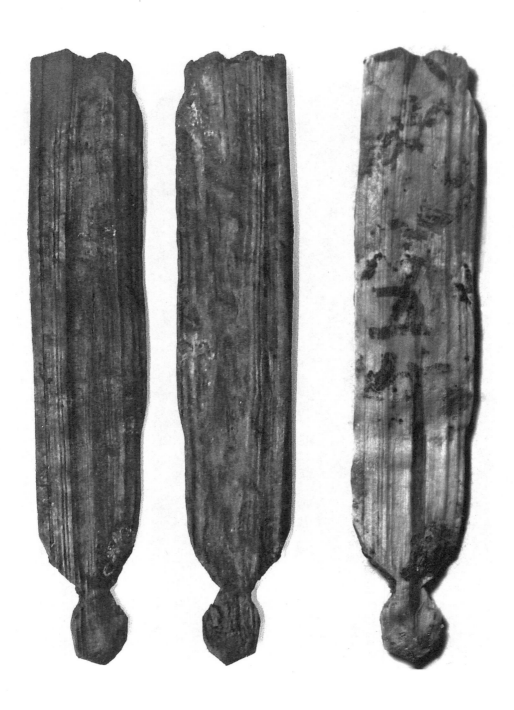

사진 10. 170번 목간

사진 11. 171번 목간

사진 12. 172번 목간

사진 13. 173번 목간

사진 14. 174번 목간

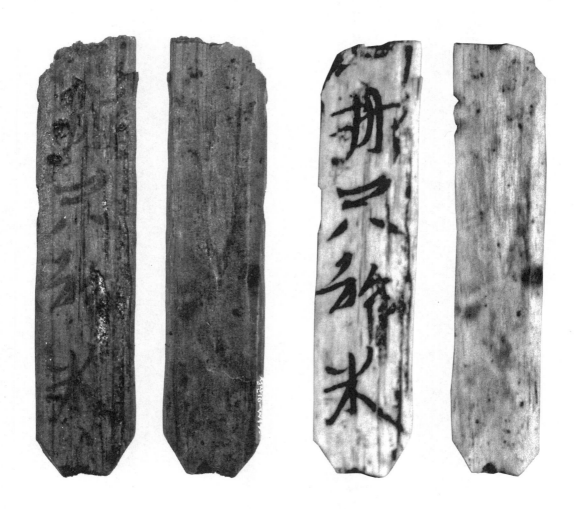

사진 15. 175번 목간

함안 성산산성 출토 목간 신자료 _ 213

사진 16. 176번 목간

〈Abstract〉

New wooden tablets which were excavated from the Sungsan fortress

Yang, Seok—jin / Min, Gyeong—seon

The Sungsan fortress is a Peak—banding style fortress located in Jonamsan(Mt), Gwangjeong—ri, Ga-ya—eup, Haman—gun. It has been found to be the fortress built with the processes, such the leaf mat method (Boo—Yup in korean), gate and drainage facility through 16th times excavations from 1991 to 2012. The Seongsan fortress's location is a concave form and the mountain ridge inside has a gently slope. In particular, the east valley naturally makes water catched. In preparation for water, systematic drainage facilities was built by floating leaf method.

285 pieces of wooden tablet in the Sungsan fortress were excavated since investigation for the east gate in 1992. It is the highest quantity in the nations single site and all various wood products, and organic materials were excavated within a secton of the leaf mat method in the east city wall.

The latest excavated wooden tablets were excavated from the east city wall section. These wooden tablets, species of woods are mostly pine tree and one persimmon tree were identified, also twig were used.

Generally, these wooden tablets have end damage, but some remain almost perfect condition about 17 to 20 centimeters long. The amount of both sides ink mark are seven and one side ink mark are five, ink marks are not found on two wooden tablet.

The wooden name list of tax supplies was compared in terms of the shape and writing style, so the result confirmed that the wooden tablets show the same style of shape and the same writing style. Wooden tablets were written with grain's name such as 「稗」 and 「麦」 and the names of places such as 「古阤」 and 「甘文城」. In the case of 「三月中鐵山下麦十五斗」, the meaning of 「下麦」 can be interpreted differently. Fisrt, it is interpreted the meaning of the names of places. Second, it is the meaning of seongha as 'under the jurisdiction of fortress' and tax items

A lot of Wooden tablets were not clearly interpreted. so these now need the task of typeface and the meaning and analysis of the ink mark. now the 17th excavation is ongoing. We expect that more wooden tablets will be excavated. Through new wooden tablet, I hope that wooden tablets ink mark can be interpreted exactly.

▶ Key words : Sungsan fortress, wooden tablet, ink mark

일본 출토 고대 문자자료
- 仙台市 鍛冶屋敷 A遺跡 출토 刻書砥石 -

Ⅰ. 들어가며
Ⅱ. 형태
Ⅲ. 판독문
Ⅳ. 내용
Ⅴ. 刻書砥石의 유형
Ⅵ. 나오며

〈국문초록〉

　본고에서는 최근 일본에서 발견된 고대 문자자료 중 가장 주목되는 것을 선택해 그 내용과 의의를 소개하고자 한다. 이번에는 매우 귀중한 사례로 작년(2014년) 宮城県 仙台市의 鍛冶屋敷 A遺跡에서 출토된 刻書砥石을 소개한다.

　刻書砥石이란 철제의 칼 등을 갈아서 砥石에 문자를 새긴 것이고, 일본에서는 지금까지 群馬県의 유적에서 2건이 발견되었다. 지난해 宮城県 仙台市에서 발견된 刻書砥石은 그것에 이어 3번째 사례로, 연대는 9세기 무렵으로 추정된다.

　刻書砥石에는 砥石으로서 사용되었던 4면 가운데 3면에 문자가 새겨져 있다. 그중의 1면에는 고대의 上申 문서인 「解」의 문서양식이 쓰여져 있다. 이것은 「講解 申請稲事」라고 해독되며, 稲의 申請으로 알려진 「解」의 문서를 표현했던 것이다.

　그 「解」의 문서는 砥石의 기능과는 직접 관련되지 않은 내용이지만, 紙에 쓰여진 解의 양식에 충실히 입각하여 글쓰기를 하는 것을 보면 「解」의 문서양식에 관한 지식이 있는 자가 刻書했던 것이 확실하다. 일반적으로 砥石에 刻書하는 것은 대장장이라고 하는 공인이 하는 것으로 생각되기 때문에 공인들 사이에서도 解의 문서양식에 관한 지식이 널리 알려졌을 가능성이 있다.

---

*　国立歷史民俗博物館

이것은 解의 문서양식이 고대의 지방사회에 널리 알려져 있던 것을 의미한다. 또한 정형화되었던 문서 양식이 널리 알려지고 있었기 때문에 공인들에 의해 刻書도 행해지게 된 것이다.

더욱이 신청물을 「稻」로 쓰고 있는 것도 고대의 지방사회에서 작성되었던 解의 문서 중에서 벼를 신청하는 내용의 것이 많다는 것을 의미한다. 그래서 가장 전형적인 신청내용이 砥石에 쓰여지게 된 것이라고 생각되는 것이다. 벼의 대여와 지급은 고대 지방사회에 있어서 자주 행해지고 있던 것이다. 그것이 벼의 신청을 가장 전형적인 사례인 것으로서 인식시켰을 가능성이 있다.

▶ 핵심어 : 儀礼, 記錄簡, 折敷

I. 들어가며

일본의 고대유적에서 출토된 문자자료는 주로 목간, 漆紙문서, 묵서 토기가 널리 알려져 있지만, 이 외에도 여러 가지 서사재료가 존재한다. 이번에는 매우 귀중한 사례인 작년(2014년)에 宮城県 仙台市의 鍛治屋敷 A遺跡에서 출토되었던 刻書砥石을 소개하고자 한다.

II. 형태

刻書砥石은 길이는 15㎝, 폭 3.5~4㎝으로 사방이 사각기둥 형태이고, 상하단은 대부분 파손 없이 거의 원형이다. 사면 중에서 1면은 많이 연마되어 있고, 나머지 3면에 문자가 刻書되어 있다. 이하 가장 많은 문자가 남겨져 있는 면을 1면, 그 우측면을 2면, 그리고 그 우측의 면을 3면이라고 한다.

2면과 3면을 관찰하면 각서가 대부분 남겨진 것이 확인된다. 이것은 문자를 각서한 뒤에 다시 연마해서 사용했던 것을 보여주며, 문자의 각서를 철제품으로 반복으로 연마해서 행했을 가능성이 있다.

III. 판독문

〈1면〉

〔解〕
　　　□　　有有　有
□下□　謹解　申請稲事
　　　　　合□□

〈2면〉

大田部
　有

〈3면〉

〔野力〕
上野□
井
上□□
上

IV. 내용

1. 1면

1면은 「謹解申請 稻事 合…」이라고 판독하는 것이 가능하다. 이것은 율령의 공식령에 규정되었던 고대 上申 문서 중 「解」의 문서양식을 刻書했던 것이다.

「謹解…」의 우측 행은 「解」로 생각되는 문자가 한 글자, 「有」가 세 글자가 있다. 하지만 解의 내용과는 무관하게 새겨진 문자라고 생각된다. 또 「謹解…」의 상부 문자도 판독이 어렵다.

문자를 관찰하면 「謹解」와 「申請」 사이에 한 글자 정도의 공백이 있는 것이 확인된다. 이것은 「謹解」와 「申請」 사이에 한글자 정도의 공백을 남겼던 紙의 문서 작성을 답습했던 것으로 보인다.

또 2행의 「合」 아래에는 신청한 벼의 수량이 기재되어 있었다고 생각되지만, 판독은 어렵다. 다만 「合」의 문자가 1행의 「謹解」보다도 단을 아래에 쓰기 시작했다는 점도 종이 문서의 기재양식을 의식하고 있는 것이다.

즉, 1면에 기록되었던 解의 문자의 배치를 복원하면,

「謹解 申請稲事

　合□□」

가 되고, 문자의 배치가 종이의 解文을 의식했던 것이 되는 것이다.

　이러한 문자의 배치 방식은 奈良時代의 正倉院 문서에서도 자주 보인다. 사례는 아래와 같다.

　　○山道真人津守出挙銭解(天平勝宝二年(750)五月二十六日付、続修25)
　　謹解 申請月借銭解事
　　　合銭肆佰文
　　　　(後略)

또 解의 양식을 가진 문서목간도 존재한다. 일례로서 秋田県 大仙市의 払田柵跡 출토 木簡을 들 수 있다.

　　○払田柵跡出土第一七号木簡(『横手市史 史料編 古代 中世』, 横手市, 2006年)
　　×解 申請借稲×
　　　(112) ×22×4 081型式

　　○払田柵跡出土第三四号木簡(『横手市史 史料編 古代 中世』, 横手市, 2006年)
　　　　鹿毛牡馬者
　　・解 申請馬事 右件馬□□□代□当子弟貴営生
　　　280×38×12 011型式

　이것들은 벼와 말의 신청을 했을 때의 解이다. 목간의 경우도 종이 문서와 같다. 「解」와 「申請」 사이를 한 글자 정도 공백을 두고 작성하는 양식이 답습되고 있다.

　解의 문서양식은 신청문서라고 하는 성격 때문이라 해도, 지역사회에 널리 알려져 있던 문서양식이고, 이러한 지식이 대장장이 공인들 사이에서도 공유되고 있었을 가능성이 있다.

　단, 「벼를 신청한다」라고 하는 解의 내용과, 그것이 砥石에 새겨졌던 것은 특별한 관련성은 없다고 생각된다. 따라서 실제로 기능했던 解가 아닌, 解의 사례를 習書했던 것으로 생각된다.

2. 2면

　2면에 보이는 「大田部」는 氏族의 이름이라고 생각된다. 「大田部」는 목간에도 사례가 있고, 關東 지방과 동부지방에 분포하고 있던 씨족집단인 것이 알려지고 있기 때문이다.

○平城京左京三条二坊八坪二条大路濠状遺構出土木簡
(奈良国立文化財研究所, 『平城宮発掘調査出土木簡概報』三一)
　　安房国安房郡廣湍郷沙田里大田部□
　　(157)×22×6　039型式

○宮城県多賀城市・市川橋遺跡出土木簡(『木簡研究』18号)(削屑)
　　　大田部子赤麻
　　足　矢田石足

○茨城県石岡市 鹿の子C遺跡出土墨書土器
　「大田マ」(八世紀後半の土師器坏)

○秋田県秋田市・秋田城跡出土墨書塼(『秋田市史 第七巻 古代 史料編』)
　　建部友足
　　面郷伯姓□□本□
　　麻呂　　□□
　　麻呂　　大田部□麻呂
　　　　□□

○秋田県大仙市・厨川谷地遺跡出土墨書土器
　「調・酒・大田部・三□□」(土師器坏, 9世紀後半〜10世紀前半)

3. 3면

「上野」라고 하는 문자는 확실하게 확인된다. 그 외에도 같은 면에서 「上」을 반복해서 쓰고 있다. 「上野」의 아래는 「里」와 같은 글자만 판독되지만, 「野」를 썼을 가능성이 있다.

「上野」는 「上野國」(현재의 群馬縣)을 가르키는 지명을 의미하는 가능성도 있지만, 아래의 「國」의 글자가 확인되지 않는 것에서 郷名등 지명과 人名의 일부일 가능성도 있다.

상부에 작게 「井」이라 쓰여져 있는 것이 확인된다. 「井」은 묵서토기 등에 많이 보이며, 呪符 기호라고 생각된다.

V. 刻書砥石의 유형

砥石에 刻書했던 사례로서 群馬県 吉井町 黒熊中西 유적에서 출토된 砥石이 있다. 수혈 건물터의 바닥 바로 위에서 출토되어, 본 유적 출토의 다른 砥石과 공통된다.

편평한 직육면체의 砥石의 1면에 「元慶四年二[」이라고 刻書되어 있다. 元慶 四年은 서기 880년에 해당하고, 9세기 후반으로 본 유적 출토 刻書砥石과 대략 비슷한 시기의 것이다.

黒熊中西 유적에서 출토된 刻書砥石은 高島英之 氏의 연구에 따르면 「砥石으로서의 용도가 끝난 후에 刻書되었다」는 것이고, 高島 氏는 砥石을 제사에 사용되었던 것으로 보고 있다.[1] 하지만 본 유적 출토 刻書砥石은 刻書가 된 후에도 계속해서 砥石으로서 사용되었다고 생각된다. 이 점이 黒熊中西 유적에서 출토된 刻書砥石과 크게 다른 점이다.

刻書砥石의 유형의 또 하나는 群馬県 高崎市 日高유적에서 출토된 砥石이다. 역시 수혈건물터의 바닥 바로 위에서 출토되었던 것이고, 「□井」이라고 하는 刻書가 확인된다. 「井」은 본 유적 출토 刻書砥石의 3면에서도 보이고 있다.

刻書砥石의 유형은 전국적으로 보아도 많이 알려지지 않았는데, 출토 상황과 연대가 공통점으로 보이고, 이후에도 유형의 증가가 기대된다.

VI. 나오며 −鍛冶屋敷 A유적 출토 刻書砥石의 意義−

鍛冶屋敷 A유적에서 출토되었던 刻書砥石에는 砥石으로서 사용되었던 4면 중에서 3면에 문자가 새겨져 있다. 더욱이 그중 1면에는 고대의 上申문서인 「解」의 문서양식이 쓰여져 있었다. 이것은 「講解 申請稲事」라고 해독되고, 벼의 신청과 관련된 「解」의 문서를 표현했던 것이다.

이 「解」의 문서는 砥石의 기능과는 직접 관련되지 않은 내용이지만 종이에 쓰여진 解의 양식을 충실하게 반영한 글쓰기를 하고 있었던 것으로 생각된다. 解의 문서양식과 관련한 지식을 가진 대장장이라는 장인이 刻書했던 것으로 확인된다. 통상 砥石에 刻書하는 것은 대장장이 장인이라고 하는 공인으로 생각되기 때문에 공인들 사이에서도 解의 문서양식이 고대의 지방사회에 널리 침투하고 있었던 것을 의미한다. 정형화되었던 문서양식이 널리 알려지고 있고 있었기 때문에 공인들에 의해 刻書도 행해지게 되었던 것이다.

더욱이 신청물을 「稲」라고 쓰고 있는 것도 고대의 지방사회에 작성되었던 解의 문서 중에서 벼를 신청하는 내용이 많았던 것을 의미하고 있다. 가장 전형적인 申請내용이 砥石에 기록되었다고 생각된다. 벼

---

[1] 高島英之, 2000, 「刻書砥石 −群馬県吉井町黒熊中西遺跡出土의 元慶四年銘砥石을 中心으로−」, 『古代出土文字資料의 研究』, 東京堂出版.

의 대여와 지급은 고대지방사회에 있어서 자주 행해졌던 것이고, 그것이 벼의 신청이 가장 전형적인 사례라고 인식시켰을 가능성이 있다.

왜 砥石에 이러한 묵서가 있는 것이지는 不明이지만, 문자내용과 刻書의 남겨진 상태에서 이제까지 알려진 것같이 제사행위에 동반되어 새겨졌던 것으로는 확신할 수 없다. 이후 유형의 증가를 기대하고, 刻書砥石의 의미를 더욱 생각해 볼 필요가 있다.

또 하나 주목되는 것은 上野国(현재의 群馬県)과의 관계이다. 3면에는 「上野」라고 하는 刻書가 보이는 것 외에 실물 고고자료로서도 群馬県 내에서 2점의 刻書砥石이 이제까지 발견되고 있다. 그래서 砥石에 刻書하는 행위의 지역성이라는 문제에 대해서도 이후 주의를 기울이지 않으면 안된다.

[번역: 오택현(중원대학교 교양학부)]

투고일: 2015. 4. 17.   심사개시일: 2015. 4. 19.   심사완료일: 2015. 5. 6.

참/고/문/헌

奈良国立文化財研究所, 『平城宮発掘調査出土木簡概報』 三一, 1995.

木簡学会, 宮城県多賀城市・市川橋遺跡出土木簡(削屑), 『木簡研究』 18号, 1996.

秋田市, 『秋田市史 第七巻 古代 史料編』, 1996.

横手市, 『横手市史 史料編 古代 中世』, 2006.

〈日文要約〉

近年発見された日本古代文字資料
－地方における儀礼と木簡－

三上喜孝

　本稿では、近年、日本で発見された古代文字資料の中から、とくに注目されるものを選んで、その内容と意義を紹介する。今回は、きわめて珍しい事例として、昨年(2014年)に宮城県仙台市の鍛治屋敷A遺跡から出土した刻書砥石を紹介したい。

　刻書砥石とは、鉄製の刃物などを研ぐための砥石に文字を刻んだもので、日本ではこれまで群馬県の遺跡から2例発見されていた。昨年宮城県仙台市で発見された刻書砥石は、それに次いで3例目である。刻書砥石の年代は、9世紀ごろと推定されている。

　刻書砥石には、砥石として使用した4面のうち、3面に文字が刻まれており、さらにそのうちの1面に、古代の上申文書である「解」の文書様式が書かれていた。これは「謹解 申請稲事」と読め、稲の申請にかかわる「解」の文書を表現したものである。

　この「解」の文書は、砥石の機能とは直接関わりのない内容だが、紙に書かれる解の様式を忠実にふまえた書き方をしていることから考えると、解の文書様式に関する知識のある者が刻書したことがわかる。通常、砥石に刻書するのは、鍛治職人のような工人と考えられるから、工人たちの間でも、解の文書様式に関する知識が広く知られていた可能性がある。

　このことは、解の文書様式が古代の地方社会に広く浸透していたことを意味している。定型化された文書様式が広く知られていたからこそ、工人たちによる刻書も行われ得たのである。

　さらに、申請物を「稲」と書いていることも、古代の地方社会で作成された解の文書の中でも、稲を申請する内容のものが多かったことを意味している。最も典型的な申請内容が砥石に書かれたと考えられるのである。稲の貸給や支給は、古代地方社会において頻繁におこなわれていたことであり、そのことが、稲の申請を、最も典型的な事例ものとして認識させていた可能性がある。

▶ キーワード : 儀礼, 記録簡, 折敷

한/국/고/대/문/자/자/료 연/구

한국목간학회와 성균관대학교 동아시아학술원이 공동으로 주관한 《한국 고대 문자자료 연구모임》에서는 그간 널리 알려졌던 금석문과 신출토 문자자료에 대해 연구할 수 있는 모임을 발족했다. 여기에서는 신진연구자들이 중심이 되어 기존의 판독문의 재보완 및 새롭게 해석할 수 있는 부분들을 소개하고, 아울러 한국 고대 문자자료에 대한 폭 넓은 이해와 연구자의 역량을 키울 수 있는 장을 마련하고자 한다. 연구의 결과물은 백제·고구려·신라 편으로 나누어 책으로 출간할 예정이다.[편집자]

新浦市 절골터 金銅板 銘文 검토

이승호[*]

Ⅰ. 개관
Ⅱ. 판독 및 교감
Ⅲ. 역주(번역+주석)
Ⅳ. 연구쟁점

〈국문초록〉

1988년 6월 함경남도 신포시 오매리의 절골 유적에서 발견된 「新浦市 절골터 金銅板」은 죽은 왕의 영혼이 도솔천에 올라 미륵에 참배하기를 기원하고자 조영한 탑에 부착되었던 塔誌이다. 그간 금동판의 명문에 대해서는 『조선유적유물도감』에 처음 유물의 실물 사진과 함께 판독문이 소개되면서 이를 기반으로 연구가 이루어져 왔다. 그런데 근래에 출간된 『북녘의 문화유산』에서 유물에 대한 선명한 사진자료와 판독이 새롭게 제시되면서 명문 분석에 보다 용이한 조건이 마련되었다. 본고에서는 이러한 성과에 힘입어 금동판 명문에 대한 판독을 다시 시도하고 명문 내용에 대한 분석도 함께 진행하고자 하였다.

그간 유물의 명문에서 가장 쟁점이 되는 부분은 유물의 제작 시기를 알려 주는 "▨和三年"의 연대 비정이었다. 지금까지 선행 연구에서는 이를 양원왕 2년(546)으로 비정하는 경우가 대부분이었다. 그러나 「永康七年銘 金銅光背」 명문의 '永康'을 고구려 양원왕대 연호로 보아 영강 7년(원년 545년)을 양원왕 7년(551)에 비정하는 것이 유력한 견해임을 고려한다면 이러한 의견은 받아들이기 어렵다. 본고에서는 금동판의 제작 시기가 영양왕 즉위 15년(604)일 가능성이 높은 것으로 판단하였다. 즉 유물은 7세기 전반 당대 고구려 지배층의 미륵신앙과 내세 의식의 일면을 살펴볼 수 있는 자료로서 중요한 가치를 지니고 있다고 할 수 있겠다.

▶ 핵심어 : 신포시 절골터 금동판, 미륵신앙, 영강칠년명 금동광배, 영양왕

---

* 동국대학교 강사

I. 개관

「新浦市 절골터 金銅板」은 1988년 6월 함경남도 신포시 오매리의 절골 유적[1]에서 발견되었다. 이 금동 판의 존재가 처음 학계에 알려지게 된 것은 1989년 〈연변대학 조선학 국제학술토론회〉(1989.8.12~14)에 서 발표된 박진욱의 논고에 의해서이다.[2] 이에 따르면 금동판은 신포시 오매리에 있는 절골 유적의 발해 문화층에서 출토되었다고 한다. 이후 유물에 대한 본격적인 논의는 1990년에 출간된 『조선유적유물도감』 4권(이하 『도감』)에 비교적 선명한 사진과 유물에 대한 설명 및 명문 판독[3]이 게재되면서부터 시작되었 다. 여기에 대해 한국 학계에서는 먼저 김정숙에 의해 유물에 대한 간략한 소개가 있었고,[4] 그 다음해에 출간된 『역주 한국고대금석문』 1권에서 금동판 銘文에 대한 판독과 함께 자세한 역주 작업이 이루어졌 다.[5]

「新浦市 절골터 金銅板」의 현황을 살펴보면 먼저 동판의 오른 편이 깨져 있고 명문이 있는 부분도 일부 훼손된 곳이 확인된다. 남은 유물의 길이는 41.5㎝, 너비는 18.5㎝, 두께는 0.3~0.5㎝이다. 그리고 금동 판의 뒷면에 못이 붙어 있는 것으로 보아 본래 탑에 고정시켰었던 것으로 추정된다. 또한 보고에 따르면 금동판의 銘文 중 판독이 가능한 글자는 113자이고 떨어지거나 마모되어 식별이 어려운 글자가 26자라 한다.[6] 『도감』에 실린 유물 사진으로 보아 銘文의 보존 상태는 비교적 양호하여 훼손된 일부 글자를 제외 하면 대체로 판독이 가능할 정도로 뚜렷하다. 명문에 대한 판독은 『도감』에서 처음 제시한 판독문[7]을 비 롯하여 지금까지 김정숙[8], 노태돈[9], 이도학[10], 최연식[11] 등에 의해 각각의 판독문이 제시되었는데, 『역주

---

1) 오매리 절골 유적은 靑海土城에서 서남쪽으로 10km 정도 떨어진 해발 432m의 押海山 기슭에 위치해 있다(국립중앙박물관, 2006, 『북녘의 문화유산』, p.86).

2) 당시 학술토론회에서 발표된 논문은 『연변대학조선학국제학술토론회 론문집』으로 발간되었는데, 여기에 실린 박진욱의 글 에서 해당 유물에 대한 설명을 옮기면 다음과 같다. "우리나라 동해안 일대에서 새로 발굴된 건축지로서는 함경남도 신포시 오매리에 있는 건축지를 들 수 있다. … 절골 유적은 고구려 문화층과 발해 문화층이 덧놓인 건축지 유적인데 그 발해 문화 층에서는 여러 개의 집자리와 온돌시설, 그리고 수많은 유물이 드러났다. … 지금까지 나온 유물 가운데서 주목되는 것을 하 나 소개한다면 발해 문화층에서 나온 글자 새긴 금동판이다. 금동판의 앞부분은 약간 깨여져 없어졌는데 지금 남아있는 글 자 수는 113자이다. 그것은 '대왕'이 불탑을 만들어 세운 것과 관련한 기록인데 글의 끝에 "태화 3년 병인년 2월 26일 (초하루 가 갑술날)에 썼다"는 것이 새겨져 있다. 이 명문을 통하여 그 금동판은 546년 (고구려 양원왕 2년)에 만들어졌다는 것을 알 수 있다. 여기에 나오는 '태화'는 고구려에서 쓴 연호이다. 왜냐하면 다른 나라의 연호에도 '태화'라는 것이 있기는 하지만 태 화 3년이 병인년이 되는 것은 없기 때문이다. 따라서 이 금동판은 고구려 때에 거기에 탑을 세우면서 만들어 붙인 것인데 그 것이 발해 때까지 전승된 것이라고 볼 수 있다."(박진욱 1989, 「최근년간 우리 나라 동해안일대에서 발굴된 발해유적들과 그 성격에 대하여」, 『연변대학조선학국제학술토론회 론문집』, p.292).

3) 조선유적유물도감편찬위원회 1990, 『조선유적유물도감』 4, p.281.

4) 金貞淑 1991, 「高句麗 銘文 入金 銅版의 紹介」, 『한국고대사연구회 회보』 23, pp.23-25.

5) 노태돈 1992, 「新浦市 절골터 金銅銘文板」, 『譯註 韓國古代金石文(Ⅰ)』, 駕洛國史蹟開發研究院, pp.143-146.

6) 이상의 내용은 조선유적유물도감편찬위원회, 1990, p.281 참조.

7) 조선유적유물도감편찬위원회, 1990, p.281.

8) 金貞淑, 1991, pp.23-25.

9) 노태돈, 1992, p.144.

230 _ 한국목간학회 『목간과 문자』 14호(2015. 6.)

한국고대금석문』에서 노태돈의 판독문이 제시된 이후로 현재 한국 학계에서는 대체로 이를 따르고 있는 것으로 보인다.[12]

한편 근래에 들어 유물에 대한 선명한 사진자료와 판독[13]이 새롭게 제시되면서 명문 분석에 보다 용이

유물 사진자료① (출처: 조선유적유물도감편찬위원회, 1990, p.281)

유물 사진자료② (출처: 국립중앙박물관, 2006, pp.86-87)

---

10) 이도학, 1995, 「新浦市 寺址 출토 고구려 金銅版 銘文의 검토」, 『민족학연구』 1, pp.114-115; 2006, 「新浦市 寺址 出土 高句麗 金銅版 銘文의 檢討」, 『고구려 광개토왕비문 연구』, 서경, p.501.

11) 최연식, 2002, 「삼국시대 미륵신앙과 내세의식」, 『강좌 한국고대사』 8, 가락국사적개발연구원, p.221.

12) 이도학, 1995, pp.114-115; 2006, p.501; 최연식, 2002, p.221; 김상현, 2005, 「고구려의 미륵신앙」, 『고구려 문화의 역사적 의의」, 고구려연구재단, pp.187-188.

13) 국립중앙박물관, 2006, pp.86-87.

한 조건이 마련되었다. 바로 2006년에 발간된 국립중앙박물관 특별전시 도록 『북녘의 문화유산』(이하 『유산』)에서 소개된 유물 사진과 판독안이 그것인데, 여기에 소개된 유물 사진은 『도감』 4권에 실린 사진보다 원 도판이 크고 선명하여 글자를 확인하는 데에 보다 수월하다. 다만 두 자료집에 실린 사진을 자세히 비교 관찰해 보면 『도감』에 실린 유물사진이 유물의 원상태를 비교적 온존하게 보여주고 있음을 알 수 있다. 반면 『유산』에서 소개된 유물 사진의 경우 유물의 파손 부위나 결실부분을 금속재로 덧대어 놓은 흔적이 확인되는데, 이 때문에 기존 유물에서 자흔이 확인되는 부분이 오히려 결실되어버린 경우가 있다. 유물의 보존처리 과정에서 일부 변형이 일어났던 것이 아닌가 추정된다. 따라서 명문에 대한 판독 작업은 두 사진을 꼼꼼히 비교해가며 이루어질 필요가 있다.

유물의 제작 시기에 대해서는 논란의 여지가 있지만 대체로 고구려 시대의 것으로 인정되고 있다. 또한 남아 있는 명문의 내용으로 보아 이 금동판은 죽은 왕의 영혼이 도솔천에 올라 미륵에 참배하기를 기원하고자 조영한 탑에 부착되었던 塔誌로 추측된다. 따라서 해당 자료는 그 제작 시기를 구체적으로 확정하기 어렵다는 한계가 있지만, 당대 고구려 지배층의 미륵신앙과 내세 의식의 일면을 살펴볼 수 있는 자료로서 중요한 가치를 지니고 있다고 할 수 있겠다.

II. 판독 및 교감

12	11	10	9	8	7	6	5	4	3	2	1	
					四	願	大	迩	▨	目	▨	①
▨	▨	▨	▨	聖	生	王	王	扵	▨	昕	▨	②
戌	和	神	育	智	蒙	神	謹	後	之	階	▨	③
朔	三	會	道	契	慶	昇	造	代	妙	是	▨	④
記	年	性	成	真		兜	兹	宅	現	如	▨	⑤
首	歲	則	迷	妙		率	塔	▨	閣	來	▨	⑥
	次	登	眾	應	扵	查	表	▨	維	唱	加	⑦
	丙	聖	着	輦	是	覲	刹	▨	▨	圓	枡	⑧
	寅	明	轍	頌		弥	五	慧	▨	圓	枡	⑨
	二		稟	形	日	勒	層	朗	▨	教	三	⑩
	月		生	言		天	箱	奉	▨	扵	輪	⑪
	廿		死	暉		族	輪	爲	▨	金	垂	⑫
	六		形	世		俱	相	圓	▨	河	世	⑬
	日					會	副		▨	示	耳	⑭

〈全文〉

▨▨▨▨姒▨自目¹⁴⁾加¹⁵⁾枺¹⁶⁾ 三輪垂世」耳」目¹⁷⁾昕¹⁸⁾階¹⁹⁾ 是故如來²⁰⁾ 唱²¹⁾圓教扵²²⁾金河 示²³⁾」▨▨²⁴⁾之妙宅 現闇²⁵⁾維▨²⁶⁾▨▨ ▨▨迊²⁷⁾扵²⁸⁾後代 是▨²⁹⁾」▨▨慧朗³⁰⁾ 奉爲圓▨³¹⁾」大王 謹造玆塔 表刹³²⁾五層箱³³⁾輪相 副³⁴⁾」願王神昇兜率 查觀³⁵⁾弥勒 天族³⁶⁾俱會」四生蒙慶 扵³⁷⁾是頌曰」聖智契眞 妙應羣生 形言暉世」▨育道 成 迷衆³⁸⁾着³⁹⁾轍⁴⁰⁾ 稟生死形」▨神會性 則登聖明」▨⁴¹⁾和三年歳次丙寅二月廿六日」▨⁴²⁾戌朔記首

---

14) 群(이도학). 㕧(김정숙), ▨(『도감』, 노태돈, 최연식, 『유산』).

15) 亦(김정숙), ▨(『도감』, 노태돈, 이도학, 최연식, 『유산』).

16) ▨(『도감』, 김정숙, 노태돈, 이도학, 최연식), 枺(『유산』).

17) ▨(『도감』, 김정숙, 노태돈, 이도학, 최연식), 目(『유산』).

18) 所(『도감』, 김정숙, 노태돈, 이도학, 최연식, 『유산』).

19) 階(『도감』, 김정숙, 노태돈, 이도학, 최연식), 皆(『유산』).

20) 來(『도감』, 김정숙, 노태돈, 이도학, 최연식), 生(『유산』).

21) 唱(『도감』, 김정숙, 노태돈, 이도학, 최연식), ▨▨(『유산』).

22) 扵(『도감』, 김정숙, 노태돈, 이도학, 최연식, 『유산』).

23) ▨(『도감』, 김정숙, 노태돈, 이도학, 최연식), 兮(『유산』).

24) 神(『도감』, 김정숙, 노태돈, 이도학, 최연식), ▨(『유산』).

25) 闇(『도감』, 김정숙, 노태돈, 이도학, 최연식), 著(『유산』).

26) ▨(『도감』, 김정숙, 노태돈, 이도학, 최연식), 爾(『유산』).

27) ▨(『도감』, 김정숙), 迎(노태돈, 이도학, 최연식), 迊(『유산』).

28) 扵(『도감』, 김정숙, 노태돈, 이도학, 최연식, 『유산』).

29) 以(『도감』, 김정숙, 노태돈, 이도학, 최연식, 『유산』).

30) 郎(『도감』, 김정숙, 노태돈, 이도학, 최연식), 飽▨(『유산』).

31) 覺(『도감』, 김정숙, 노태돈, 이도학, 최연식), 阿(『유산』).

32) 刻(『도감』, 김정숙, 노태돈, 이도학, 최연식), 刹(『유산』).

33) 相(『도감』, 김정숙, 노태돈, 이도학, 최연식), 箱(『유산』).

34) 副(『도감』, 김정숙, 노태돈, 이도학, 최연식), ▨(『유산』).

35) 觀(『도감』, 김정숙, 『유산』), 勤(노태돈, 이도학, 최연식).

36) 孫(『도감』, 김정숙, 노태돈, 이도학, 최연식), 族(『유산』).

37) 扵(『도감』, 김정숙, 노태돈, 이도학, 최연식, 『유산』).

38) ▨(『도감』, 김정숙, 노태돈, 이도학, 최연식), 子(『유산』).

39) ▨(『도감』, 김정숙, 노태돈, 이도학, 최연식), 着(『유산』).

40) ▨(『도감』, 김정숙, 노태돈, 이도학, 최연식), 撤(『유산』).

41) 太(『도감』), ▨(김정숙, 노태돈, 이도학, 최연식, 『유산』).

42) 甲(『도감』), ▨(김정숙, 노태돈, 이도학, 최연식), 丙(『유산』).

1-⑦ 启█

	启█	启 (啟)		羣
『도감』1-⑦		『玉篇』		『도감』8-⑧

∴ 1-⑦은 동판의 파손으로 글자의 오른쪽 획이 결실되어 판독이 쉽지 않다. 이를 이도학은 '羣'자로 판독하였는데, 8-⑧에서 보듯 금동판에 쓰인 '羣'자는 '羣'자로 표기되어 있어 1-⑦의 자형과는 차이가 있다. 일단 『도감』에 실린 명문 사진을 자세히 살피면 자형은 '啟'의 이체자 '启'에 가깝다고 보이지만, 확단하기 어려워 미상자로 표기한다. 한편 『도감』의 사진에서는 분명 자흔이 확인되는 부분임에도 『유산』의 사진에서는 이 부분을 확인할 수 없다. 유물의 보존 과정에서 명문에 훼손이 있었음을 확인할 수 있다.

1-⑨ 枰

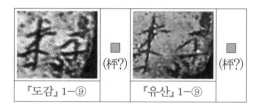

	█ (枰?)		█ (枰?)
『도감』1-⑨		『유산』1-⑨	

∴ 1-⑨ 또한 동판의 파손으로 글자의 오른쪽 획이 결실되어 판독이 쉽지 않다. 이를 『유산』에서는 '枰'자로 판독하고 있는데, 사진 상으로는 확단하기 어렵다. 여기서는 미상자로 남겨둔다.

2-① 目

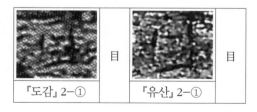

	目		目
『도감』2-①		『유산』2-①	

∴ 2-①은 지금까지 대체로 미판독 글자로 남아 있었으나, 『유산』에서 처음 '目'으로 판독하였다. 『도감』과 『유산』에 실린 사진 상에 '目'의 자획이 분명히 확인된다.

2-② 听(所)

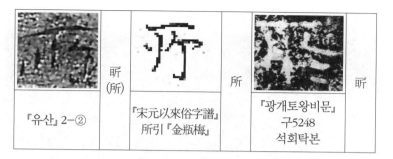

| 『유산』 2-② | 听(所) | 『宋元以來俗字譜』所引『金瓶梅』 | 所 | 『광개토왕비문』구5248석회탁본 | 听 |

∴ 2-②는 보통 '所'로 읽는데, '所'의 이체자 '听'의 자형과 유사하다. 여기서는 '听'로 표기한다.

2-③ 階

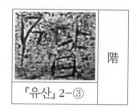

| 『유산』 2-③ | 階 |

∴ 2-③은 『도감』에서 처음 '階'로 판독한 이후 이를 따라 현재까지 제시된 대부분의 판독문에서 이 글자를 '階'로 읽고 있다. 다만 최근 『유산』에서 이 글자를 '皆'로 판독하는 안이 제시되었는데, 좌변에 획의 존재가 명확하여 따를 수 없다. 글자의 좌변은 마치 'Ⴤ' 모양에 가까운 것처럼 보이기도 하나 'ß'로 보는 것이 타당해 보인다.

2-⑦ 来

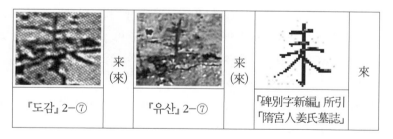

| 『도감』 2-⑦ | 来(來) | 『유산』 2-⑦ | 来(來) | 『碑別字新編』所引「隋宮人姜氏墓誌」 | 來 |

∴ 2-⑦은 『도감』에서 처음 '來'로 판독한 이후 이를 따라 현재까지 제시된 대부분의 판독문에서 이 글자를 '來'로 읽고 있다. 다만 최근 새로운 판독안을 제시한 『유산』에서는 이 글자를 '生'으로 읽고 있다. 그러나 『유산』의 판독은 유물의 파손으로 글자의 밑변이 결실된 상태에서 윗변만을 가지고 판독한 것이므로 따르기 어렵다. 『도감』의 사진을 보면 해당 부분의 명문 조각이 결실되기 이전의 모습을 볼 수 있는데, 여기서 글자의 밑변으로 보이는 자흔이 일부 확인된다. 또한 바로 앞 글자에 '如'가 오는 것으로 보아 이

글자는 '來'로 읽는 것이 해석 면에서도 자연스럽다.

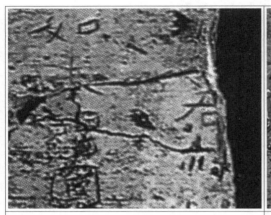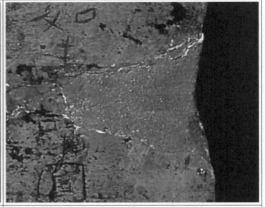

| 동판 우변의 파손 부위①
명문 결실 이전 모습(『도감』) | 동판 우변의 파손 부위②
명문 결실 이후 모습(『유산』) |

2-⑧ 唱

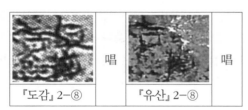

| 『도감』 2-⑧ | 唱 | 『유산』 2-⑧ | 唱 |

∴ 2-⑧은 『도감』에서 처음 '唱'으로 판독한 이후 이를 따라 현재까지 제시된 대부분의 판독문에서 이 글자를 '唱'으로 읽고 있다. 그런데 앞서의 '來'자와 마찬가지로 『유산』의 유물 사진에는 이 부분이 훼손 부위와 맞닿아 있어 글자 상변의 자획을 확인하기 어렵다. 때문에 『유산』에서는 이 부분을 판독하지 않고 미상자로 두어 기존에 '來唱'의 두 글자로 읽던 2-⑦·⑧ 부분을 '生▨▨'의 세 글자로 표기하고 있다. 그러나 2-⑧의 상단 부분이 결실되기 이전의 모습을 보여주는 『도감』의 사진을 보면 이는 '唱'자가 확실하다. 또한 앞의 2-⑦을 기존의 판독안에 따라 '來'로 읽을 경우 '來'와 '唱' 사이에 글자가 들어갈 공격을 상정하기 어렵다(앞의 사진 참조). 즉 2-⑦은 '來'로 2-⑧ '唱'으로 읽는 것이 타당하다.

2-⑪과 4-②의 扵 및 7-⑦의 扵

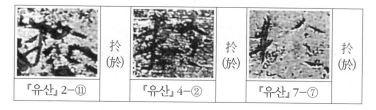

| 『유산』2-⑪ | 扵 (於) | 『유산』4-② | 扵 (於) | 『유산』7-⑦ | 扵 (於) |

∴ 2-⑪과 4-② 및 7-⑦은 지금까지 '於'로 판독해왔으나 모두 왼쪽 손수 변 '扌' 자획이 뚜렷하여 於의 이체자 '扵'로 판독함이 옳다. 자흔으로 보아 '抢', '抡' 등의 글자들도 고려할 필요가 있겠으나 문맥상 모두 '扵'로 읽는 것이 무난하다.

2-⑭ 示

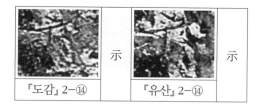

| 『도감』2-⑭ | 示 | 『유산』2-⑭ | 示 |

∴ 2-⑭는 지금까지 대체로 미판독 글자로 남아 있었으나, 『유산』에서는 이를 '亏'로 추독한 바 있다. 그러나 사진을 자세히 살피면 '示'의 획이 뚜렷하여 '示'로 판독한다.

3-② ▨

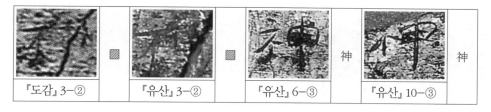

| 『도감』3-② | ▨ | 『유산』3-② | ▨ | 『유산』6-③ | 神 | 『유산』10-③ | 神 |

∴ 3-②는 『도감』에서 처음 '神(神)'으로 판독한 이후 『유산』을 제외한 여타 판독문에서는 모두 이를 따르고 있다. 그러나 사진 상으로 보아 글자의 우변이 동판이 깨져 나간 부분과 겹쳐져 정확한 판독은 불가능한 상태이다. 다만 『도감』의 사진에서는 보이지 않는 우변의 자흔이 『유산』의 사진에서는 어렴풋하게나마 나타나는 것 같은데, 이 부분을 '申'의 '田'자획으로 볼 여지가 있다. 그러나 확단하기 어려워 여기서는 미상자로 남겨두도록 한다.

3-⑦ 闍

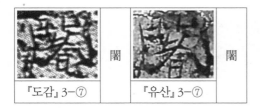

| 『도감』3-⑦ | 闍 | 『유산』3-⑦ | 闍 |

∴ 3-⑦은 『도감』에서 처음 '闍'로 판독한 이후 『유산』을 제외한 여타 판독문에서 모두 이를 따르고 있다. 한편 『유산』에서는 이를 '耆'로 판독하고 있는데, 사진 상으로 보아 '耆'자 획을 감싸고 있는 '門'의 획이 뚜렷하여 '闍'로 판독하는 것이 옳다. 뒤에 오는 3-⑧을 '維(維)'로 읽을 수 있기 때문에 해석상으로도 자연스럽다.

3-⑧ 維(維)

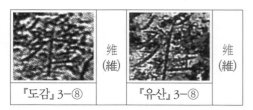

| 『도감』3-⑧ | 維(維) | 『유산』3-⑧ | 維(維) |

∴ 3-⑧은 자획이 제법 복잡해 보이나 기존에 제시된 판독문에서는 모두 '維'로 읽고 있다. 자획을 자세히 살피면 '糸+隹'의 구성의 '維'임을 확인할 수 있다.

3-⑨ ▨

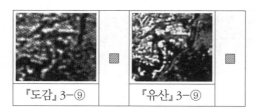

| 『도감』3-⑨ | ▨ | 『유산』3-⑨ | ▨ |

∴ 3-⑨는 지금까지 미판독 글자로 남아 있었으나, 최근 『유산』에서 이를 '爾'자로 판독하였다. 그러나 사진 상 자획의 훼손이 심해 확단하기 어렵다. 여기서는 미상자로 남겨둔다.

4-① 迒(邇)

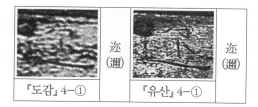

『도감』4-①	迒 (邇)	『유산』4-①	迒 (邇)

∴ 4-①은 '迎'자로 읽는 경우도 있었으나, 『유산』에서 이를 '邇'의 이체자인 '迒'로 읽는 판독안이 제시되었다. 사진 상으로 보아 '迒'가 분명하다.

4-⑥ ▨

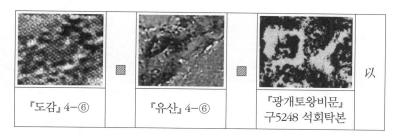

『도감』4-⑥	▨	『유산』4-⑥	▨	『광개토왕비문』 구5248 석회탁본	以

∴ 4-⑥은 『도감』에서 처음 '以'로 판독한 이후 이를 따라 현재까지 제시된 여타 판독문에서도 모두 이 글자를 '以'로 읽고 있다. 아마도 바로 앞 글자 4-⑤가 '是'임을 고려하여 이 부분을 '是以…'로 시작하는 문장으로 보고 그렇게 추독하였던 것으로 보인다. 그러나 사진 상으로 보아 이 부분은 마모가 심하고 동판이 깨져 나간 부분과 겹쳐서 판독이 불가능하다. 따라서 여기서는 미상자로 표기하도록 한다.

4-⑩ 朗

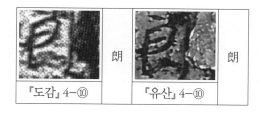

『도감』4-⑩	朗	『유산』4-⑩	朗

∴ 4-⑩은 『도감』에서 처음 '郞'으로 판독한 이후 이를 따라 대부분의 판독문에서도 모두 '郞'으로 읽고 있다. 다만 사진 상 글자 우변이 동판 파손부위와 겹쳐 획을 확인하기 어려워 『유산』에서는 이 글자를 '郞'로 표기하였다. 그런데 글자 우변의 경우 잔획이 내려뻗은 형태로 보아 'ß'보다는 '月'일 가능성이 높다. 즉 '郞'보다는 '朗'일 가능성이 높다고 보아 여기서는 '朗'으로 표기하도록 한다.

4-⑭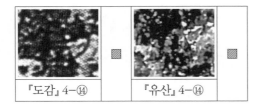

∴ 4-⑭는 훼손이 심해 사진 상으로 판독이 쉽지 않은데, 『도감』에서 처음 '覺'으로 판독한 이후 『유산』을 제외한 여타 판독문에서 모두 이를 따르고 있다. 아마도 앞의 4-⑬을 '圓'으로 판독하고 뒤에 오는 4-⑮·⑯을 '大王'으로 판독하면 이 부분을 '圓覺大王'으로 읽을 수 있음을 고려한 추독이라 생각된다. 한편 『유산』에서는 이를 '阿'로 판독하고 있다. 그러나 실상은 훼손이 심해 명확한 판독이 어려운 상황이다. 따라서 여기서는 미상자로 표기하도록 한다.

5-⑧ 刹

∴ 5-⑧은 『도감』에서 처음 '刻'으로 판독한 이후 대부분의 판독에서 모두 '刻'으로 읽었는데, 최근 『유산』에서 이를 '刹'로 읽는 판독안이 제시되었다. 사진 상으로 보아 '刹'에 가까운 것으로 판단된다.

5-⑪ 箱(相)

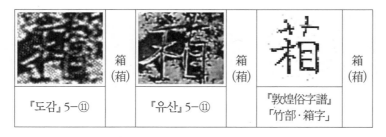

∴ 5-⑪은 『도감』에서 처음 '相'으로 판독한 이후 대부분의 판독에서 모두 '相'으로 읽었는데, 최근 『유산』에서 이를 '箱'로 읽는 판독안이 제시되었다. 사진 상으로 보아 글자의 윗변은 'ㅛ' 형태의 '艹'변 혹은 '竹'변이 확실하다. 따라서 여기서는 '箱(相)'으로 표기한다. 물론 '箱'의 이체자 중에는 '相과 유사한 형태로 쓰인 사례가 있어 두 글자는 통한다고 볼 수 있다.

5-⑭ 副

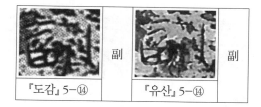

	副		副
『도감』 5-⑭		『유산』 5-⑭	

∴ 5-⑭는 『도감』에서 처음 '副'로 판독한 이후 대부분의 판독에서 모두 이를 따르고 있으며, 최근 『유산』에서만 이를 미상자로 표기하고 있다. 사진 상으로 보아 '副'로 읽는데 큰 무리가 없다고 판단된다.

6-⑧ 觀

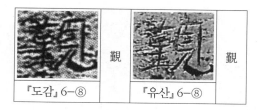

	觀		觀
『도감』 6-⑧		『유산』 6-⑧	

∴ 6-⑧은 『도감』에서 처음 '觀'으로 판독하였으나, 『역주 한국고대금석문』에서 이를 '勸'으로 읽으면서 이후에 제시된 대부분의 판독문에서 '勸'으로 읽었다. 최근 『유산』에서 이를 다시 '觀'으로 고쳐 읽었는데, 사진 상으로 보아 '觀'이 확실하다.

6-⑫ 族

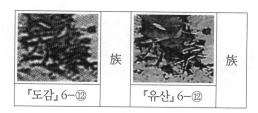

	族		族
『도감』 6-⑫		『유산』 6-⑫	

∴ 6-⑫는 『도감』에서 처음 '孫'으로 판독한 이후 이를 따라 현재까지 제시된 대부분의 판독에서 '孫'으로 읽고 있으나, 최근 『유산』에서 이를 '族'으로 고쳐 읽었다. 사진 상으로 보아 글자의 우변은 '系'보다는 '矢'에 가깝고 좌변의 '方'자도 명확히 확인되어 '族'으로 읽는 것이 무난하다.

9-⑦ 衆

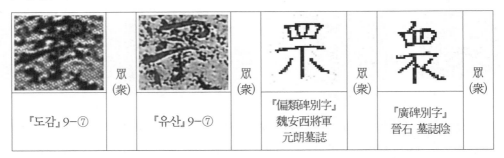

| 『도감』9-⑦ | 眾
(衆) | 『유산』9-⑦ | 眾
(衆) | 『偏類碑別字』
魏安西將軍
元朗墓誌 | 眾
(衆) | 『廣碑別字』
晉石 墓誌陰 | 眾
(衆) |

∴ 9-⑦은 지금까지 미판독 글자로 남아 있었으나, 근래에 『유산』에서 '子'로 판독한 바 있다. 그러나 자형은 '衆'의 이체자 '眾'에 가깝다.

9-⑧ 着

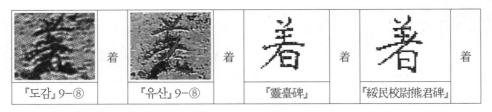

| 『도감』9-⑧ | 着 | 『유산』9-⑧ | 着 | 『靈臺碑』 | 着 | 『綏民校尉熊君碑』 | 着 |

∴ 9-⑧은 지금까지 미판독 글자로 남아 있었으나, 근래에 『유산』에서 '着'으로 판독한 바 있다. 하변의 획이 모자란 감이 없지 않지만, '着'으로 읽는데 큰 무리는 없어 보인다.

9-⑨ 轍

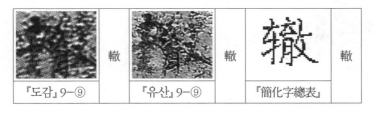

| 『도감』9-⑨ | 轍 | 『유산』9-⑨ | 轍 | 『簡化字總表』 | 轍 |

∴ 9-⑨은 지금까지 미판독 글자로 남아 있었으나, 근래에 『유산』에서 '撤'로 판독한 바 있다. 우변의 '散'자형은 비교적 뚜렷이 확인되나 좌변의 획은 판독이 쉽지 않다. 그런데 좌변의 자흔을 자세히 살펴보면 '立'에 가까운 획이 확인된다. 이를 '車'의 이체자 '车'자의 잔획으로 보면 이는 '轍'의 이체자로 읽을 수 있다.

11-②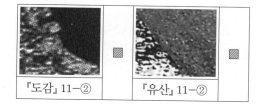

『도감』11-②　『유산』11-②

∴ 11-②는 북한학계에서 처음 동판의 명문이 공개되었을 당시 '太'로 추독하여 그 뒤에 이어지는 11-③의 '和'와 함께 '太和'라는 고구려 연호의 앞글자로 보고되었다. 그러나 동판의 파손으로 글자가 떨어져 나가 도저히 읽어낼 수 없는 상황이다. 따라서 여기서는 미상자로 표기하도록 한다.

12-②

『도감』12-②　『유산』12-②　『유산』11-⑧　丙

∴ 12-②의 경우 『도감』에서는 '甲'으로 판독하였으나, 이후의 판독에서는 미상자로 표기하는 경우가 대부분이었다. 그런데 최근 『유산』에서 이 글자를 '丙'으로 읽는 판독안이 제시되었다. 『유산』의 사진을 통해 볼 때 자흔이 '丙'의 자획과 유사해 보이기는 하나 앞서 11-⑧에서 쓰인 '丙'과 자형과 차이가 있어 확단하기는 어렵다. 따라서 여기서는 미상자로 표기하도록 한다.

12-③ 戌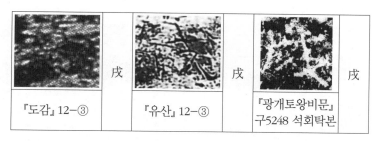

『도감』12-③　戌　『유산』12-③　戌　『광개토왕비문』구5248 석회탁본　戌

∴ 12-③은 『도감』에서 처음 '戌'로 판독한 이후 이를 따라 현재까지 제시된 여타 판독문에서도 모두 이 글자를 '戌'로 읽고 있다. 『도감』의 사진에서는 자획을 확인하기 어려우나 『유산』의 사진을 통해 '戌'을 읽어낼 수 있다.

III. 역주(번역+주석)

(▨▨▨▨ / 如▨自11和) 三輪[43]은 세상에 드리우고 / 귀와 눈(耳目)이 미치시는 바이다. / 이로써 如來께서는 金河[44]에서 圓敎[45]를 제창하시어 / ▨▨의 妙宅을 보이시고 / 闍維[46]를 드러내시었다. / (▨▨▨▨▨) / 後代에 이르렀다. / 이에(是▨) ▨▨慧朗이 圓▨大王[47]을 받들기 위해 / 삼가 이 탑을 만들었으니 / 表刹[48]과 5층(의 탑)과 箱輪(相輪)[49]이 서로 어울린다. / 바라건대 왕의 神靈을 兜率天[50]에 오르게 하

---

43) 三輪: 三輪에 대해서는 ①3法輪, ②3轉法輪, ③風輪·水輪·金輪(이 세계의 맨 아래에 풍륜, 풍륜 위에 수륜, 수륜 위에 금륜, 금륜 위에 9山 8海가 있다고 함), ④神通輪·記心輪·敎誡輪(불·보살이 몸에 신통을 나타내어 正信을 내게 하며, 뜻으로 상대편의 마음 속을 통찰하며, 입으로 법문을 말하는 것. 이리하여 중생의 번뇌를 부수는 것이므로 輪이라 함), ⑤無常輪·不淨輪·苦輪(이 셋이 세계에 가득 차서 쉽사리 부수기 어려움이 鐵輪과 같으므로 輪이라 하며, 이에 의하여 經說이 일어났다 함), ⑥三輪相의 약칭 등의 뜻이 있다(인용 출처: 동국역경원 인터넷 홈페이지 제공 〈불교사전〉, http://buddha.dong-guk.edu/bs_list.aspx).

44) 金河: hiranyavati의 音寫로 希連 또는 熙連이라고도 표기한다. 석가모니가 입적한 中天竺 구시나가라국 사라쌍수 옆의 강을 말한다(노태돈, 1992, p.145).

45) 圓敎: 원만한 교법 혹은 완전한 가르침을 뜻한다. 『華嚴經』에 "圓滿因緣修多羅" 또는 "圓滿經"이란 말이 있는 데서 기인하였다. 『華嚴經』을 원교라 한 것은 北魏의 惠光이 처음이며, 그 후 천태의 4교, 화엄의 5時, 道宣의 교판에 이 명목을 사용하면서 자기가 가장 믿는 경전을 원교에 배당하였다고 한다(인용 출처: 동국역경원 인터넷 홈페이지 제공 〈불교사전〉, http://buddha.dongguk.edu/bs_list.aspx). 본 명문과 관련하여서는 이어 나오는 金河가 석가모니가 入寂한 구시나가라국 사라쌍수 옆의 강이라는 점에서 '涅槃經'으로 추정하기도 한다(노태돈, 1992, pp.145-146).

46) 闍維: 茶毗와 같은 의미로 죽은 이를 화장 하는 일을 말한다(인용 출처: 동국역경원 인터넷 홈페이지 제공 〈불교사전〉, http://buddha.dongguk.edu/bs_list.aspx).

47) 圓▨大王: 이를 기왕의 판독에서와 같이 "圓覺大王"으로 읽는다면, 여기서의 '圓覺'은 "부처님들의 원만한 깨달음"을 말하는 것이 된다. 한편 '圓▨大王'에 대해서는 일찍이 '왕의 칭호'일 가능성이 이미 지적된 바 있으며(노태돈, 1992, p.146), 나아가 이를 불교 용어 '圓覺'에 '大王'이 붙은 사례로 보고 불교식 왕명으로 이해하는 견해도 제기된 바 있다(조경철, 2006, 「동아시아 불교식 왕호 비교: 4~8세기를 중심으로」, 『한국고대사연구』 43, p.21). 그러나 앞서 지적하였듯 두 번째 글자를 '覺'으로 판독하는 것에 대해서는 보다 면밀한 검토가 요망된다.

48) 表刹: 탑의 꼭대기에 솟아 세운 幢竿을 말한다(인용 출처: 동국역경원 인터넷 홈페이지 제공 〈불교사전〉, http://buddha.dongguk.edu/bs_list.aspx).

49) 箱輪: 여기서의 '箱輪'은 탑의 相輪, 즉 탑의 맨 꼭대기에 장식한 輪을 말하는 것으로 이해된다. 탑의 조영과 관련하여 탑의 '表刹'과 '相輪'에 대한 묘사는 일본 長穀寺의 「長穀寺銅板法華說相圖」 명문 중에 "樹以表刹 量如大針 上安相輪 如小棗葉或造佛像 下如積麦 此福無量"라는 구절에서 그 대략의 모습을 짐작할 수 있다. 이 경우 '大針과 같은 表刹'을 기

「長穀寺銅板法華說相圖」

도상 속 탑의 상부 구조물 확대 사진

시어 / 미륵을 뵙고(查覲) / 天族[51]을 함께 만나매 / 모든 생명(四生)[52]은 경사스러움을 입기를. / 이에 頌하여 가로되,

"성스러운 지혜는 진리에 계합하여 / 여러 중생들(群生)에게 오묘하게 부응한다. / 자태와 말씀으로 세상을 밝히시고 / ▨를 길러 道를 이루게 하시었다. / 미혹한 중생(迷衆)은 자취에 집착하여(着轍) / 生死의 몸(形)을 받았으매 / ▨神이 本性을 깨우치면(會性) / 곧 聖明에 오르리라."

▨和 3년 歲次 丙寅 2월 26일 ▨戌 朔에 기록하여 드러낸다(記首).

IV. 연구쟁점

1. 명문의 내용 구성

「신포시 절골터 금동판」의 내용 구성에 대한 기왕의 견해들을 살펴보면 먼저 명문의 내용을 대략 네 단락으로 구분하여 앞의 1~4행은 탑을 건조한 내력, 다음의 5~7행은 왕의 영혼에 대한 축원을 비는 문구, 8~10행은 頌詩, 11~12행은 작성 일시로 파악하는 견해가 있는가 하면,[53] 간단히 7행까지는 건탑의 목적, 그 다음의 4행은 頌, 마지막 두 줄은 작성일시로 구분하기도 한다.[54] 여기서는 명문의 내용을 총 다섯 단락으로 나누어 살펴보도록 한다.

축으로 하여 거기에 '小棗葉'이나 '造佛像' 모양의 相輪 장식을 얹혔다는 것으로 이해되는데, '신포시 절골터 금동판'이 부착되어 있던 탑의 상부 조영물 또한 이와 비슷한 형태가 아니었을까 추측된다.

50) 兜率天: Tusita-deva의 음사로 욕계 6천의 하나이다. 覩史多·闘瑟哆·兜率陀·兜術이라고도 쓰며, 上足·妙足·喜足·知足이라 번역한다. 須彌山의 꼭대기서 12萬 由旬 되는 곳에 있는 天界로서 7寶로 된 궁전이 있으며 한량없는 하늘 사람들이 살고 있다고 한다. 여기에는 내·외의 2院이 있는데, 外院은 天衆의 欲樂處이고, 內院은 미륵보살의 정토이다. 미륵은 이곳에 주재하면서 설법을 행하고 南贍部洲에 하생하여 성불할 시기를 기다리고 있다(인용 출처: 동국역경원 인터넷 홈페이지 제공 〈불교사전〉, http://buddha.dongguk.edu/bs_list.aspx)..

51) 天族: 이를 '天孫'으로 판독하고 天孫은 곧 고구려 왕실의 왕을 지칭하며, 구체적으로 앞서 죽은 先王들을 의미한다고 보기도 한다. 즉 고구려 왕실은 자신들을 天帝의 血孫으로 여겼으며, 따라서 죽은 후 천제가 사는 天上으로 올라간다고 여겼는데 이 명문에서는 그러한 天 관념이 불교의 도솔천 관념과 결합하여 나타난다는 것이다(노태돈, 1992, p.146). 여기서는 기왕의 판독과는 달리 이를 '天族'으로 읽었지만, 명문에 반영된 당대 고구려인의 '天' 관념에 대한 기왕의 이해는 타당하다고 여겨진다.

52) 四生: 산스크리트어(梵語) catasro-yonayah의 번역으로 생물이 태어나는 네 가지 형태, 즉 胎生·卵生·濕生·化生을 말한다(동국역경원 인터넷 홈페이지 제공 〈불교사전〉, http://buddha.dongguk.edu/bs_list.aspx). 여기서는 생명이 있는 모든 것들을 총칭하는 의미로 풀이하기도 한다(노태돈, 1992, p.146).

53) 金貞淑, 1991, p.25.

54) 노태돈, 1992, p.143.

1) 如來에 대한 讚頌(1~4행)

해석 : ⋯ ▨▨▨虹▨自川細 ⋯ 三輪은 세상에 드리우고 귀와 눈이 미치시는 바이다. 이로써 如來께서는 金河에서 圓敎를 제창하시어 ▨▨의 妙宅을 보이시고 闍維를 드러내시었다. ⋯ ▨▨▨▨▨ ⋯ 後代에 이르렀다.

∴ 이 부분은 如來에 대한 찬송으로 곧 부처가 金河에서 圓敎를 제창하시어 불법을 베푸셨으니 그것이 후대에까지 이르렀음을 서술한 구절이다.

2) 건탑의 배경(4~5행)

해석 : 이에 ▨▨慧朗이 圓▨大王을 받들기 위해 삼가 이 탑을 만들었으니 表刹과 5층의 탑과 相輪이 서로 어울린다.

∴ 건탑의 책임자로 여겨지는 ▨▨慧朗이 圓▨大王을 받들기 위해 이 탑을 만들었음을 밝히고 있다. 특히 '表刹과 5층의 탑과 相輪'이라는 부분을 통해 동판으로 작성된 탑지가 부착된 탑이 본래 5층이었으며, 그 상부에 表刹과 相輪으로 이루어진 조형물이 있었음을 알 수 있다.

3) 발원(6~7행)

해석 : 바라건대 왕의 神靈을 兜率天에 오르게 하시어 미륵을 뵙고 天族을 함께 만나매 모든 생명은 경사스러움을 입기를. 이에 頌하여 가로되,

∴ 건탑의 배경이 된 발원이 담긴 구절로 왕의 神靈이 兜率天에 올라 미륵의 설법을 받기를 기원하고 있다.

4) 頌詩(8~10행)

해석 : "성스러운 지혜는 진리에 계합하여 여러 중생들에게 오묘하게 부응한다. 자태와 말씀으로 세상을 밝히시고 ▨를 길러 道를 이루게 하시었다. 미혹한 중생은 자취에 집착하여 生死의 몸을 받았고 ▨神이 本性을 깨우치면 곧 聖明에 오르리라."

5) 제작 일시(11~12행)

해석 : ▨和 3년 歲次 丙寅 2월 26일 ▨戌 朔에 기록하여 드러낸다.

2. 「신포시 절골터 금동판」의 제작 연대

명문에 따르면 「신포시 절골터 금동판」의 제작 시기는 "▨和三年歲次丙寅二月廿六日▨戌朔"이라 한다. 여기서 '▨和'는 곧 해당 시대의 연호인데, 『도감』에서는 이를 '太和'로 추독하고 있다. 그러나 사진 상으로 보아 이 부분은 훼손 정도가 심해 판독이 불가능한 상태이다. 어쨌든 현재 '▨和'를 고구려 연호 보는 견해가 대세를 이루고 있는데, 보고에 따르면 유물이 발해 문화층에서 출토되었다고 하므로 발해의

연호일 가능성도 고려할 필요가 있다 본다. 따라서 먼저 이것이 발해의 연호일 가능성에 대해 검토하도록 한다.

기록에 따르면 발해는 2대 武王 大武藝 시대부터 연호를 사용하였음이 확인되는데, 『신당서』 발해전에 전하는 발해의 연호 가운데 '▨和'에 대응하는 연호는 발해 11대 왕 대이진의 치세(830~857) 기간에 사용된 '咸和'가 유일하다. 그러나 咸和 시기의 병인년은 846년으로 이는 咸和 17년에 해당된다. 따라서 咸和는 명문의 '▨和三年'에 대응하지 않는다. 그리고 발해의 12대 왕 大虔晃의 시대부터 멸망기까지, 즉 857년 이후로부터는 연호가 전하지 않는데, 그 이후로 丙寅년이 돌아오는 해는 906년이다. 그런데 906년은 14대 대위해 치세(895~906?·907?)의 말년으로서 이 역시 '▨和三年'에는 해당하지 않을 것으로 보인다. 따라서 명문의 '▨和' 연호는 발해의 연호일 가능성은 없다. 한편 '▨和'가 중국 왕조의 연호일 가능성도 고려해볼 수 있겠지만, 이미 선행 연구를 통해 확인되었듯 '和'로 끝나는 중국 왕조의 연호 중에 연호의 3년째가 丙寅年인 경우는 보이지 않는다.[55] '▨和'는 곧 고구려의 연호로 보는 것이 타당하다.

'▨和'라는 연호를 고구려의 연호로 인정하고 '▨和三年歲次丙寅'을 기준으로 그 해당 시기를 살펴보면 장수왕 14년(426), 장수왕 74년(486), 양원왕 2년(546), 영양왕 17년(606), 보장왕 25년(666년) 등이 고려의 대상이 된다. 일찍이 『도감』에서는 제작시기를 '太和 3년 丙寅年 2월 26일 초하루 甲戌日'로 판독하고 太和를 고구려의 독자적인 연호로 보아 546년 양원왕 2년의 자료로 비정한 바 있다.[56] 이후 이를 따라 동판의 제작 시기가 546년일 가능성이 높다고 보는 의견이 다시 몇 차례 제시된 바 있다.[57]

그런데 「永康七年銘 金銅光背」 명문의 '永康'을 고구려 양원왕대 연호로 보아 영강 7년(원년 545년)을 양원왕 7년인 551년에 비정하는 것이 유력한 견해임을 고려한다면, 금동판 명문의 '▨和'를 양원왕대의 연호로 보아 양원왕 2년인 546년으로 파악하는 데에 무리가 따르게 된다.[58] 또한 보통 새 왕의 즉위와 함께 연호의 개원이 이루어진다는 점에서 양원왕 즉위 2년에 명기된 연호가 '▨和 3년'이었다는 점도 이해하기 어렵다. 따라서 '▨和 3년'을 양원왕 2년인 546년에 비정하는 의견은 따르기 어려운 부분이 있다.

한편 「영강 7년명 금동광배」의 "願令亡者神昇兜率"이란 구절과 금동판의 "顧王神昇兜率"이란 구절이 모두 망자가 도솔천에 왕생하여 미륵을 만날 수 있기를 기원하는 것[59]으로서 거의 같은 형식의 문장 구조를 보이고 있다. 이러한 점은 두 유물이 도솔천에 대한 당시 고구려인들의 동일한 관념을 바탕으로 제작되었음을 추측케 하며 나아가 비슷한 시기 고구려의 미륵신앙에 의거하여 성립하였을 가능성도 고려할 수 있다. 즉 두 유물에 같은 문구가 보인다는 점을 통해 양자의 성립 시기가 비교적 가까울 것으로 생각되는 것이다.

따라서 동판의 '▨和 3년'은 546년에 한 갑자 앞뒤로 하여 장수왕 74년(486)과 영양왕 17년(606) 중에

---

55) 노태돈, 1992, p.144; 이도학, 1995, p.117; 2006, p.503.
56) 조선유적유물도감편찬위원회, 1990, p.281.
57) 이도학, 1995, p.125; 2006, p.511; 김상현, 2005, p.189.
58) 최연식, 2002, pp.237-238 각주 30)번.
59) 최연식, 2002, p.222.

비정이 가능할 듯하다. 한편 「서봉총 출토 은합우 명문」의 延壽 元年은 장수왕 재위 39년인 451년에 개원한 연호이다. 이를 통해 현재 확인되는 자료만으로도 장수왕대에 2개 이상의 연호가 사용되었음을 알 수 있다. 따라서 여기에 다시 '▨和'를 장수왕대의 연호로 비정하여 넣기에는 어려운 감이 있다. 그렇다면 남은 것은 영양왕 17년인 606년뿐이다. 즉 금동판에 보이는 '▨和'라는 연호는 영양왕대의 두 번째 연호로 영양왕 즉위 15년(604)에 개원한 연호일 가능성이 높다.

영양왕 15년 전후 시기의 고구려 대외 정세를 살피면 당시 고구려는 수와의 한 차례 군사적 충돌을 거치면서 긴장감이 최고조에 달했던 시점이었으며 백제·신라와도 지속적으로 군사적 갈등을 이어가고 있던 상황이었다. 이와 더불어 당시 고구려 왕권은 이러한 대외적 위기 속에서 영양왕 11년 『新集』을 편찬하는 등 왕권의 위상을 재고하면서 내부 단속을 꾀하였던 시점이다. 이러한 점들을 고려할 때 수와의 정면 대결을 앞두고 있던 영양왕 15년 무렵은 개원 시기로 보아 적절한 시점으로 판단된다. 따라서 현재로서는 금동명문판에 보이는 '▨和'를 영양왕 시대 고구려의 두 번째 연호로 비정하는 것이 어떨까 한다.

3. 建塔의 목적과 '圓▨大王'

다음으로 동판의 명문을 통해 탑을 세우고 동판을 제작한 목적을 살펴보도록 하자. 일단 명문의 '바라건대 왕의 神靈을 兜率天에 오르게 하시어 미륵을 뵙고 天族을 함께 만나매 모든 생명은 경사스러움을 입기를'이라는 구절에서 보듯 이는 돌아가신 先王의 영령이 도솔천에 올라 미륵을 뵙고 天族이 함께 만나기를 발원하기 위한 목적에서 제작되었다고 할 수 있다.

발원의 대상이 되는 先王에 대해서는 곧 명문에 보이는 '圓▨大王'과 일치시키는 의견도 제기된 바 있다. 이러한 견해는 '圓▨大王'을 圓覺大王으로 읽어 "慧朗이 圓覺大王을 받들기 위해 삼가 이 탑을 만들었다"는 구절에 주목하여 발원의 대상이 되는 先王이 곧 圓覺大王이었으며, 여기서 圓覺大王은 고구려의 불교식 왕호로서 주목된다는 것이다.[60] 그러나 앞서 판독 과정에서 살펴보았듯 圓覺大王에서의 '覺'자에 대한 판독은 확단하기 어려운 상태이며, 또 '圓覺大王'이라는 판독을 그대로 따르는 입장에서도 이를 "부처"로 풀이하기도 한다.[61] 따라서 여기서의 '圓覺大王'을 곧 발원의 대상이 되는 先王과 일치시켜 이해하는 데에는 조금 더 면밀한 검토가 필요해 보인다.

'圓覺大王'에 대한 해석을 떠나 발원의 대상이 되는 先王을 어느 왕에 비정해야 하는지에 대해서도 해결이 쉽지 않다는 점도 문제다. 앞서 '▨和 3년'을 546년에 비정한 의견 중에는 동판 제작과 建塔이 545년 12월 24일 내란 중에 사망한 안원왕을 추모하고자 하는 목적으로 546년 2월 26일에 조영되었을 것으로 보기도 한다.[62] 그러나 이렇게 볼 경우 명문의 '▨和 3년'이란 연호와 시기가 문제가 된다. 이 견해는 踰年稱元法에 기준하여 기록된 『삼국사기』 고구려본기의 광개토왕 즉위년(392년)을 「광개토왕릉비문」에서 확

---

60) 조경철, 2006, p.21.
61) 김상현, 2005, p.188.
62) 이도학, 1995, p.125; 2006, p.511; 김상현, 2005, p.189.

인되는 391년에 맞추어 1년 끌어올린 다음 4세기 중반 이후 고구려 모든 왕들의 즉위년도 1년씩 끌어올려 보는데 바탕을 두고 있다. 따라서 양원왕의 즉위년도 『삼국사기』의 545년보다 1년 앞선 544년으로 보아 '▨和 3년'을 양원왕 3년인 546년으로 비정하였던 것이다. 그런데 이렇게 볼 경우 545년 12월 내란 중에 안원왕이 죽고 양원왕이 즉위했다는 주장은 성립할 수 없게 된다. 위의 논리대로라면 안원왕이 돌아간 545년은 이미 양원왕이 왕위에 재위하고 있던 때이기 때문이다. 즉 탑이 조영되고 금동명문판이 제작된 시기인 '▨和 3년'을 고려하자면 새로 즉위한 양원왕이 안원왕 대의 연호인 '▨和'를 그대로 이어 썼다고 보지 않는 이상 이 명문이 '작년에 돌아간 왕을 추모'하기 위해 작성되었다고 보기는 어렵다.

그러나 앞서 살펴본 대로 금동판의 제작 시기를 영양왕 즉위 15년(604)에 비정한다고 해도 문제는 마찬가지이다. 이 금동판이 영양왕대에 제작된 것이라면 발원의 대상이 되는 그 先王은 평원왕이 될 가능성이 높은데, 영양왕이 즉위한지 15년이 지난 시점에 와서 왜 갑자기 先王의 영령을 위해 탑을 세웠는지 알기 어렵다. 또한 이 동판이 평양이 아닌 중앙과는 멀리 떨어진 함경남도 신포시 부근의 절골터에서 발견되었다는 점도 의아한 점이 있다. 이러한 점들은 앞으로도 계속 고민해보아야 할 문제로 두고자 한다.

투고일: 2015. 4. 17.　　　심사개시일: 2015. 4. 21.　　　심사완료일: 2015. 5. 11.

참/고/문/헌

1) 보고서 및 자료집

조선유적유물도감편찬위원회 1990, 『조선유적유물도감』 4.

국립중앙박물관, 2006, 『북녘의 문화유산』.

2) 논저류

김상현, 2005, 「고구려의 미륵신앙」, 『고구려 문화의 역사적 의의』, 고구려연구재단.

김정숙, 1991, 「高句麗 銘文入金銅板의 紹介」, 『한국고대사연구회회보』 23.

노태돈, 1992, 「新浦市 절골터 金銅銘文板」, 『譯註 韓國古代金石文(Ⅰ)』, 駕洛國史蹟開發研究院.

박진욱, 1989, 「최근년간 우리 나라 동해안일대에서 발굴된 발해유적들과 그 성격에 대하여」, 『연변대학 조선학국제학술토론회 론문집』.

이도학, 1995, 「新浦市 寺址 출토 고구려 金銅版 銘文의 검토」, 『민족학연구』 1 ; 2006, 「新浦市 寺址 出土 高句麗 金銅版 銘文의 檢討」, 『고구려 광개토왕비문 연구』, 서경.

주수완, 2011, 「삼국시대 年號銘 金銅佛像의 제작연대에 관한 연구」, 『한국사학보』 44.

최연식, 2002, 「삼국시대 미륵신앙과 내세의식」, 『강좌 한국고대사』 8, 가락국사적개발연구원.

〈日文要約〉

新浦市寺谷金銅板銘文の檢討

李丞鎬

　「新浦市寺谷金銅板」は、1988年に咸鏡南道新浦市寺谷遺跡から出土された。この高句麗金銅板の銘文の研究は『朝鮮遺跡遺物図鑑』卷四に写真と釈文を掲げながら本格的にはじまった。また近来に出版された『북녘의 문화유산』に金銅板の鮮明な写真が新たに提示され、より良い条件になった。本稿はこうしたの成果に負う所が大きい。

　本稿には銘文を新たに判読し金銅板の遺物としての性格を体系的に把握する試みをした。解析の結果を要するに、「新浦市寺谷金銅板」は、先王の英霊が兜率天に登って弥勒を参拝できるように祈願するために製作した塔に付着したのである。この塔誌の製作時期は高句麗の嬰陽王15年(604)である可能性が高いと思う。すなわちこの遺物は7世紀初の高句麗支配層の弥勒信仰と來世意識の一面を知ることのできる事例として重要な価値がある。

▶ キーワード : 新浦市寺谷金銅板, 彌勒信仰, 永康七年銘 金銅光背, 嬰陽王

휘/보

학회소식, 정기발표회, 신년휘호, 자료교환

학회소식, 정기발표회, 신년휘호, 자료교환

1. 학회소식

1) 제21차 운영회의

* 일시 및 장소 : 2015년 1월 8일 국립중앙박물관
* 신구임원 인사
* 정기발표회 및 하계워크샵 주제 논의

2) 제22차 운영회의

* 일시 및 장소 : 2015년 4월 25일 국립중앙박물관 나무
* 하계워크샵 및 학술대회 주제 논의
* 『木簡과 文字』 등재후보지 심사서 제출

3) 제9회 정기총회

* 일시 및 장소 : 2015년 1월 8일 국립중앙박물관 제1강의실
* 5기 임원 소개
* 2015년 연간계획 수립

4) 한국고대문자자료 연구모임

(1) 월례발표회

* 주제 : 한국고대문자자료 역주
* 일시 : 매월 4째주 토요일
* 장소 : 성균관대 600주년 기념관 동아시아학술원 408호
* 주최 : 한국목간학회 · 동아시아학술원 인문한국(HK)연구소

■ 제17회 월례발표(2015년 2월 10일)

발표자 : 박지현(서울대학교 국사학과)

주　제 : 고자묘지명 검토

발표자 : 최상기(서울대학교 국사학과)

주　제 : 고족유묘지명 검토

발표자 : 안정준(연세대학교 사학과)

주　제 : 「豆善富 墓誌銘」의 판독과 해석

발표자 : 이승호(동국대학교 사학과)

주　제 : 신포시 절골터 금동판 명문 검토

■ 제18회 월례발표(2015년 3월 28일)

발표자 : 기경량(서울대학교 국사학과)

주　제 : 평양성 각자성석 검토

■ 제19회 월례발표(2015년 5월 30일)

발표자 : 안정준(연세대학교 사학과)

주　제 : 「李他仁 墓誌銘」의 판독과 역주 검토 – 새로 발견된 탁본 자료를 중심으로–

발표자 : 이규호(동국대학교 사학과)

주　제 : 안악군·은률군 출토 문자자료의 이해

발표자 : 김근식(동국대학교 사학과)

주　제 : 고구려 벽화고분 묵서에 대한 이해

■ 제20회 월례발표(2015년 5월 30일)

발표자 : 장병진(연세대학교 사학과)

주　제 : 천남산 묘지명 검토

2. 정기발표회

1) 제21회 정기발표회

* 일시 : 2015년 1월 8일(목) 오후 1:30 ~ 6:00
* 장소 : 국립중앙박물관 제1강의실
* 주최 : 한국목간학회·국립중앙박물관 고고역사부
* 연구발표 – 사회 : 이병호 (국립중앙박물관)

  이주헌 (국립가야문화재연구소), 함안 성산산성 부엽층과 출토 유물의 검토

  양석진 (국립가야문화재연구소), 함안 성산산성 출토 목간의 신자료 소개

  이현숙 (공주대학교 박물관), 공산성 신출토 문자자료

  김근식 (동국대학교), 고구려 '王'자문 벽화고분의 편년과 형성배경

2) 제22회 정기발표회

* 일시 : 2015년 4월 25일(토) 오후 1:00~6:00
* 장소 : 국립중앙박물관 제1강의실
* 주최 : 한국목간학회·국립중앙박물관 고고역사부

《1부》 13:00~14:20

* 개회사 : 주보돈 (한국목간학회 회장)
* 한일목간학회 교류협정서 조인식
* 특별강연

  舘野和己(日本木簡學會長) : 日本における木簡研究の始まりと現状

  (통역 : 고미야 히데타카(계명대))

《2부》 14:40~18:00

* 연구발표 – 사회 : 최연식 (동국대학교 사학과)

  류환성 (서라벌문화재연구소), 경주출토 고려시대 '院'명 명문기와의 검토

  이순태 (원광대대학원), 쌍계사진감선사대공탑비 서풍 연구

  권인한 (성균관대학교), 古代 東아시아의 合文에 대한 一考察

  윤상덕 (국립중앙박물관), 성산산성 유물의 시기 재검토

3. 신년휘호

* 2015년 1월 8일 국립중앙박물관 제1강의실
* 小山 박대성

4. 자료교환

日本木簡學會와의 資料交換

* 日本木簡學會『木簡研究』37号(2015년 3월)
* 韓國木簡學會『木簡과 文字』13호 일본 발송 (2015년 3월)

부/록

학회 회칙, 간행예규, 연구윤리규정

학회 회칙

제 1 장 총칙

제 1 조 (명칭)　　본회는 한국목간학회(韓國木簡學會, The Korean Society for the Study of Wooden Documents)라 한다.

제 2 조 (목적)　　본회는 목간을 비롯한 금석문, 고문서 등 문자자료와 기타 문자유물을 중심으로 한 연구 및 학술조사를 통하여 한국의 목간학 발전에 이바지함을 목적으로 한다.

제 3 조 (사업)　　본회는 목적에 부합하는 다음의 사업을 한다.
　1. 연구발표회
　2. 학보 및 기타 간행물 발간
　3. 유적·유물의 답사 및 조사 연구
　4. 국내외 여러 학회들과의 공동 학술연구 및 교류
　5. 기타 위의 각 사항의 사업을 수행하기 위해 필요한 사업

제 4 조 (회원의 구분과 자격)
　① 본회의 회원은 본회의 목적에 동의하여 회비를 납부하는 개인 또는 기관으로서 연구회원, 일반회원 및 학생회원으로 구분하며, 따로 명예회원, 특별회원을 둘 수 있다.
　② 연구회원은 평의원 2인 이상의 추천을 받아 평의원회에서 심의, 인준한다.
　③ 일반회원은 연구회원과 학생회원이 아닌 사람과 기관 및 단체로 한다.
　④ 학생회원은 대학생과 대학원생으로 한다.
　⑤ 명예회원은 본회의 발전에 크게 기여한 회원 또는 개인 중에서 운영위원회에서 추천하여 평의원회에서 인준을 받은 사람으로 한다.
　⑥ 특별회원은 본회의 활동과 운영에 크게 기여한 개인 또는 기관 중에서 운영위원회에서 추천하여 평의원회에서 인준을 받은 사람으로 한다.

제 5 조 (회원징계)   회원으로서 본회의 명예를 손상시키거나 회칙을 준수하지 않았을 경우 평의원회의 심의와 총회의 의결에 따라 자격정지, 제명 등의 징계를 할 수 있다.

제 2 장 조직 및 기능

제 6 조 (조직)   본회는 총회·평의원회·운영위원회·편집위원회를 두며, 필요한 경우 별도의 위원회를 구성할 수 있다.

제 7 조 (총회)
    ① 총회는 정기총회와 임시총회로 나누며, 정기총회는 2년에 1회 정기적으로 개최하고 임시총회는 필요한 때에 소집할 수 있다.
    ② 총회는 회장이나 평의원회의 의결로 소집한다.
    ③ 총회는 평의원회에서 심의한 학회의 회칙, 운영예규의 개정 및 사업과 재정 등에 관한 보고를 받고 이를 의결한다.
    ④ 총회는 평의원회에서 추천한 회장, 평의원, 감사를 인준한다. 단 회장의 인준이 거부되었을 때는 평의원회에서 재추천하도록 결정하거나 총회에서 직접 선출한다.

제 8 조 (평의원회)
    ① 평의원은 연구회원 중 평의원회의 추천을 받아 총회에서 인준한 자로 한다.
    ② 평의원회는 회장을 포함한 평의원으로 구성한다.
    ③ 평의원회는 회장 또는 평의원 4분의 1 이상의 요구로써 소집한다.
    ④ 평의원회는 아래의 사항을 추천, 심의, 의결한다.
        1. 회장, 평의원, 감사, 편집위원의 추천
        2. 회칙개정안, 운영예규의 심의
        3. 학회의 재정과 사업수행의 심의
        4. 연구회원, 명예회원, 특별회원의 인준
        5. 회원의 자격정지, 제명 등의 징계를 심의

제 9 조 (운영위원회)
    ① 운영위원회는 회장과 회장이 지명하는 부회장, 총무·연구·편집·섭외이사 등 15명 내외로 구성하고, 실무를 담당할 간사를 둔다.
    ② 운영위원회는 평의원회에서 심의·의결한 사항을 집행하며, 학회의 제반 운영업무를 담당한다.
    ③ 부회장은 회장을 도와 학회의 업무를 총괄 지원하며, 회장 유고시에는 회장의 권한을 대행한다.

④ 총무이사는 학회의 통상 업무를 담당, 집행한다.

⑤ 연구이사는 연구발표회 및 각종 학술대회의 기획을 전담한다.

⑥ 편집이사는 편집위원을 겸하며, 학보 및 기타 간행물의 출간을 전담한다.

⑦ 섭외이사는 학술조사를 위해 자료소장기관과의 섭외업무를 전담한다.

제 10 조 (편집위원회) 편집위원회는 학보 발간 및 기타 간행물의 출간에 관한 제반사항을 담당하며, 그 구성은 따로 본회의 운영예규에 정한다.

제 11 조 (기타 위원회) 기타 위원회의 구성과 활동은 회장이 결정하며, 그 내용을 평의원회에 보고한다.

제 12 조 (임원)

① 회장은 본회를 대표하고 총회와 각급회의를 주재하며, 임기는 2년으로 한다.

② 평의원은 제 8 조의 사항을 담임하며, 임기는 종신으로 한다.

③ 감사는 평의원회에 출석하고, 본회의 업무 및 재정을 감사하여 총회에 보고하며, 그 임기는 2년으로 한다.

④ 임원의 임기는 1월 1일부터 시작한다.

⑤ 임원이 유고로 업무를 수행할 수 없게 된 때에는 평의원회에서 보궐 임원을 선출하고 다음 총회에서 인준을 받으며, 그 임기는 전임자의 잔여임기가 1년 미만인 경우는 잔여임기에 규정임기 2년을 더한 기간으로 하고, 잔여임기가 1년 이상인 경우는 잔여기간으로 한다.

제 13 조 (의결)

① 총회에서의 인준과 의결은 출석 회원의 과반수로 한다.

② 평의원회는 평의원 4분의 1 이상의 출석으로 성립하며, 의결은 출석한 평의원 과반수의 찬성으로 한다.

제 3 장 출판물의 발간

제 14 조 (출판물)

① 본회는 매년 6월 30일과 12월 31일에 학보를 발간하고, 그 명칭은 "목간과 문자"(한문 "木簡과 文字", 영문 "Wooden documents and Inscriptions Studies")로 한다.

② 본회는 학보 이외에 본회의 목적에 부합하는 출판물을 발간할 수 있다.

③ 본회가 발간하는 학보를 포함한 모든 출판물의 저작권은 본 학회에 속한다.

제 15 조 (학보 게재 논문 등의 선정과 심사)

　① 학보에는 회원의 논문 및 본회의 목적에 부합하는 주제의 글을 게재함을 원칙으로 한다.

　② 논문 등 학보 게재물은 편집위원회에서 선정한다.

　③ 논문 등 학보 게재물의 선정 기준과 절차는 따로 본회의 운영예규에 정한다.

제 4 장　재정

제 16 조 (재원)　　본회의 재원은 회비 및 기타 수입으로 한다.

제 17 조 (회계연도)　　본회의 회계연도 기준일은 1월 1일로 한다.

제 5 장　기타

제 18 조 (운영예규)　　본 회칙에 명시하지 않은 운영에 필요한 사항은 따로 운영예규에 정한다.

제 19 조 (기타사항)　　본 회칙에 규정되지 않은 사항은 일반관례에 따른다

부칙

1. 본 회칙은 2007년 1월 9일부터 시행한다.

2. 본 회칙은 2009년 1월 9일부터 시행한다.

3. 본 회칙은 2012년 1월 18일부터 시행한다.

편집위원회에 관한 규정

제 1 장 총칙

제 1 조 (명칭)　　본 규정은 '편집위원회에 관한 규정'이라 한다.

제 2 조 (목적)　　본 규정은 한국목간학회 편집위원회의 조직 및 편집 활동 전반에 관한 세부 사항을 규정하는 것을 목적으로 한다.

제 2 장 조직 및 권한

제 3 조 (구성)　　편집위원회는 회칙에 따라 구성한다.

제 4 조 (편집위원의 임명)　　편집위원은 세부 전공 분야 및 연구 업적을 감안하여 평의원회에서 추천하며, 회장이 임명한다.

제 5 조 (편집위원장의 선출)　　편집위원장은 편집위원 전원의 무기명 비밀투표 방식으로 편집위원 중에서 선출한다.

제 6 조 (편집위원장의 권한)　　편집위원장은 편집회의의 의장이 되며, 학회지의 편집 및 출판 활동 전반에 대하여 권한을 갖는다.

제 7 조 (편집위원의 자격)　　편집위원은 다음과 같은 조건을 갖춘자로 한다.
1. 박사학위를 소지한 자.
2. 대학의 전임교수로서 5년 이상의 경력을 갖추었거나, 이와 동등한 연구 경력을 갖춘자.
3. 역사학·고고학·보존과학·국어학 또는 이와 관련된 분야에서 연구 업적이 뛰어나고 학계의 명망과 인격을 두루 갖춘자.

4. 다른 학회의 임원이나 편집위원으로 과다하게 중복되지 않은 자.

제 8 조 (편집위원의 임기)　편집위원의 임기는 2년으로 하되, 연임할 수 있다.

제 9 조 (편집자문위원)　학회지 및 기타 간행물의 편집 및 출판 활동과 관련하여 필요시 국내외의 편집자문위원을 둘 수 있다.

제 10 조 (편집간사)　학회지를 비롯한 제반 출판 활동 업무를 원활히 하기 위하여 편집간사 약간 명을 둘 수 있다.

제 3 장　임무와 활동

제 11 조 (편집위원회의 임무와 활동)　편집위원회의 임무와 활동 내용은 다음과 같다.
　1. 학회지의 간행과 관련된 제반 업무.
　2. 학술 단행본의 발행과 관련된 제반 업무.
　3. 기타 편집 및 발행과 관련된 제반 활동.

제 12 조 (편집간사의 임무)　편집간사는 편집위원회의 업무와 활동을 보조하며, 편집과 관련된 회계의 실무를 담당한다.

제 13 조 (학회지의 발간일)　학회지는 1년에 2회 발행하며, 그 발행일자는 6월 30일과 12월 31일로 한다.

제 4 장　편집회의

제 14 조 (편집회의의 소집)　편집회의는 편집위원장이 수시로 소집하되, 필요한 경우에는 3인 이상의 편집위원이 발의하여 회장의 동의를 얻어 편집회의를 소집할 수 있다. 또한 심사위원의 추천 및 선정 등에 필요한 경우에는 전자우편을 통한 의견 수렴으로 편집회의를 대신할 수 있다.

제 15 조 (편집회의의 성립)　편집회의는 편집위원장을 포함한 편집위원 과반수의 출석으로 성립된다.

제 16 조 (편집회의의 의결)　편집회의의 제반 안건은 출석 위원 과반수의 찬성으로 의결하되, 찬반 동수인 경우에는 편집위원장이 결정한다.

제 17 조 (편집회의의 의장) 편집위원장은 편집회의의 의장이 된다. 편집위원장이 참석하지 아니한 경우에는 편집위원 중의 연장자가 의장이 된다.

제 18 조 (편집회의의 활동) 편집회의는 학회지의 발행, 논문의 심사 및 편집, 기타 제반 출판과 관련된 사항에 대하여 논의하고 결정한다.

부칙
제1조 이 규정은 운영위원회의 의결을 거쳐 2007년 11월 24일부터 시행한다.
제2조 이 규정은 운영위원회의 의결을 거쳐 2009년 1월 9일부터 시행한다.
제3조 이 규정은 운영위원회의 의결을 거쳐 2012년 1월 18일부터 시행한다.

학회지 논문의 투고와 심사에 관한 규정

제 1 장 총칙

제 1 조 (명칭)   본 규정은 '학회지 논문의 투고와 심사에 관한 규정'이라 한다.

제 2 조 (목적)   본 규정은 한국목간학회의 학회지인 『목간과 문자』에 수록할 논문의 투고와 심사에 관한 절차를 정하고 관련 업무를 명시함에 목적을 둔다.

제 2 장 원고의 투고

제 3 조 (투고 자격)   논문의 투고 자격은 회칙에 따르되, 당해 연도 회비를 납부한 자에 한한다.

제 4 조 (투고의 조건)   본 학회에서 발표한 논문에 한하여 투고하는 것을 원칙으로 한다.

제 5 조 (원고의 분량)   원고의 분량은 학회지에 인쇄된 것을 기준으로 각종의 자료를 포함하여 30면 내외로 하되, 자료의 영인을 붙이는 경우에는 면수 계산에서 제외한다.

제 6 조 (원고의 작성 방식)   원고의 작성 방식과 요령 등에 관하여는 별도의 내규를 정하여 시행한다.

제 7 조 (원고의 언어)   원고는 한국어로 작성함을 원칙으로 하되, 외국어로 작성된 원고의 게재 여부는 편집회의에서 정한다.

제 8 조 (제목과 필자명)   논문 제목과 필자명은 영문으로 附記하여야 한다.

제 9 조 (국문초록과 핵심어)   논문을 투고할 때에는 국문과 외국어로 된 초록과 핵심어를 덧붙여야 한다. 요약문과 핵심어의 작성 요령은 다음과 같다.

1. 국문초록은 논문의 내용과 논지를 잘 간추려 작성하되, 외국어 요약문은 영어, 중국어, 일어 중의 하나로 작성한다.
2. 국문초록의 분량은 200자 원고지 5매 내외로 한다.
3. 핵심어는 논문의 주제 및 내용을 대표할 만한 단어를 뽑아서 요약문 뒤에 행을 바꾸어 제시한다.

제 10 조 (논문의 주제 및 내용 조건)　논문의 주제 및 내용은 다음에 부합하여야 한다.
1. 국내외의 출토 문자 자료에 대한 연구 논문
2. 국내외의 출토 문자 자료에 대한 소개 또는 보고 논문
3. 국내외의 출토 문자 자료에 대한 역주 또는 서평 논문

제 11 조 (논문의 제출처)　심사용 논문은 편집이사에게 제출한다.

제 3 장　원고의 심사

제 1 절 : 심사자

제 12 조 (심사자의 자격)　심사자는 논문의 주제 및 내용과 관련된 분야에서 박사학위를 소지한 자를 원칙으로 하되, 본 학회의 회원 가입 여부에 구애받지 아니한다.

제 13 조 (심사자의 수)　심사자는 논문 한 편당 3인 이상 5인 이내로 한다.

제 14 조 (심사 의뢰)　편집위원장은 편집회의에서 추천·의결한 바에 따라 심사자를 선정하여 심사를 의뢰하도록 한다. 편집회의에서의 심사자 추천은 2배수로 하고, 편집회의의 의결을 거쳐 선정한다.

제 15 조 (심사자에 대한 이의)　편집위원장은 심사자 위촉 사항에 대하여 대외비로 회장에게 보고하며, 회장은 편집위원장에게 이의를 제기할 수 있다. 심사자 위촉에 대한 이의에 대하여는 편집회의를 거쳐 편집위원장이 심사자를 변경할 수 있다. 다만, 편집회의 결과 원래의 위촉자가 재선정되었을 경우 편집위원장은 회장에게 그 사실을 구두로 통지하며, 통지된 사항에 대하여 회장은 이의를 제기할 수 없다.

제 2 절 : 익명성과 비밀 유지

제 16 조 (익명성과 비밀 유지 조건)　심사용 원고는 반드시 익명으로 하며, 심사에 관한 제반 사항은 편집위원장 책임하에 반드시 대외비로 하여야 한다.

제 17 조 (익명성과 비밀 유지 조건의 위배에 대한 조치) 위 제16조의 조건을 위배함으로 인해 심사자에게 중대한 피해를 입혔을 경우에는 편집위원 3인 이상의 발의로써 편집위원장의 동의 없이도 편집회의를 소집할 수 있으며, 다음 각 호에 따라 위배한 자에 따라 사안별로 조치한다. 또한 해당 심사자에게는 편집위원장 명의로 지체없이 사과문을 심사자에게 등기 우송하여야 한다. 편집위원장 명의를 사용하지 못할 경우에는 편집위원 전원이 연명하여 사과문을 등기 우송하여야 한다. 익명성과 비밀 유지 조건에 대한 위배 사실이 학회의 명예를 손상한 경우에는 편집위원 3인의 발의만으로써도 해당 편집위원장 및 편집위원에 대한 징계를 회장에게 요청할 수 있으며, 이 경우 그 처리 결과를 학회지에 공지하여야 한다.

　　1. 편집위원장이 위배한 경우에는 편집위원장을 교체한다.
　　2. 편집위원이 위배한 경우에는 편집위원직을 박탈한다.
　　3. 임원을 겸한 편집위원의 경우에는 회장에게 교체하도록 요청한다.
　　4. 편집간사 또는 편집보조가 위배한 경우에는 편집위원장이 당사자를 해임한다.

제 18 조 (편집위원의 논문에 대한 심사) 편집위원이 투고한 논문을 심사할 때에는 해당 편집위원을 궐석시킨 후에 심사자를 선정하여야 하며, 회장에게도 심사자의 신원을 밝히지 않는 것을 원칙으로 한다.

제 3 절 : 심사 절차

제 19 조 (논문심사서의 구성 요건) 논문심사서에는 '심사 소견', 그리고 '수정 및 지적사항'을 적는 난이 포함되어야 한다.

제 20 조 (심사 소견과 영역별 평가) 심사자는 심사 논문에 대하여 영역별 평가를 감안하여 종합판정을 한다. 심사 소견에는 영역별 평가와 종합판정에 대한 근거 및 의견을 총괄적으로 기술함을 원칙으로 한다.

제 21 조 (수정 및 지적사항) '수정 및 지적사항'란에는 심사용 논문의 면수 및 수정 내용 등을 구체적으로 지시하여야 한다.

제 22 조 (심사 결과의 전달) 편집간사는 편집위원장의 지시를 받아 투고자에게 심사자의 논문심사서와 심사용 논문을 전자우편 또는 일반우편으로 전달하되, 심사자의 신원이 드러나지 않도록 각별히 유의하여야 한다. 논문 심사서 중 심사자의 인적 사항은 편집회의에서도 공개하지 않는다.

제 23 조 (수정된 원고의 접수) 투고자는 논문심사서를 수령한 후 소정 기일 내에 원고를 수정하여 편집위원장에게 송부하여야 한다. 기한을 넘겨 접수된 수정 원고는 학회지의 다음 호에 접수된 투고 논

문과 동일한 심사 절차를 밟되, 논문심사료는 부과하지 않는다.

제 4 절 : 심사의 기준과 게재 여부 결정

제 24 조 (심사 결과의 종류)   심사 결과는 '종합판정'과 '영역별 평가'로 나누어 시행한다.

제 25 조 (종합판정과 등급)   종합판정은 ①게재 가, ②수정후 재심사, ③게재 불가 중의 하나로 한다.

제 26 조 (영역별 평가)   영역별 평가 기준은 다음과 같다.
   1. 학계에의 기여도
   2. 연구 내용 및 방법론의 참신성
   3. 논지 전개의 타당성
   4. 논문 구성의 완결성
   5. 문장 표현의 정확성

제 27 조 (게재 여부의 결정 기준)   심사용 논문의 학회지 게재 여부는 심사자의 종합판정에 의거하여 이들을 합산하여 시행한다. 게재 여부의 결정은 최종 수정된 원고를 대상으로 한다.

제 28 조 (게재 여부 결정의 조건)   게재 여부 결정의 조건은 다음과 같다.
   1. 심사자의 2분의 1 이상이 위 제25조의 '①게재 가'로 판정한 경우에는 게재한다.
   2. 심사자의 2분의 1 이상이 위 제25조의 '③게재 불가'로 판정한 경우에는 게재를 불허한다.

제 29 조 (게재 여부에 대한 논의)   위 제28조의 경우가 아닌 논문에 대하여는 편집회의의 토의를 거친 후에 게재 여부를 확정하되, 이 때에는 영역별 평가를 참조한다.

제 30 조 (논문 게재 여부의 통보)   편집위원장은 논문 게재 여부에 대한 최종 확정 결과를 투고자에게 통보하여야 한다.

제 5 절 : 이의 신청

제 31 조 (이의 신청)   투고자는 심사와 논문 게재 여부에 대하여 이의를 신청할 수 있다. 이 때에는 200자 원고지 5매 내외의 이의신청서를 작성하여 심사 결과 통보일 15일 이내에 편집위원장에게 송부하여야 하며, 편집위원장은 이의 신청 접수일로부터 15일 이내에 이에 대한 처리 절차를 완료하여야 한다.

제 32 조 (이의 신청의 처리)　이의 신청을 한 투고자의 논문에 대해서는 편집회의에서 토의를 거쳐 이의 신청의 수락 여부를 의결한다. 수락한 이의 신청에 대한 조치 방법은 편집회의에서 결정한다.

제 4 장　게재 논문의 사후 심사 및 조치

제 1 절 : 게재 논문의 사후 심사

제 33 조 (사후 심사)　학회지에 게재된 논문에 대하여는 사후 심사를 할 수 있다.

제 34 조 (사후 심사 요건)　사후 심사는 편집위원회의 자체 판단 또는 접수된 사후심사요청서의 검토 결과, 대상 논문이 그 논문이 수록된 본 학회지 발행일자 이전의 간행물 또는 타인의 저작권에 귀속시킬 만한 연구 내용을 현저한 정도로 표절 또는 중복 게재한 것으로 의심되는 경우에 한한다.

제 35 조 (사후심사요청서의 접수)　게재 논문의 표절 또는 중복 게재와 관련하여 사후 심사를 요청하는 사후심사요청서를 편집위원장 또는 편집위원회에 접수할 수 있다. 이 경우 사후심사요청서는 밀봉하고 겉봉에 '사후심사요청'임을 명기하되, 발신자의 신원을 겉봉에 노출시키지 않음을 원칙으로 한다.

제 36 조 (사후심사요청서의 개봉)　사후심사요청서는 편집위원장 또는 편집위원장이 위촉한 편집위원이 개봉한다.

제 37 조 (사후심사요청서의 요건)　사후심사요청서는 표절 또는 중복 게재로 의심되는 내용을 구체적으로 밝혀야 한다.

제 2 절 : 사후 심사의 절차와 방법

제 38 조 (사후 심사를 위한 편집위원회 소집)　게재 논문의 표절 또는 중복 게재에 관한 사실 여부를 심의하고 사후 심사자의 선정을 비롯한 제반 사항을 의결하기 위해 편집위원장은 편집위원회를 소집할 수 있다.

제 39 조 (질의서의 우송)　편집위원회의 심의 결과 표절이나 중복 게재의 개연성이 있다고 판단된 논문에 대해서는 그 진위 여부에 대해 편집위원장 명의로 해당 논문의 필자에게 질의서를 우송한다.

제 40 조 (답변서의 제출)　위 제39조의 질의서에 대해 해당 논문 필자는 질의서 수령 후 30일 이내

편집위원장 또는 편집위원회에 답변서를 제출하여야 한다. 이 기한 내에 답변서가 없을 경우엔 질의서의 내용을 인정한 것으로 판단한다.

제 3 절 : 사후 심사 결과의 조치

제 41 조 (사후 심사 확정을 위한 편집위원회 소집) 편집위원장은 답변서를 접수한 날 또는 마감 기한으로부터 15일 이내에 사후 심사 결과를 확정하기 위한 편집위원회를 소집한다.

제 42 조 (심사 결과의 통보) 편집위원장은 편집위원회에서 확정한 사후 심사 결과를 7일 이내에 사후 심사를 요청한 이 및 관련 당사자에게 통보하여야 한다.

제 43 조 (표절 및 중복 게재에 대한 조치) 편집위원회에서 표절 또는 중복 게재로 확정된 경우에는 회장에게 지체 없이 보고하고, 회장은 운영위원회를 소집하여 다음 각 호와 같은 조치를 집행할 수 있다.
   1. 차호 학회지에 그 사실 관계 및 조치 사항들을 기록한다.
   2. 학회지 전자판에서 해당 논문을 삭제하고, 학회논문임을 취소한다.
   3. 해당 논문 필자에 대하여 제명 조치하고, 향후 5년간 재입회할 수 없도록 한다.
   4. 관련 사실을 한국연구재단에 보고한다.

제 4 절 : 제보자의 보호

제 44 조 (제보자의 보호) 표절 및 중복 게재에 관한 이의 및 논의를 제기하거나 사후 심사를 요청한 사람에 대해서는 신원을 절대적으로 밝히지 않고 익명성을 보장하여야 한다.

제 45 조 (제보자 보호 규정의 위배에 대한 조치) 위 제44조의 규정을 위배한 이에 대한 조치는 위 제17조에 준하여 시행한다.

부칙
제1조(시행일자) 본 규정은 2007년 11월 24일부터 시행한다.
제2조(시행일자) 본 규정은 2009년 1월 9일부터 시행한다.

학회지 논문의 투고와 원고 작성 요령에 관한 내규

제 1 조 (목적)   이 내규는 본 한국목간학회의 회칙 및 관련 규정에 따라 학회지에 게재하는 논문의 투고와 원고 작성 요령에 대하여 명시하는 것을 목적으로 한다.

제 2 조 (논문의 종류)   학회지에 게재되는 논문은 심사 논문과 기획 논문으로 나뉜다. 심사 논문은 본 학회의 학회지 논문의 투고와 심사에 관한 규정에 따른 심사 절차를 거쳐 게재된 논문을 가리키며, 기획 논문은 편집위원회에서 기획하여 특정의 연구자에게 집필을 위촉한 논문을 가리킨다.

제 3 조 (기획 논문의 집필자)   기획 논문의 집필자는 본 학회의 회원 여부에 구애받지 아니한다.

제 4 조 (기획 논문의 심사)   기획 논문에 대하여도 심사 논문과 동일한 절차의 심사를 시행하는 것을 원칙으로 하되, 편집위원회의 의결을 거쳐 심사를 면제할 수 있다.

제 5 조 (투고 기한)   논문의 투고 기한은 매년 9월 말로 한다.

제 6 조 (수록호)   9월 말까지 투고된 논문은 심사 과정을 거쳐 같은 해의 11월 30일에 발행하는 학회지에 수록하는 것을 원칙으로 한다.

제 7 조 (수록 예정일자의 변경 통보)   위 제6조의 예정 기일을 넘겨 논문의 심사 및 게재가 이루어질 경우 편집위원장은 투고자에게 그 사실을 통보해 주어야 한다.

제 8 조 (게재료)   논문 게재의 확정시에는 일반 논문 5만원, 연구비 수혜 논문 30만원의 게재료를 납부하여야 한다.

제 9 조 (초과 게재료)   학회지에 게재하는 논문의 분량이 인쇄본을 기준으로 30면을 넘을 경우에는 1면 당 1만원의 초과 게재료를 부과할 수 있다.

제 10 조 (원고료)   학회지에 게재되는 논문에 대하여는 소정의 원고료를 필자에게 지불할 수 있다. 원고료에 관한 사항은 운영위원회에서 결정한다.

제 11 조 (익명성 유지 조건)   심사용 논문에서는 졸고 및 졸저 등 투고자의 신원을 드러내는 표현을 쓸 수 없다.

제 12 조 (컴퓨터 작성)   논문의 원고는 컴퓨터로 작성함을 원칙으로 하며, 문장편집기 프로그램은 「훈글」을 사용할 것을 권장한다.

제 13 조 (제출물)   원고 제출시에는 입력한 PC용 파일과 출력지 1부를 함께 송부하여야 한다.

제 14 조 (투고자의 성명 삭제)   편집간사는 심사자에게 심사용 논문을 송부할 때 반드시 투고자의 성명과 기타 투고자의 신원을 알 수 있는 표현 등을 삭제하여야 한다.

제 15 조 (출토 문자 자료의 표기 범례 등 기타)   출토 문자 자료의 표기 범례를 비롯하여 위에서 정하지 않은 학회지 논문의 투고와 원고 작성 요령 및 용어 사용 등에 관한 사항들은 일반적인 관행에 따르거나 편집위원회에서 결정한다.

부칙
제1조(시행일자) 이 내규는 2007년 11월 24일부터 시행한다.
제2조(시행일자) 이 내규는 2009년 1월 9일부터 시행한다.
제3조(시행일자) 이 내규는 2012년 1월 18일부터 시행한다.

韓國木簡學會 研究倫理 規定

제 1 장 총칙

제 1 조 (명칭)　이 규정은 '한국목간학회 연구윤리 규정'이라 한다.

제 2 조 (목적)　이 규정은 한국목간학회 회칙 및 편집위원회 규정에 따른 연구윤리 등에 관한 세부사항을 규정하는 것을 목적으로 한다.

제 2 장 저자가 지켜야 할 연구윤리

제 3 조 (표절 금지)　저자는 자신이 행하지 않은 연구나 주장의 일부분을 자신의 연구 결과이거나 주장인 것처럼 논문이나 저술에 제시하지 않는다.

제 4 조 (업적 인정)

　1. 저자는 자신이 실제로 행하거나 공헌한 연구에 대해서만 저자로서의 책임을 지며, 또한 업적으로 인정받는다.

　2. 논문이나 기타 출판 업적의 저자나 역자가 여러 명일 때 그 순서는 상대적 지위에 관계없이 연구에 기여한 정도에 따라 정확하게 반영하여야 한다. 단순히 어떤 직책에 있다고 해서 저자가 되거나 제1저자로서의 업적을 인정받는 것은 정당화될 수 없다. 반면, 연구나 저술(번역)에 기여했음에도 공동저자(역자)나 공동연구자로 기록되지 않는 것 또한 정당화될 수 없다. 연구나 저술(번역)에 대한 작은 기여는 각주, 서문, 사의 등에서 적절하게 고마움을 표시한다.

제 5 조 (중복 게재 금지)　저자는 이전에 출판된 자신의 연구물(게재 예정이거나 심사 중인 연구물 포함)을 새로운 연구물인 것처럼 투고하지 말아야 한다.

제 6 조 (인용 및 참고 표시)

　1. 공개된 학술 자료를 인용할 경우에는 정확하게 기술하도록 노력해야 하고, 상식에 속하는 자료

가 아닌 한 반드시 그 출처를 명확히 밝혀야 한다. 논문이나 연구계획서의 평가 시 또는 개인적인 접촉을 통해서 얻은 자료의 경우에는 그 정보를 제공한 연구자의 동의를 받은 후에만 인용할 수 있다.

2. 다른 사람의 글을 인용하거나 아이디어를 차용(참고)할 경우에는 반드시 註[각주(후주)]를 통해 인용 여부 및 참고 여부를 밝혀야 하며, 이러한 표기를 통해 어떤 부분이 선행연구의 결과이고 어떤 부분이 본인의 독창적인 생각·주장·해석인지를 독자가 알 수 있도록 해야 한다.

제 7 조 (논문의 수정)　저자는 논문의 평가 과정에서 제시된 편집위원과 심사위원의 의견을 가능한 한 수용하여 논문에 반영되도록 노력하여야 하고, 이들의 의견에 동의하지 않을 경우에는 그 근거와 이유를 상세하게 적어서 편집위원(회)에게 알려야 한다.

제 3 장　편집위원이 지켜야 할 연구윤리

제 8 조 (책임 범위)　편집위원은 투고된 논문의 게재 여부를 결정하는 모든 책임을 진다.

제 9 조 (논문에 대한 태도)　편집위원은 학술지 게재를 위해 투고된 논문을 저자의 성별, 나이, 소속 기관은 물론이고 어떤 선입견이나 사적인 친분과도 무관하게 오로지 논문의 질적 수준과 투고 규정에 근거하여 공평하게 취급하여야 한다.

제 10 조 (심사 의뢰)　편집위원은 투고된 논문의 평가를 해당 분야의 전문적 지식과 공정한 판단 능력을 지닌 심사위원에게 의뢰해야 한다. 심사 의뢰 시에는 저자와 지나치게 친분이 있거나 지나치게 적대적인 심사위원을 피함으로써 가능한 한 객관적인 평가가 이루어질 수 있도록 노력한다. 단, 같은 논문에 대한 평가가 심사위원 간에 현저하게 차이가 날 경우에는 해당 분야 제3의 전문가에게 자문을 받을 수 있다.

제 11 조 (비밀 유지)　편집위원은 투고된 논문의 게재가 결정될 때까지는 심사자 이외의 사람에게 저자에 대한 사항이나 논문의 내용을 공개하면 안 된다.

제 4 장　심사위원이 지켜야 할 연구윤리

제 12조 (성실 심사)　심사위원은 학술지의 편집위원(회)이 의뢰하는 논문을 심사규정이 정한 기간 내에 성실하게 평가하고 평가 결과를 편집위원(회)에게 통보해 주어야 한다. 만약 자신이 논문의 내용을 평가하기에 적임자가 아니라고 판단될 경우에는 편집위원(회)에게 지체 없이 그 사실을 통보한다.

제 13 조 (공정 심사)　심사위원은 논문을 개인적인 학술적 신념이나 저자와의 사적인 친분 관계를 떠나 객관적 기준에 의해 공정하게 평가하여야 한다. 충분한 근거를 명시하지 않은 채 논문을 탈락시키거나, 심사자 본인의 관점이나 해석과 상충된다는 이유로 논문을 탈락시켜서는 안 되며, 심사 대상 논문을 제대로 읽지 않은 채 평가해서도 안 된다.

제 14 조 (평가근거의 명시)　심사위원은 전문 지식인으로서의 저자의 인격과 독립성을 존중하여야 한다. 평가 의견서에는 논문에 대한 자신의 판단을 밝히되, 보완이 필요하다고 생각되는 부분에 대해서는 그 이유도 함께 상세하게 설명해야 한다.

제 15 조 (비밀 유지)　심사위원은 심사 대상 논문에 대한 비밀을 지켜야 한다. 논문 평가를 위해 특별히 조언을 구하는 경우가 아니라면 논문을 다른 사람에게 보여주거나 논문 내용을 놓고 다른 사람과 논의하는 것도 바람직하지 않다. 또한 논문이 게재된 학술지가 출판되기 전에 저자의 동의 없이 논문의 내용을 인용해서는 안 된다.

제 5 장　윤리규정 시행 지침

제 16 조 (윤리규정 서약)　한국목간학회의 신규 회원은 본 윤리규정을 준수하기로 서약해야 한다. 기존 회원은 윤리규정의 발효 시 윤리규정을 준수하기로 서약한 것으로 간주한다.

제 17 조 (윤리규정 위반 보고)　회원은 다른 회원이 윤리규정을 위반한 것을 인지할 경우 그 회원으로 하여금 윤리규정을 환기시킴으로써 문제를 바로잡도록 노력해야 한다. 그러나 문제가 바로잡히지 않거나 명백한 윤리규정 위반 사례가 드러날 경우에는 학회 윤리위원회에 보고할 수 있다. 윤리위원회는 윤리규정 위반 문제를 학회에 보고한 회원의 신원을 외부에 공개해서는 안 된다.

제 18 조 (윤리위원회 구성)　윤리위원회는 회원 5인 이상으로 구성되며, 위원은 평의원회의 추천을 받아 회장이 임명한다.

제 19 조 (윤리위원회의 권한)　윤리위원회는 윤리규정 위반으로 보고된 사안에 대하여 제보자, 피조사자, 증인, 참고인 및 증거자료 등을 통하여 폭넓게 조사를 실시한 후, 윤리규정 위반이 사실로 판정된 경우에는 회장에게 적절한 제재조치를 건의할 수 있다.
단, 사안이 학회지 게재 논문의 표절 또는 중복 게재와 관련된 경우에는 '학회지 논문의 투고와 심사에 관한 규정'에 따라 편집위원회에 조사를 의뢰하고 사후 조치를 취한다.

제 20 조 (윤리위원회의 조사 및 심의)　윤리규정 위반으로 보고된 회원은 윤리위원회에서 행하는 조사에 협조해야 한다. 이 조사에 협조하지 않는 것은 그 자체로 윤리규정 위반이 된다.

제 21 조 (소명 기회의 보장)　윤리규정 위반으로 보고된 회원에게는 충분한 소명 기회를 주어야 한다.

제 22 조 (조사 대상자에 대한 비밀 보호)　윤리규정 위반에 대해 학회의 최종적인 징계 결정이 내려질 때까지 윤리위원은 해당 회원의 신원을 외부에 공개해서는 안 된다.

제 23 조 (징계의 절차 및 내용)　윤리위원회의 징계 건의가 있을 경우, 회장은 이사회를 소집하여 징계 여부 및 징계 내용을 최종적으로 결정한다. 윤리규정을 위반했다고 판정된 회원에 대해서는 경고, 회원자격정지 내지 박탈 등의 징계를 할 수 있으며, 이 조처를 다른 기관이나 개인에게 알릴 수 있다.

제 6 장 보칙

제 24 조 (규정의 개정)
1. 편집위원장 또는 편집위원 3인 이상이 규정의 개정을 發議할 수 있다.
2. 재적 편집위원 3분의 2 이상의 찬성으로 개정하며, 총회의 인준을 얻어야 효력이 발생한다.

제 25 조 (보칙)　이 규정에 정해지지 않은 사항은 학회의 관례에 따른다.

부칙
제1조(시행일자) 이 규정은 2007년 11월 24일부터 시행한다.

Wooden Documents and Inscriptions Studies No. 14.

June. 2015

[Contents]

Special Contribution

Tateno, Kazumi

Reaearch Issues in study on Wooden Documents in Japan, Start and State of *The Japanes Society for the Study of Wooden Documents*

Articles

Kim, Keun—sik

'King' Character Goguryeo mural tombs and chronologically and forming background

Lee, Ju—heun

Analysis of organic horizon and relics at Sungsan sansung fortress

Yoon, Sang—deok

A Consideration on the Construction Date of Seongsan Sanseong Fortress in Haman

Lee, Soon—tai

The Calligraphic Style 281of *Ssangghesa Jinganseonsa Daegongtapbi*

Kwon, In—han

A Study on the Sinographic Ligature in Ancient East Asia

Yoo, Hwan—sung

Review on Koryo "Won" named roof—tiles from Gyeong—ju

New Discoveries of Literary Data

Lee, Hyun—sook

The Written Materials Newly Excavated at Gongsan Fortress

Yang, Seok—jin / Min, Gyeong—seon

New wooden tablets which were excavated from the Sungsan fortress

Mikami, Yoshitaka

Ancient wooden documents in Japan discovered recently

Study of Korea ancient Inscriptions

Lee, Seung—ho

A Study on the Inscription on the Gilt Bronze Plate Excavated from the Sinpo—si Temple Site

Miscellanea

Appendix

The Korean Society for the Study of Wooden Documents

木蘭과 文字 연구 13

엮은이 | 한국목간학회
펴낸이 | 최병식
펴낸날 | 2015년 8월 31일
펴낸곳 | 주류성출판사
　　　　서울시 서초구 강남대로 435
　　　　전화 | 02-3481-1024 / 전송 | 02-3482-0656
　　　　www.juluesung.co.kr
　　　　e-mail | juluesung@daum.net

책　값 | 20,000원
ISBN　978-89-6246-252-4　94910
세트　978-89-6246-006-3　94910

* 잘못된 책은 바꿔 드립니다.